Rosalinde Haller

Peter Beck

Das Buch über das Leben

Rosalinde Haller
Peter Beck

Das Buch über das Leben

j axel jentzsch

Bibliografische Information Der Deutschen Bibliothek

Die Deutsche Bibliothek verzeichnet diese Publikation in der Deutschen Nationalbibliografie; detaillierte bibliografische Daten sind im Internet über http://dnb.ddb.de abrufbar.

ISBN 3-7142-0014-2

Es wird darauf verwiesen, dass alle Angaben in diesem Buch trotz sorgfältiger Bearbeitung ohne Gewähr erfolgen und eine Haftung der Autoren oder des Verlages ausgeschlossen ist.

Umschlag: Rubik Creative Supervision

1210 Wien, Scheydgasse 24, Tel.: 01 / 24 630

www.lindeverlag.at

Druck: Hans Jentzsch & Co. GmbH., 1210 Wien, Scheydgasse 31

Inhalt

Als Vermächtnis für meine Enkelin Alexandra und für meine geistigen Freundinnen und Freunde, mit all meiner Liebe.

Rosalinde Haller

Für die besonderen Menschen, die mich in meinem Leben wie Sterne umkreisen und mir viel Freude schenken, insbesondere für meine Familie, für Susanne und vor allem für meine Großmutter Freya, die ich sehr liebe und schätze.

Peter Beck

Vorwort

Rosalinde Haller

Täglich kommen Menschen zu mir und suchen Rat – und seit Monaten bekomme ich in diesen einzelnen Sitzungen die Mitteilung, dass ich darauf achten solle, die Botschaften von DRÜBEN nicht ausschließlich Einzelpersonen zukommen zu lassen. Ich solle damit mehr Menschen geistig erreichen.

Nun kam – es fiel mir zu (und war dennoch kein Zufall, weil von OBEN geführt) – mein lieber Freund und Kollege Peter Beck auf mich zu und schlug mir vor, gemeinsam ein Buch herauszubringen. – Mein Teil seien die spirituellen Botschaften. Seine Aufgabe sei es, ein Konzept zu erstellen, alles zu sichten, zu ordnen und anschließend zu Papier zu bringen. Auf Grund dieser mir sehr angenehmen Arbeitsteilung entstand das Ihnen nun vorliegende Buch.

Ich wünsche Ihnen, dass Sie dieses Buch spirituell erfüllt und Ihnen ein guter Ratgeber für viele Ihrer Fragen ist.

Ihre
Rosalinde Haller

Vorwort

Peter Beck

Rosalinde Haller lernte ich 1993 kennen. Eine Freundin in großer Not kontaktierte mich und bat mich ihr zu helfen. Ihr Mann war seit Tagen abgängig und sie machte sich große Sorgen um ihn. Durch eine meiner damaligen Mitarbeiterinnen erhielt ich die Telefonnummer von Rosalinde Haller und rief sie augenblicklich an. Sie war in Eile, weil gerade im Aufbruch zum Flughafen, um einen lang ersehnten Urlaub anzutreten. Und doch nahm sie sich am Telefon ein paar Minuten Zeit, um sich meine Geschichte anzuhören.

Was ich allerdings von ihr als Auskunft bekam, war beunruhigend. „Ich muss Ihnen leider sagen", meinte sie damals, „dass dieser Mann nicht mehr lebt. Suchen Sie ihn in der Nähe von Wasser, einem Fluss, einer Werft oder einem Hafen. Vielleicht hat er ein Lieblingsgebiet, wo er oft war, suchen Sie dort."

Der Mann kam nicht mehr zurück und wir konnten ihn auch nicht finden. Wir kontaktierten damals weitere fünf „spirituell begabte Menschen", mit den, wie wir nachträglich feststellen mussten, haarsträubendsten Ergebnissen.

Drei Monate später wurde der Mann von einem Jäger tot aufgefunden. Wie sich bei der Obduktion herausstellte, hatte er sich am ersten Tag seiner Abgängigkeit das Leben genommen. Gefunden wurde er in der Nähe von Wasser, nämlich unmittelbar neben der Donau in der Tullner Au, Niederösterreich. – Schräg gegenüber befand sich ein Hafen für Sportboote. Es war genau so, wie ich es damals telefonisch von Rosalinde Haller durchgesagt bekam. – Zum ersten Mal erlebte ich ihre Fähigkeiten, Botschaften von OBEN zu empfangen.

Dieses Buch soll mithelfen, die wundervolle Begabung von Rosalinde Haller zu nützen und ihre Informationen so vielen Menschen wie nur möglich zugänglich zu machen.

Ich wünsche Ihnen, dass Sie „Das Buch über das Leben" mit den Gesprächen zwischen Rosalinde Haller und Raphael von Singen mit Energie, neuen Erfahrungen und Spiritualität erfüllt, und bin mir sicher, dass wir einander in einem nächsten Buch mit Rosalinde Haller wiederbegegnen werden.

Ihr
Peter Beck

Einführung

Raphael von Singen ist ein Kollektiv aus acht bis manchmal neun Lichtwesen, mit denen Rosalinde Haller als Medium nahezu unentwegt in Kontakt steht. Alle Lichtwesen zusammen sind ihre ständigen Berater und Wegweiser für die vielen Menschen, die tagtäglich zu Rosalinde Haller als Rat Suchende kommen. Diese Lichtwesen besitzen eine unglaubliche spirituelle Energie, die sie im Verlauf der Beratungen auf Rosalinde Haller zu übertragen verstehen. Sie zusammen verfügen über ein unglaubliches Potenzial an Wissen, Erfahrung und Intelligenz und der notwendigen Demut.

Raphael von Singen ist in diesem Buch Sprecher der Gruppe und wird mit einer Vielzahl von interessanten Fragen konfrontiert sein. Die Fragen beginnen in der Phase der Empfängnis und enden in der nicht allzu weit entfernten Zukunft der Menschheit. Die Fragensammlung dieses Buches ist teils eine logische, teils eine solche, die sich aus verschiedensten Gesprächen ergeben hat. Es ist den Autoren natürlich absolut klar, dass zu den im Buch angeführten Kapiteln nicht alle existenten Fragen berücksichtigt werden konnten. Es würde einfach den Rahmen dieses Buches sprengen. Es hätte mindestens tausend Seiten dazu bedurft und man hätte am Ende noch immer das Gefühl, es wäre noch wesentlich mehr zu hinterfragen gewesen.

Wenn Sie allerdings eine Frage haben, die Ihnen absolut fehlen sollte, schreiben Sie diese auf und schicken Sie Ihre Frage an die nachfolgende Adresse. Wir werden sie im Nachtrag des nächsten Buches mit Rosalinde Haller und Raphael von Singen so gut es geht beantworten.

Schicken Sie Ihre persönliche Frage an:

Rosalinde Haller
Ardaggerstraße 32
A-3300 Amstetten
oder per E-Mail: rosalindehaller@utanet.at

1. Die pränatale Phase und Geburt

An die Zeit im Mutterleib erinnert man sich für gewöhnlich nicht. Und trotzdem gibt es Einflüsse von außen, mit welchen wir als Ungeborene fertig werden mussten. Bewusste oder unbewusste Botschaften der Mutter oder negative Ereignisse, mit denen die Mutter während der Schwangerschaft konfrontiert wird und deren emotionale Schockwellen ungefiltert an uns weitergegeben wurden. Das Ergebnis waren Auswirkungen, die vielleicht erst viel später, also irgendwann im Laufe des Lebens zum Vorschein kommen, uns aber bereits lange vorher in unserer persönlichen Entwicklung blockieren.

Die Schwangerschaft unserer Mutter mit uns: Das sind neun Monate jungen Daseins, über die wir so gut wie nichts wissen, von gewissen schulmedizinischen Erkenntnissen abgesehen. Grund genug, bereits in einer der ersten Sitzungen mit Raphael von Singen aus spiritueller Sicht über dieses interessante Thema zu sprechen. – Und glauben Sie uns, wir waren über so manche Antwort Raphaels überrascht. – Der Weg in eine bessere Welt beginnt bereits in einer aufmerksamen und bewusst erlebten Schwangerschaft.

*

Guten Abend, Raphael! Ich freue mich sehr, dass du die Gelegenheit wahrnimmst und hier bei uns bist. Wir wollen uns in den kommenden Monaten sehr oft hören und zahlreiche interessante Themen mit dir besprechen.

Guten Abend! Ich weiß, es wird für die kommenden Monate eine sehr enge Verbindung werden. Ich freue mich mit dem Kollektiv, für das ich spreche, darüber, Mittler zwischen euch und OBEN sein zu können. Es werden sehr wichtige und gute Gespräche sein, aber auch unterhaltsame. Wir sollen ja in unseren Gesprächen auch lachen können. Es soll kein Grundstock der Trauer, sondern einer der Freude und des Lachens werden.

Wir freuen uns darauf! Lass uns mit der ersten Frage beginnen. – Raphael, ich habe ja selbst Kinder zur Welt gebracht, hätte aber damals nicht sagen können, ab wann mein Kind etwas Besonderes ist, ab wann es mit einer Seele versehen ist. Ich war ja eine sehr junge Mutter, mit zweiundzwanzig und dreiundzwanzig Jahren. Dass die Seele des künftigen Kindes nicht schon bei der Empfängnis Einzug hält, war mir irgendwie klar, aber ich hätte nicht sagen können, ab wann das Kind in mir beseelt ist.

Weil du damals auch noch nicht so weit warst, Rosalinde. Heute würdest du den Zeitpunkt des Eintrittes der Seele in dein Kind sehr bewusst wahrnehmen. Beseelt wird das Kind um die 6. Schwangerschaftswoche. Ab diesem Zeitpunkt ist der Embryo ein richtiger Mensch, dem wir mit größter Verantwortung begegnen müssen. Manche Menschen sehen zwar schon bei der ersten Zellteilung das Lebewesen, wir sehen es hier allerdings nicht so. Bis zur sechsten Woche ist es eine Vereinigung von Zellen, eine Zeit, in der frei zu entscheiden ist, ob man eine Partnerschaft mit einem Kind eingehen möchte oder nicht. Umgekehrt sucht sich in diesen sechs Wochen die Seele auch ihre Eltern aus. In dieser Zeit gibt es erste Kontakte zwischen der Seele des Kindes und seinen möglichen künftigen Eltern und es wird über ein Zusammenkommen im spirituellen Sinn entschieden.

Wie erfolgt die „Zuteilung“ zwischen den Kinderseelen und den Elternpaaren? Kann man sich zum Beispiel vor der Empfängnis auf eine bestimmte „Wunsch-Seele“ einrichten? Erst letzte Woche war eine Frau bei mir, die unter anderem einen ganz bestimmten Kinderwunsch hatte und die vorbereitend daran arbeiten wollte, eine passende Seele für ihr künftiges Kind zu bekommen. Sie hatte sehr konkrete Vorstellungen, mit welcher Seele sie eine Partnerschaft eingehen wollte.

An sich ist die Zuteilung zwischen den Kinderseelen und den Elternpaaren so zu sehen, dass sich die Seelen, die drüben sind und noch einmal zur Welt kommen müssen, ihre neuen Eltern aussu-

chen. – Also die Kinder suchen sich ihre Eltern aus, nicht umgekehrt. In Einzelfällen kann es auch passieren, wenn eine Frau einen Wunsch für eine bestimmte Seele hat, dass sie diesen Wunsch an eine höhere göttliche Energie richten kann. Aber die gängige Praxis ist es nicht. Die Kinder suchen sich ihre Eltern und das damit verbundene Leben selbst aus, um weiter zu lernen und zu reifen. Manchmal auch, um unterlassene Handlungen aus dem Vorleben doch noch zu vollenden.
Es gab allerdings auch Fälle, in denen die Mutter den Wunsch hatte, ihr Kind aus der letzten Reinkarnation zu treffen, und es wurde diesem Wunsch stattgegeben. – Aber das sind Einzelfälle. Das Beten dieser Frauen wurde jedoch erhört.

Wie müssen wir uns dieses Beten vorstellen? Ist es eines in einer Kirche oder vor einem Kreuz, also eines im religiösen Sinn?

Nein, natürlich ist es kein herkömmliches Beten im kirchlichen Sinn. Die Mutter spricht den ehrlichen Wunsch an die kosmische oder göttliche Energie, es obliegt ihr selbst, an wen sie diesen Wunsch richtet, es sollte sich der für sie beste Zugang ergeben. Man kann es eigentlich nennen, wie man es will, beten oder wünschen. Es geht darum, den Wunsch in sich zu tragen und ein Feuer um diesen Wunsch zu entfachen. Der Wunsch oder die Bitte kann gedacht oder ausgesprochen werden. Er muss einem wichtig sein und regelrecht im Inneren, einem Feuer gleich, lodern. Je klarer und reiner diese Bitte nach OBEN gerichtet wird, umso eher wird sie auch in Erfüllung gehen. Auf jeden Fall muss der Wunsch völlig frei von Selbstsucht sein.

Was meinst du, Raphael, bringt mehrfaches Bitten mehr oder ist es vollkommen egal, wie oft ich diesen Wunsch in mir aktiv aufleben lasse?

Rosalinde, wenn der Wunsch wirklich in Erfüllung gehen soll und von OBEN erhört werden will, dann genügt es, den Wunsch oder die Bitte einmal auszusprechen. Denn wenn der Wunsch wirklich intensiv ist, dann ist auch die Energie um diesen Wunsch sehr stark, und das genügt. Da muss man sich nicht in Wiederholungen ergießen. Das bringt der Sache in der Regel nichts. – Aber wenn du all deine Liebe in einen Wunsch legst, ist die Chance auf Erfüllung sehr hoch.

Müsste dann nicht jedes Kind mit seinen Eltern sehr zufrieden sein, wenn es diese nach seinen Vorstellungen und Wünschen ausgesucht hat? Es müsste, so gesehen, ein Aufwachsen in größter Harmonie stattfinden können.

Nein, das ist ein Fehler, so darfst du es nicht sehen. Wir sind hier auf dieser Erde nicht in einer Dimension, in der alles gut geht. Sonst gäbe es keine Kriege und kein Unheil, keinen Hass, nicht Mord und Totschlag. – Außerdem hast du ja nicht nur auf dieser Erde viele Leben zu leben. Ist die Erde einmal erfüllt, kommen viele weitere Dimensionen an die Reihe. Die Buddhisten sprechen nicht umsonst davon, dass es so viele Leben gibt wie Blätter auf einem Baum. Und wenn man etwas Glück hat, hat man auf dieser Erde mit acht Leben abgeschlossen. Zahlreiche andere Leben in weiteren Dimensionen bleiben aber noch offen.
– Auch den Dualismus, der dich im Verlauf deines Lebens auf der Erde dieses Leben immer nur als einen unerfüllten Teil eines Ganzen fühlen lässt, gibt es in den höheren Dimensionen nicht mehr.

Ich weiß! Ich lebe zur Zeit mein achtes Leben hier auf dieser Welt und wenn ich ehrlich sein will, dann muss ich sagen, dass ich schon unbedingt in die nächste Dimension kommen möchte. Es ist ja eine Frage der persönlichen Entwicklung und es dürstet mich sehr danach, noch mehr zu erfahren, um noch besser zwischen den Welten vermitteln zu können. Und letztendlich sagen meine höheren Wesen und auch du, Raphael, dass es nach diesem Leben so weit ist. Dafür bin ich sehr dankbar und ich freue mich darauf.

Und eines Tages wirst du, so wie ich es bereits bin, Mittlerin zwischen den Welten sein, um den Menschen hier auf dieser Erde und den Seelen in anderen Dimensionen behilflich zu sein, ihr Leben erfolgreich und vor allem erfüllt zu leben. Du darfst dich zu Recht darauf freuen! – Denn die Erde wird sehr bald in eine höhere Schwingungsebene gelangen und viele Menschen werden weit mehr als heute erkennen.

Es wird eine schöne und verantwortungsvolle Aufgabe werden!

Wir wissen ja, dass es direkte und auch indirekte Kommunikation von der Mutter zum ungeborenen Kind gibt. Funktioniert es auch umgekehrt? Welche Prozesse werden in Gang gesetzt? Ich hatte zum Beispiel bei meinen Kindern die Gewissheit, mit ihnen in unmittelbarem Kontakt zu stehen, und erhielt auch von ihnen Nachrichten.
Von meiner Tochter weiß ich, dass sie sich mich sehr bewusst ausgesucht hat. Sie wusste, dass sie ein sehr schwieriges Leben zu erwarten haben werde, und wollte allein aus diesem Grund eine starke Mutter mit starken Fähigkeiten. Sie war bereits mit 24 Jahren Witwe und musste ihr Kind allein aufziehen. Eine „normale" Mutter wäre vermutlich mit meiner Tochter etwas überfordert gewesen.
Jetzt bin ich aber spirituell begabt und diese Gabe hat ja nicht jede Frau. Wie funktioniert die Kommunikation mit dem ungeborenen Kind und dessen Seele bei „normalen" Müttern?

Grundsätzlich ist es so, dass jeder das Kind bekommt, mit dem er zurechtkommt. Manche bekommen auch behinderte Kinder. Es hat alles seinen Sinn. Es ist die Aufgabe, die Müttern und überhaupt Eltern gestellt wird und die sie zu erfüllen haben. Wenn das Kind nicht so ist, wie du es dir gewünscht hast, dann verzweifle nicht, sieh es als eine Lebensaufgabe, die dir gestellt wird, und erfülle diese mit Zuversicht, Mut und einer gewissen Demut. Es hat alles seinen Sinn, vertraue darauf. Je schwerer die Aufgabe ist, die dir gestellt wird, umso mehr reift auch deine Seele.Weißt du, Rosalinde, an den modernen Müttern gefällt mir außerordentlich gut, dass sie in ihr Inneres hören und auf das Wesen aktiv eingehen, das in ihnen heranwächst. Es gibt bereits sehr oft eine aktive Kommunikation zwischen den beiden Seelen. – Auch wenn man diese Kommunikation von allem Spirituellen befreit, denn nicht jede Mutter beschäftigt sich damit, aber die Kommunikation ist da, und glaube mir, sie verbessert die Welt in großen Schritten. Es sind wichtige Prozesse, die damit in Bewegung gesetzt werden. Noch vor vierzig, fünfzig, sechzig Jahren wurde mit den heranwachsenden Wesen im Mutterleib und dann später nach der Geburt, mit den Kindern sehr achtlos umgegangen. Es gab keine Verhütung, und somit sind viele Kinder ungewollt und entsprechend ungeliebt geblieben. Ein Kinderleben war oft überhaupt nichts wert. Kannst du dir vorstellen, was das zur Entwicklung der einzelnen Seelen beigetragen hat. Es war eine spirituelle Steinzeit. – Eine entsetzliche Zeit. – Aber die Chance für wissende Menschen ist nun da!

Das kann ich gut nachvollziehen und in meiner Familie war es nicht anders, Raphael. Als meine Mutter 1937 meinen ersten Bruder gebar, war sie noch nicht verheiratet, das war damals natürlich eine große Schande. Meine Großmutter hatte 16 Kinder. Meine Mutter war ihr 16. Kind. Mein Bruder zeigte später leicht rachitische Eigenschaften, das war früher ernährungsbedingt und durchaus üblich auf dem Land. Jedenfalls war meine Mutter in großer Sorge, dass mein Bruder schwer krank werden könnte. Meine Großmutter, durchaus keine böse Frau, eine sehr normale Frau, mit einem riesigen Steinmetzbetrieb und vielen Angestellten, also eine Frau, die mitten im Leben stand, meinte allen Ernstes: „Sei froh, wenn dir ein Kind stirbt, du bekommst eh noch genug." – Das war damals die Einstellung zu Kindern, und es war den Frauen nicht zu verdenken. Sie waren die ganze Ehe über, bis zum Wechsel, schwanger.

Frauen waren damals Gebärmaschinen. Sie hatten keinen vernünftigen Zugang zur Kinderseele. Es ist so, wie du es siehst, Rosalinde. Von sehr jung an bekamen sie jährlich ein Kind, und das ging bis in den Wechsel. Natürlich war es diesen Frauen nicht möglich, sich besonders um ihre zahlreichen Kinder zu kümmern, sie waren einfach mit sich, mit ihrem Leben und ihren Kindern überfordert.

Kinder waren willkommene Arbeitshilfen. Mehr nicht. – Spiritualität auf Seiten der Frauen und Mütter gab es zur damaligen Zeit beinahe ausschließlich im Adel. Da wurde den Frauen die Erziehung und vor allem der Haushalt abgenommen. Sie hatten Zeit und vermutlich auch die Muße, sich auf ihr Ungeborenes zu konzentrieren. – Aber im einfachen Volk waren es nur wenige, die genügend Zeit und Weitblick hatten, sich des Kindes und der Seele des Kindes anzunehmen. – Ähnlich war es auch mit der Kunst.
Heute wird bereits die Seele des Ungeborenen anerkannt und geliebt. – Diesbezüglich ist in den vergangenen hundert Jahren ein wahrlicher Quantensprung passiert und diese Entwicklung wird noch weitergehen. Es ist ein wichtiger Schritt für die Seelen und für eine Harmonisierung dieser Welt. Diese neue Generation der Kinder hat ein sehr großes Vorauswissen. Sie sind teilweise wesentlich weiter, als es damals der Mensch geschafft hätte, sich während seines gesamten Lebens zu entwickeln. Dieses Vorauswissen ist ein außerordentlicher Vorteil für alle Seelen auf dieser Welt.

Für diese Kinder, wie du sie gerade schilderst, Raphael, gibt es sogar einen sehr modischen Begriff. Es sind INDIGO-Kinder. Also Kinder, die anders und weiter sind als gewöhnlich. Sie haben zum Beispiel regelmäßige Déjà-vu-Erlebnisse, sprechen plötzlich eine fremde Sprache oder finden sich an Orten zurecht, an welchen sie unmöglich vorher gewesen sein konnten.

Diese Bezeichnung finde ich gut. Aber es ist ein von euch erfundener Begriff. Ich würde sie einfach als Kinder bezeichnen, deren Seelen von Anfang an geachtet wurden. Dann ist es möglich, spirituell in Windeseile zu reifen und sich in vielen Fällen auch an einige Leben zurückzuerinnern. Das ist nicht nur für die einzelne Person ein Vorteil, sondern für die gesamte Welt. Diese Kinder werden die Erde verändern.

Raphael, du warst ja, wie ich weiß, durch deine verschiedenen Leben auch schon oft ein Baby. Was hast du dir aus deinen pränata-

len Phasen mitgenommen, wie hast du sie erlebt und was kannst du mir daraus für meine Freundinnen und Freunde und Leser(innen) mitgeben?

Die wichtigste Erfahrung aus meinen pränatalen Phasen war die unendliche Hoffnung auf Zuneigung und auf ein Angenommenwerden von Seiten meiner künftigen Eltern. Es hätte ja passieren können, dass ich trotz aller Suche, trotz allen Wissens, zu einer Mutter, zu einem Vater komme, die mich nach der Geburt seelisch verstoßen und mir auf diese Art und Weise großen Schaden zugefügt hätten. Ich erlebte aber auch Existenzen, die sehr schwierig waren, die ich aber bewusst gewählt hatte, um meine Erfahrungen zu machen und um im spirituellen Sinn weiterzukommen. So wie es euch allen passiert, die ihr hier auf der Erde ein schönes Leben mit all seinen Schwierigkeiten zu leben habt. Du kommst von einem Leben in ein nächstes, vergleichbar mit einer Schule. Du steigst innerhalb der Schule in immer höhere Klassen auf. Damit verändert sich deine Reife, dein persönlicher Horizont. Es verändern sich auch die persönlichen Ansprüche an dein Leben. Ein schönes und bequemes Leben ist oft die Belohnung für gute Taten. Es kann aber auch ein Ausruhen für das nächste Leben bedeuten, um dessen künftige Anstrengungen meistern zu können. – Es ist wie in der Schule. Ein Jahr ist leichter, eines wesentlich schwieriger. – So ist es auch mit den verschiedenen Leben zu sehen.

Sag, Raphael, hast du dich in der Auswahl deiner Eltern auch einmal getäuscht?

Nein, nie, denn als ungeborene Seele konnte ich mein Leben im Wesentlichen vorhersehen. Diese Informationen werden allerdings bei der Geburt gelöscht, weil du sonst vieles nicht ertragen würdest. Wenn die Menschen seelisch bewusster werden, werden sie in Zukunft auch Erinnerungen in dieser Hinsicht haben. Aber das ist ein Weg, der erst entstehen wird. Wenige Menschen auf dieser Welt haben bis jetzt die Gabe, über ihre Zukunft Bescheid zu wissen. Die Zahl steigt aber regelmäßig an und viele Interessierte wird das „Sehen“ gelehrt.

Was passiert mit der Seele des Kindes während der Schwangerschaft, wie erlebt die Seele des Kindes bzw. das Kind selbst die Geburt?

Die Seele ist keine Seele eines Babys, sondern die eines Erwachsenen, und sie versteht von Anfang an natürlich alles sehr genau. Die Seele ist ja ohne Zeit und Alter. Sie ist von Anbeginn bis Ende und unsterblich. Die Geburt selbst ist ein Erlebnis für das Kind wie später der Tod am Ende des Lebens. So wie du am Ende des Lebens durch einen Tunnel des Lichtes gehen und aufatmen wirst, so passierst du während der Geburt einen Tunnel ins Leben und landest im Licht, atmest auf. Und glaube mir, Rosalinde, die Geburt auf der Erde ist für uns der weitaus schwierigere und wesentlich anstrengendere Teil.

Wie funktioniert für dich die geeignetste, zielführendste Kommunikation zwischen den Eltern und dem ungeborenen Kind? Kannst du uns einen guten Tipp geben?

Der Vater des Kindes hat es grundsätzlich am schwierigsten, kommunikativ an das Kind heranzukommen. Am besten ist es, wenn er bei der Mutter sitzt oder liegt und seine Hand auf den Bauch legt. Über die offene Hand schickt er sehr viel von seiner Energie zu seinem Kind. Es wird seine Gefühle wahrnehmen. Es ist eine Art energetische Kommunikation, die zwischen den beiden auf diesem Weg stattfindet. Das Kind wird aber auch ein richtiges Gespräch wahrnehmen. Es wird nicht verstehen, was gesprochen wird, aber es wird fern die Stimme des Vaters wahrnehmen und sie für sich als wichtig speichern.

Bei der Mutter ist es einfacher. Wenn sie mit dem Kind spricht, dringt es unmittelbar zum Kind. Daher ist die Mutter-Kind-Prägung meist auch die wesentlich intensivere. Sie wurde pränatal bereits festgelegt. Auch die nonverbale Kommunikation stellt zwischen den beiden eine unmittelbare Verbindung her. Es kann zwar auch von der Mutter die offene Hand auf den Bauch gelegt werden, aber es wäre nicht unbedingt nötig. Sie ist dem Kind so außerordentlich nahe, dass sie es innerhalb von Sekunden erreichen und beeinflussen kann.

Ich kann nur jeder werdenden Mutter empfehlen, sich täglich bewusst eine Zeit lang gemütlich hinzusetzen, um sich mit dem Kind unmittelbar auseinander zu setzen. Es kann durchaus ein vernünftiges Gespräch sein. Lass das ungeborene Kind wissen, wie sehr du dich schon auf die Geburt freust und welch wichtigen Stellenwert es bereits jetzt in der Familie einnimmt. Schildere ihm die Wohnung oder das Haus. Schildere ihm seinen Vater und die anderen Familienmitglieder. Erzähle ihm, was du heute gemacht hast und was du sonst noch so vorhast. Durch diese Gespräche nimmt das Kind schon sehr viel aus seiner Umwelt auf und sie wirken sich für sein späteres Kommunikationsvermögen äußerst positiv aus. – Vorausgesetzt die Eltern sprechen auch nach der Geburt mit dem Kind in ähnlicher Form weiter.
Ich empfehle durchaus auch, mit dem Kind den Namen zu besprechen. Nicht jede Seele ist mit dem Namen, den sie nach der Geburt empfängt, auch tatsächlich zufrieden. Wenn du den Namen besprichst und es kommt keine Reaktion, kann er als angenommen gelten. Gibt es Reaktionen, wie ein Treten oder dergleichen, dann sind die Eltern gefordert, sich für das Ungeborene einen neuen Namen zu suchen. Durch den Namen erfolgt eine Prägung, und diese kann sich für das Kind als ungünstig herausstellen. – Sucht sich das Kind später einen anderen Vornamen aus und lässt es sich mit dem ansprechen, ist dies das beste Beispiel, dass es nicht mit dem für ihn ausgewählten Namen harmonierte. Es erkannte sehr bald aus seinem tiefen Unterbewusstsein heraus, dass dieser Name eine Belastung darstellt, und eignete sich daher über einen Kose- oder Spitznamen einen neuen Vornamen an.

Raphael, siehst du den Kaiserschnitt als eine empfehlenswerte Geburtshilfe und kann er die großen Anstrengungen einer Geburt für Mutter und Kind reduzieren?

Ganz so kann man es nicht sehen. Wenn der Kaiserschnitt medizinisch notwendig ist, soll er unbedingt geschehen. Wenn er aus anderen Gründen gemacht wird, dann wird dem Kind die Geburt in

Form des Tunnelerlebnisses genommen. Es wird anfangs gewisse Orientierungsschwierigkeiten haben, die sich dann aber wieder geben werden. Es gibt ja Frauen, die sich den Strapazen einer Geburt nicht stellen wollen und daher von vornherein einen Kaiserschnitt wollen. Aber damit nimmt man dem Kind etwas und letztendlich wird auch der Mutter ein Stück Brücke zum Kind fehlen.

Ist die Schwangerschaft und die darauf folgende Geburt für das Kind beengend und beängstigend?

Es ist nicht beengend, es ist ein Gefühl der absoluten Geborgenheit. Stelle es dir so vor, als würdest du in Frieden in gut temperiertem Wasser tauchen. Wenn du mit Sauerstoffflasche tauchst, fühlst du dich ja auch nicht beengt. Es ist ein wohliges Gefühl der Geborgenheit. Wie ein Aufgehen in den Kosmos. – Und der kleine Kosmos ist in diesem Fall der Mutterbauch.

Der Geburtsvorgang selbst ist sehr von der Einstellung der Mutter abhängig. Sie kann dem Kind auf seinem beschwerlichen Weg sehr viel mental mitgeben. Wenn die Mutter allerdings zu sehr mit sich beschäftigt ist, weil sie zum Beispiel unter starken Spannungszuständen zu leben gezwungen ist, und daher die geistige Verbindung zum Kind verloren hat, dann ist das Kind während der Geburt auf sich allein gestellt. In diesem Fall kann es durchaus zu einem Geburtstrauma kommen, das vielleicht erst im erwachsenen Leben in Erscheinung tritt und für das der Betroffene eventuell lange keine Erklärung findet. – Wer denkt schon an ein Trauma, welches aus dem Geburtsvorgang resultiert? In diesem Fall wäre eine geistige Rückführung angebracht. – Es gefällt uns aber nicht, wenn es nur aus Neugierde oder Sensationslust geschieht. Es muss schon ein wahres Bedürfnis dahinter stehen. Auch wenn die Geburt für die Mutter anstrengend ist, sollte sie die Verbindung zum Kind nicht verlieren. Beschäftige dich mit deinem Kind und sprich ruhig mit ihm. – Es kann auch auf Gedankenebene passieren. Wenn du atemlos bist und unter Schmerzen leidest, ist es ohnehin besser, die Kommunikation mit deinem Kind über Gedanken erfolgen zu lassen.

Denn das Kind wäre ohnehin nur verwirrt, wenn du mit schmerzveränderter Stimme zu ihm sprichst. Es würde deine Stimme nicht eindeutig zuordnen können, das Kind wäre irritiert und es wäre keine optimale Unterstützung. Unterstützen kannst du nur durch innere Ruhe, und diese schwingt über die Stimme. Atme ruhig. Generell würde ich sagen, lernt wieder richtig zu atmen und viele Dinge werden somit auch leichter.

Es gibt ja auch „Geburtsunfälle" wie Frühgeburten oder gar Totgeburten. – Was hat es damit aus spiritueller Sicht auf sich? Ich selbst kenne einen Fall, da ging alles bis zum Zeitpunkt der Geburt gut. Eine gesunde und normale Schwangerschaft. Zum Zeitpunkt der Geburt erhält die Mutter offensichtlich zu viel an Wehenmittel und die Gebärmutter platzt. Das Ungeborene schießt mit dem Kopf aus der Gebärmutter, bleibt stecken und rettet so, mit dem Verschluss der Gebärmutter, das Leben seiner Mutter, es vergehen ungefähr 20 Minuten, in welchen das Kleine unterversorgt ist. Ein Notkaiserschnitt bringt ein klinisch totes Mädchen zur Welt. Es wird reanimiert und ist heute beinahe ein Jahr alt und schwerst behindert, es ringt täglich mit dem Tod. – Eine sehr tragische Geschichte.

So etwas sieht natürlich nach einem außergewöhnlichen Unglück aus. Es wird den Eltern weh tun, es wird jeden Menschen außergewöhnlich berühren, der ein behindertes Kind sieht oder ein Kind kennen lernt, welches mit dem Tod ringt. Das ist aber nur die Oberfläche. In Wirklichkeit hat sich das Kind, insbesondere die Seele des Kindes, aus welchen Gründen auch immer, gegen ein Leben auf dieser Welt entschieden. Ich müsste direkt mit diesem Kind Kontakt aufnehmen, um Näheres darüber sagen zu können. Aber es wollte einfach nicht. Das kann ich auf jeden Fall sagen. Es könnte eine alte Schuld aus einem Vorleben gewesen sein. Der Wunsch der Seele, die Mutter zu retten, war ihr Auftrag, denn vielleicht war es in einem anderen Leben genau umgekehrt.
Es gibt Seelen, die keinen ganzen Lebensdurchlauf mehr benötigen. Eine kurze Reise genügt, um in die nächstfolgende Dimension auf-

zusteigen. Das können Ungeborene sein und junge Menschen. Vermutlich gehört dieses Mädchen auch dazu.
Wichtig ist, dass die Eltern diesem Kind noch mehr Liebe entgegenbringen als einem gesunden Kind. Es braucht ein höheres Potenzial an guter Energie. Ein gesundes Kind wäre zum Beispiel mit einem Extremfluss an Energie überfordert. Ein sterbenskrankes Kind aber benötigt sie dringend. Die meisten Eltern bekommen diese starke Liebe dann auch von OBEN und reifen dadurch in wesentlichen Teilen. – Wenn man erkennt, sieht man auch durch Gnade.
Und jetzt das noch Wichtigere: Energie fließen lassen und dem Kind schenken, aber nicht klammern. Eine schwierige Sache, ich weiß. Aber Eltern so sterbenskranker Kinder verursachen mit dem Klammern nur, dass sich die Seele nicht lösen kann, dass die Verabschiedung hinausgezögert wird, dass das Leiden des Kindes verlängert wird. Es sollte eine unausgesprochene Freigabe der Seele erfolgen. Lass die Seele ziehen, wann immer sie es möchte, und klammere nicht. Löse dich von deinem Eltern-Ego und gib das Kind frei. Widme dich mit all deiner Kraft, all deiner Liebe deinem sterbenskranken Kind, aber klammere nicht und ermögliche der Seele des Kindes ein Gehen, indem du die Seele loslässt und ihr gedanklich mitteilst, dass sie, wenn für sie der richtige Zeitpunkt gekommen ist, sich von dieser Welt jederzeit verabschieden kann. – Dies gilt nicht nur für alle Kinder, auch für geliebte Menschen, die man sehr oft loslassen muss, weil sie weiterziehen müssen.

Weißt du, Raphael, und dann gibt es noch die Fälle wie bei mir, die katastrophal aussehen und bei denen alles, aus irdischer Sicht, gut ausgeht. Mit meinem Sohn hatte ich eine Hausgeburt. Meine Beckenmuskulatur war viel zu stark, ich meinte nämlich, ich müsste besonders gesund leben und extrem viel gehen. Was ich damals nicht wusste war, dass ich damit die Geburt erschwerte und das Kind wesentlich mehr zu tun hatte, um gefahrlos den Geburtskanal zu passieren. Mein Sohn hatte die Nabelschnur um den Hals gewickelt, war in einem bedauerlichen Zustand, wurde von der Heb-

amme in ein Becken mit kaltem Wasser gelegt und unter anderem so zum Leben animiert.

Siehst du, Rosalinde, die Seele deines Sohnes musste eben leben. Es hätte noch viel kommen können und es wäre in jedem Fall gut ausgegangen. Es war festgelegt, aber das weißt du ja selbst. Es ist wie im täglichen Leben: Nicht immer wenn die Vorzeichen schlecht sind, trifft es auch so ein. Wenn es einer Seele bestimmt ist zu leben, dann kann ihr nichts passieren, und wenn es ihr bestimmt ist, ein langes Leben zu führen, dann passiert ihr eben auf dem gesamten Lebensweg auch nichts Gröberes. Sie wird am Ziel ankommen, nur was dazwischen passiert, dafür ist der Mensch bis zu einem bestimmten Grad durch seine Willensfreiheit selbst verantwortlich. Ein gewisser Rahmen kann nicht gesprengt werden. Ab einem bestimmten Zeitpunkt ist es Schicksal. Und es ist natürlich auch immer eine Frage, wie er am Ende ankommt. – Aber ankommen wird er immer.

Eine Geburt ist ja so etwas wie eine spirituelle Supernova. Die Eltern spüren unheimliche Energiewellen kurz vor und während der Geburt. Ich war bei meinen Geburten auch immer ganz erfüllt von dem, was da in dem Raum passiert ist. Was geht in diesen Momenten vor und woher kommen diese ungeahnten Energieschübe? Mit diesen außergewöhnlichen Energieschüben wurde ich später nur mehr bei manchen meiner spirituellen Arbeiten konfrontiert.

Diese Energien nimmt die Seele aus der vergangenen Dimension mit, aus der sie kommt. Diese Energieschübe sind auch nötig, damit das Kind gut auf die Welt kommen kann. Sie sind ein Geschenk für alle Beteiligten. – Und die Mutter würde es mit reiner Muskelkraft nicht schaffen ihr Kind zur Welt zu bringen. Die kosmische Energie hilft allen Beteiligten. Die Mutter nimmt sich einen Großteil dieser Energie mit und wird noch Wochen davon energetisiert sein. Erlebt das Wunder bewusst mit!

Es gibt allerdings auch kraftlose Seelen, die aus ihrem Vorleben noch belastet sind. Das sind oft Geburten, die mit Komplikationen

verbunden sind. Der Mutter fehlt die Kraft, dem Kind fehlt sie ebenso. Hätte man das Fehlen der Energien während der Schwangerschaft bemerkt, dazu hätte es allerdings einer gewissen spirituellen Sensibilität bedurft, dann wäre ein energetischer Ausgleich zeitgerecht möglich gewesen. Die werdende Mutter hätte sich zum Beispiel in die freie Natur begeben müssen um sich die Energie von dort zu holen. Oder in der Stadt zu diversen Kraftplätzen. So wäre eine Aufladung nach und nach möglich gewesen und sie hätte der Geburt von starkem Nutzen sein können. – Du siehst schon aus diesem Beispiel, wie wichtig es ist, spirituell zu reifen. Du bist in der Lage, gewisse Situationen vorweg zu erkennen und etwas dafür oder dagegen zu tun.
Um nochmals auf die energielose Geburt zurückzukommen. Das Problem ist ja, dass nicht nur die Geburt eine komplizierte ist, die Probleme schwingen sozusagen in die nächsten Wochen weiter. Die Mutter wird depressiv. Das Kind macht extreme Schwierigkeiten und findet keine innere Ruhe, es wird sich nur sehr langsam weiterentwickeln und so weiter. Aber selbst in diesen Momenten ist es noch nicht zu spät. Selbst jetzt ist es möglich, die fehlende Energie zu ergänzen. Es wird dem Kind nützen, die Mutter wird zu Kräften kommen und sie wird somit auch für das Kind eine wesentlich bessere Stütze sein können. – Du siehst, es wäre alles nicht so kompliziert, wenn man in sich hineinfühlte und es zuließe, von UNS, aus höheren Dimensionen, Kraft zu bekommen.

Es ist ja mit allen Dingen im Leben so. Sobald ich weiß, wie es geht, funktioniert alles wesentlich unbeschwerter. Immer wieder kommen Frauen zu mir in die Beratung und wollen spirituelle Informationen zur Abtreibung. Ist aus deiner Sicht eine Abtreibung Vorbestimmung oder ist es, sagen wir es vielleicht so, eine von der Gesellschaft akzeptierte Variante der Auslese?

Es ist vorbestimmt, ob ein Kind leben wird oder nicht. Denn diese Seelen haben sich eine Mutter ausgesucht, bei der zu erwarten ist, dass sie nur ein kurzes Dasein auf dieser Erde haben werden. Die

Seele weiß es schon vorher, dass diese Mutter ihr Kind abtreiben wird. Das ist von der Seele her nicht negativ zu sehen, denn es bedarf bei dieser Seele nur noch einer kurzen Erfahrung auf dieser Erde. Sie hat keine Pflicht mehr, ein langes und vielleicht beschwerliches Leben zu führen. Das kann also für die Seele eine Erlösung sein oder das Ende eines bedeutenden Abschnittes zur Erlösung.
Für die Mutter hingegen ist die Abtreibung ein Abschnitt, den sie sich gut überlegen muss, denn sie macht sich vor allem, wenn sie zu spät abtreibt, eines Eingriffes in eine Seele, in ein Menschenleben schuldig, der ihr nicht zusteht. – Wenn sich jedoch diese Frau in einer sehr starken Notlage befindet, ist es anders zu werten als bei einer Frau, die nur unachtsam war und bei ihren sexuellen Aktivitäten nicht aufpasst. Hier wird mit sehr verschiedenen Maßstäben gemessen. Mit falschen Entscheidungen laden sich die Eltern auf jeden Fall schlechtes Karma auf.
Bei der unachtsamen Frau, die ausschließlich nach ihren eigenen Bedürfnissen lebt, wird sich ein später Schwangerschaftsabbruch ungünstigst auf dieses oder ihr nächstes Leben auswirken. Es ist dann oft eine Art Fegefeuer auf Erden. Sie wird oft mit den Gedanken aus ihrer Vergangenheit konfrontiert werden. Sie wird Schuld auf sich geladen haben, die sie so einfach nicht wieder loswird. Die getötete Kinderseele wird in ihr rufen und ihr manchmal auch keine Ruhe gönnen. Es bedarf einiges an Abbitte und Einsicht, damit sie fortan ein relativ unbeschwertes Leben wird führen können. Wenn eine Frau fähig ist, diese Dinge kühl wegzustecken, wird sie im nächsten Leben umso stärker mit diesem Problem behaftet sein.

Es gibt ja auch Schwangerschaftsabbrüche, die wirklich sehr spät erfolgen, zum Beispiel noch in der 28. Schwangerschaftswoche. Unlängst konnte ich in einem Fernsehmagazin einen entsetzlichen Beitrag über eine Abtreibung sehen. Das Kind wurde mit einem so genannten Herzstich getötet. Im Beitrag hieß es, das Kind wäre schwerst behindert gewesen. Und daher hätte man sich zur Abtreibung entschlossen.

Grundsätzlich kann ich mich nur wiederholen. Ein Schwangerschaftsabbruch sollte nur in einer Notlage passieren. Behinderungen sind nur bedingt Notlagen. Jedes behinderte Kind hat ein Recht zu leben, es hat einen Sinn. Menschen, die sich nie mit behinderten Kindern näher beschäftigt haben, wissen nicht, wie sehr diese Kinder auch leben, lachen, genießen können. Sicher entsprechen sie nicht der Norm, sind keine unbeschwerten Kinder, wie sie eine Mutter sich wünscht. Aber eine Behinderung soll kein Grund sein, ein Kind so spät zu töten. Wenn es schwer behindert ist, dann wird die Seele des Kindes selbst mitentscheiden, wann sie ihre Aufgabe auf dieser Erde erfüllt hat. Das kann aber kein Arzt und keine Mutter bestimmen. – Und wenn das Kind so behindert ist, dass es kurz nach der Geburt stirbt, dann sollen die Eltern wissen, dass es einen Sinn hatte, dieses Kind zur Welt zu bringen. Es war nicht umsonst. Die Seele des Kindes hatte nur noch eine kurze Lebensform zu erfüllen. Es war so etwas wie eine Restschuld oder eine versäumte Erfahrung, die es galt nachzuholen. Ein Relikt aus dem vergangenen Leben, die Erdenzeit ist erfüllt und es kann in eine andere Welt und erhält höhere Schwingungen.
Ich finde es großartig, dass durch das moderne Medienzeitalter auch Bilder wie die von dir geschilderten verbreitet werden. Wie können sich Menschen über eine Sache Gedanken machen, wenn sie diese nicht kennen oder noch nie gesehen haben. Die Bilder von den spät abgetriebenen Kindern sollten jedem zugänglich gemacht werden und dann soll jeder für sich entscheiden, ob er ein Mittäter sein will oder nicht. Kinderleid zu verursachen, ist der größte Fehler, der von Tätern begangen werden kann. Die Erde ist noch ein relativ niederer Planet. Das sieht man zum Beispiel an den zahlreichen Auseinandersetzungen und Kriegen. Aber es wird schon sehr bald bergauf gehen und der Mensch wird erkennen.

Zwischen Zwillingen gibt es eine Menge an unerforschten Phänomenen, ein unsichtbares Band und in der Regel eine außerordentlich starke Bindung, viel stärker als zwischen gewöhnlichen Ge-

schwistern. Bei ernsthaften Problemen merken sie oft aus einer Entfernung von Hunderten Kilometern, dass es dem anderen alles andere als gut geht. Sind Zwillinge die reiferen Menschen und spirituell begabt, vielfach ohne es überhaupt zu wissen?

Zwillinge könnten von der Anlage her duale Wesen sein und sind es doch nicht. – Nur selten sind ihre Seelen so gleich, dass sie sich Gedanken über Hunderte von Kilometern empfangen und senden können. In der Regel sind sie sich sehr nahe Menschen. Sie haben von Anfang an alles miteinander geteilt. Es begann im Mutterleib. Durch diese außergewöhnliche Nähe entstand das Band zwischen ihnen.

Das Seelen-Band zwischen Zwillingen könnte geschult und ausgebaut werden. Sie könnten zum Dualismus finden, vorausgesetzt sie wollen es.

Das unsichtbare Band, von dem du gesprochen hast, gibt es übrigens bei allen Menschen, die sich auf besondere Weise nahe stehen. Auch das könnte trainiert werden. Wenn ihr in zehn bis zwanzig Jahren in eine von uns gewünschte höhere Energie kommt, werdet ihr euch näher kommen. Viele von euch werden sich dann auch nicht mehr so einsam fühlen. Ihr werdet das Band, das euch verbindet, mit euren Dual-Seelen spüren lernen und ein Halbes von einem Ganzen werden. Noch intensiver, als Zwillinge dazu im Stande sind.

Das Kleinkind und Kind

Auch das eigene Kleinkindalter ist uns kaum in Erinnerung. Es fällt uns in der Regel schwer, selbst Erlebtes und von Verwandten Erzähltes auseinander zu halten. Wie oft hörten wir Geschichten aus unserer Kindheit, die wir bereits so verinnerlichten, als könnten wir uns noch selbst daran erinnern. Unsere persönliche Erinnerung scheint in Wahrheit ungefähr ab dem fünften Lebensjahr authentische Erlebnisse aus der Kindheit gespeichert zu haben und ab diesem Zeitpunkt für zuverlässige, relativ unverfälschte Erfahrungen aufnahmebereit zu sein. Sicher ist Ihnen auch schon einmal aufgefallen, dass es Kleinkinder gibt, die unheimlich altklug wirken und deren Seelen weit gereist zu sein scheinen. Dann gibt es wiederum Kinder, die tatsächlich „neu“ oder unerfahren wirken und deren Seelen sozusagen die ersten Stolperschritte im menschlichen Leben absolvieren. In der Kleinkindphase werden Anlagen gesetzt, die sich auf das gesamte spätere Leben auswirken. Inwieweit sich zum Beispiel eine ältere Seele besser gegen ungünstige Einflüsse zur Wehr setzen kann als eine so genannte „junge Seele“, soll uns Raphael von Singen unter anderem in der folgenden Sitzung erzählen.

*

Guten Abend, Raphael! Schade, dass du nicht physisch bei uns bist, Peter und ich haben einander heute bekocht und es wäre ausgesprochen schön gewesen, mit dir zu essen. Vielleicht hast du ein wenig von den guten Gerüchen mitbekommen. Teilweise kann man sie ja noch immer wahrnehmen.

Macht euch nichts daraus, dass ich nicht leibhaftig bei euch sein kann. Euer fantastisches Essen habe ich sehr wohl erlebt. Es freut mich, wenn ihr auch Spaß an diesem Projekt habt, und Essen gehört zum Leben wie das Lachen. – Denn durch das Lachen wird die Erde in die nächsthöhere Schwingungsebene eingehen. Ich freue mich! – Aber lasst uns jetzt beginnen, wir haben noch viel vor uns.

Raphael, manche von uns haben eine erfahrene und alte Seele. Warum ist es denn nicht möglich, dass wir uns an unsere ersten Lebensjahre oder überhaupt an vorangegangene Leben erinnern? Eigentlich sollte doch nicht alles von vorn beginnen müssen. Wie weit wären wir insgesamt, wenn es eine kontinuierlichere Erinnerung gäbe?

Glaube mir, Rosalinde, es würde dir viel an wertvoller Erfahrung fehlen, wenn du nur an deine letzten Leben hättest anstückeln müssen. Es ist einfach für jede persönliche, seelische Weiterentwicklung notwendig, sozusagen wieder von vorne beginnen zu müssen. Wenn

sehr bald viele von euch in ihrer spirituellen Entwicklung höher steigen, wird es möglich sein, dass ihr euch auch an alte Leben erinnern werdet.
Es hat übrigens schon Zeiten auf dieser Erde gegeben, in denen Menschen wesentlich älter wurden als heute. Es liegt Tausende Jahre zurück. Stell dir so etwas wie ein Atlantis vor. Und selbst in dieser hoch entwickelten Zivilisation mussten die Menschen wiedergeboren werden, um neue Erfahrungen zu sammeln. Es ist dem Menschen noch nicht gegeben, sich an andere Leben zurückzuerinnern, er würde sich sonst nicht mehr anstrengen und es würde ihm in weiterer Folge an wertvollen Erfahrungswerten fehlen, um hier weiter aufzusteigen.
Weißt du, Rosalinde, ein normaler Mensch würde die Erfahrungen aus seinen bisherigen Leben nicht verkraften. Es ist einfach noch nicht so weit, das Bewusstein aus früheren Leben zu bewältigen, das kommt auf breiter Basis in gar nicht so viel späteren Generationen. Noch ist die Menschheit nicht ganz reif dazu. Einzelne können sich aber bereits jetzt erinnern und in ungefähr zehn Jahren wird diese Entwicklung langsam zu rollen beginnen. Die Zeit ist sehr nahe. – Aber es ist noch ein längerer Weg bis zu ganz großen Umbrüchen. Die Menschen müssen noch reifen.

Und wie analysierst du so genannte „Wunderkinder“? Wie kann es passieren, dass es junge Menschen gibt, die absolut aus der Norm springen, bereits in jungen Jahren so viel können und über so außergewöhnliche Talente verfügen?

Rosalinde, das ist sehr einfach erklärt. Wunderkinder sind nichts anderes als Seelen, die dasselbe schon mal in ihrem vergangenen Leben gemacht haben. Sie erhielten von ihren Eltern die Schiene gelegt, mit der sie die Energien und vor allem das Wissen und Talent ihres vergangenen Lebens anzapfen konnten. So etwas passiert nicht oft. Ansonsten würde es wesentlich mehr solcher Wunderkinder geben. Es sind tatsächlich Schicksalsfügungen, bei welchen sozusagen da begonnen wird wo im vergangenen Leben aufgehört wurde. Dadurch ist es dem Kind möglich, im Rekordtempo eine Schule, eine Uni zu absolvieren. Dadurch ist es dem jungen Talent möglich, sehr früh zu komponieren und verschiedenste Musikinstrumente zu spielen. Diese Kinder holen sich über ihr Unterbewusstsein sehr viel aus ihrem vergangenen Leben, und daher gelingt ihnen mühelos der Schritt zum so genannten Wunderkind. An und für sich eine wundervolle Entwicklung. Würde es sie öfter und vor allem auf allen Gebieten geben, wäre der Fortschritt der Menschheit in wesentlich kürzeren Etappen zu meistern. Aber es ist eben so nicht vorgesehen. Ich sehe aber, dass ihr bald den Anschluss an das universelle Bewusstsein schafft. – Freut euch auf das enorme Wissen!

Ist ein Kleinkind mit einer erfahrenen Seele wehrhafter oder geschützter als eines mit einer jungen oder absolut neuen Seele? Inwiefern kann sich das Kind mit der erfahrenen Seele vor negativen Einflüssen von außen besser schützen?

Ein Kind mit einer erfahrenen Seele ist in seinen intuitiven Entscheidungen stärker. Es wird die Schwingungen einer Gefahr erkennen und kann daher eher oder auch besser darauf reagieren. Kinder mit alten Seelen haben es bereits gelernt, vermehrt auf Schwingungen und Gefühle zu hören, und sind in der Lage, sich auf Ereignisse besser einzustellen. Stelle es dir vor wie bei einem sehr geübten Autofahrer, der rascher und richtiger auf unvorhergesehene Vorfälle reagieren kann. Die junge Seele ist dafür sehr oft unbeschwerter, alles hat also seine Berechtigung.

Denn auch junge Seelen besitzen einen starken Zugang zum gesunden Instinkt. Ihre Wehrhaftigkeit gegenüber ungünstigen Einflüssen ist auch eine Charakterlage. Diese ist bereits vor der Geburt des Menschen in der Seele festgesetzt und wird darüber entscheiden, ob es ein positiv besetzter Mensch sein wird oder ein negativer Mensch. Für Letzteren steht bereits in jungen Jahren fest, dass er lerntechnisch gesehen in einem nächsten Leben vieles nachzuholen hat. Dies ist ein Erbe des vorangegangenen Lebens, aber es heißt nicht, dass man sich nicht verbessern kann, wenn man es will.

Kleinkinder und Kinder bedürfen eines besonderen Schutzes. Machen wir als Erwachsene für sie genug oder gäbe es noch wesentliche Ansätze, die berücksichtigt werden müssten? Zum Beispiel auch aus spiritueller Sicht? Hätte ich zum Beispiel all die Informationen bei der Erziehung meiner Kinder gehabt, die mir heute zur Verfügung stehen, dann wären mir einige kleine Fehler, die mir heute anhand meines jetzigen spirituellen Wissens auffallen, nicht passiert. – Aber Gott sei Dank sind daraus ja keine nachhaltigen negativen Veranlagungen entstanden.

Rosalinde, ein Kind zu sein heißt mit all dem in Kontakt zu sein, was der Erwachsene später bewusst oder unbewusst suchen muss. Jedes Kind, jeder Mensch ist einzigartig, es hat niemanden gegeben und es wird nie wieder jemanden geben, der jemals so war oder so sein wird wie jeder Einzelne von uns. Diese Einzigartigkeit ist ein Geschenk an eure Welt. Daher warnen wir auch vor plumpen Klonversuchen, die darauf aus sind, Menschenkopien zu erzeugen.
Ein Kind ist noch spirituell. Es hat von Anfang an das Gefühl, kostbar zu sein. Es hat von Anfang an das Gefühl, von Wert zu sein. Es gibt keine Erbsünde. Dieser unmögliche Begriff ist maximal der vererbte Fehler im Erziehungssystem, also die Fehler der Generation davor und diese erhielt dieses falsche Wertesystem wiederum von der Generation davor und so weiter.
Das Kind fühlt das Schöne. In diesem Fall kann es Vertrauen zu sich selbst gewinnen. Es hat noch kein Gefühl von Schuld, noch keine weltlichen Wertvorstellungen. Diese werden erst von den Eltern geprägt. Es hat ursprünglich Mut. Das Kind hat einen nicht zu stoppenden Forschungsdrang. Und wenn man es als verantwortungsvolle Eltern nicht zu sehr einschränkt, entsteht daraus ein risikofreudiger Mensch. Die Kehrseite wäre, bei starken Einschränkungen, ein ängstlicher Mensch, der sich nichts oder nur wenig zutraut.
In der Erziehung spielt es keine Rolle, was du sagst. Das Einzige, was wirklich zählt, ist, was du tust. Sei umsichtig, ruhe in dir selbst und sprich mit der Kraft der inneren Ruhe zu deinem Kind. Akzeptiere dein Kind in seiner Ursprünglichkeit und schaffe mit diesen

Voraussetzungen die Basis für ein glückliches Leben deines Kindes und letztendlich der gesamten Familie.

Es heißt, in der Kindheit wird der Rucksack für das Leben geschnürt. Heimito von Doderer meinte zu diesem Thema: „Die Kindheit ist wie ein Eimer, den man übergestülpt bekommt und dessen Inhalt das ganze Leben lang an einem hinabrinnt." Ich merke es ja auch an mir, es passieren in der Kindheit Dinge, die einen nicht mehr loslassen. Wenngleich ich durch meine hohe Spiritualität weiter gekommen bin und vieles loslassen konnte.

Schau, Rosalinde, ein Kind ist von Grund auf außergewöhnlich anpassungsfähig. Es sieht vieles als selbstverständlich an. In den ersten sechs oder sieben Jahren ist jedoch damit die große Gefahr verbunden, dass es sich an schlechte Verhältnisse anpasst, dass es sich einem Missbrauch fügt und sich sogar dem anpasst. Als Jugendlicher und Erwachsener schleppt man diese Anpassung in Form eines verletzten inneren Kindes mit sich. – Das dauert so lange, bis man den Kreis selbst durchbricht. Am besten kraft des künftigen Erwachsenseins und der eigenen Intelligenz.
Stößt dieses verletzte innere Kind in der Erziehung auf sein leibliches Kind, kann es vorkommen, dass dieses Kind mit den Anpassungsschäden des Erwachsenen konfrontiert wird. Wir sind ungeduldig, fühlen uns überfordert und sind voller Zorn. Wie es uns passiert ist, soll es unseren Kindern passieren und deren Kindern. Dieser Kreis muss unbedingt durchbrochen werden. Keine Schuldzuweisung gegenüber den Eltern, sie hatten es vermutlich auch nicht immer einfach, sondern vielmehr ein Erkennen und anschließendes Ändern des eigenen Verhaltens ist zu empfehlen. Ein Kind spielt. Es spielt Leben in den ersten Jahren. Dieses Spiel ist ernsthaft zu sehen und notwendig, damit es ein reifer und guter Mensch wird. Ein Kind ist voll von Liebe – bedingungsloser Liebe. Es braucht einen ihm wohlgesonnenen Erwachsenen als Spiegel – und dieser Spiegel muss ihm sagen: „Ich nehme dich an, wie du bist – ich liebe dich!" Dann wird sich das Kind auch entfalten können. – Der Erwachsene wird in seinem nächsten Leben damit konfrontiert, wenn er zu einem Kind nicht gut ist.

Natürlich hat jeder seinen so genannten Rucksack des Lebens mit sich. Höre einfach auf die vierte Dimension in dir. Dein Wesen, deine Seele ist die vierte Dimension und diese ist nicht manipulierbar. Dein Inneres weiß ganz genau, was du bist, wer du bist, was du brauchst. Das innere Wissen ist unendlich. Diese Instanz sagt dir auch, was richtig oder falsch ist. Und über diese Instanz kannst du auch alte Kindheitsschäden gut aufarbeiten.
Und es ist nahezu vollkommen egal, was in deiner Kindheit passiert ist: Wenn du lernst, auf dein Inneres, auf deine Seele zu hören, dann kehrt Friede ein. Schöpfe aus deinem Inneren und du wirst merken, die Unruhe, der unbeschreibliche Druck in deinem Leben ist weg. Durchbrich den Kreis! Es liegt in deinen Händen.

Es ist also absolut unnötig, diesen Rucksack der Kindheit mit sich zu führen. Wir öffnen ihn, sortieren und befüllen ihn neu, vielleicht mit wundervollen Erfahrungen aus der Gegenwart. Raphael, wir merken schon, es ist also ein schönes Wagnis, selbst Kinder aufzuziehen. Es sieht ja so aus, als wäre weniger oft mehr. Lasse ich dem Kind ein großes Maß an Freiheiten, um eine viel versprechende persönliche Entfaltung zu ermöglichen? Wo nehme ich mit ruhigem Gewissen Einfluss? Wo lasse ich besser die Finger weg, um mir nicht später Vorwürfe machen zu müssen, in der Erziehung ordentlich versagt zu haben?

Ich würde es nicht „Kinder erziehen“ nennen. Du weißt es ja, Rosalinde, spirituell gesehen lenken wir die Kinder und zeigen ihnen so den richtigen Weg. Vertraue deinem inneren ICH, dann wirst du es auch richtig machen. – Im Alter bis zu drei Jahren sollte das Kind lernen, mit den eigenen Bedürfnissen umzugehen. Nicht immer wird die Bezugsperson Zeit haben. Trotzdem soll sie dem Kind zeigen, dass es willkommen ist, dass es sich auf seine Hauptbezugsperson verlassen kann. Es muss das Gefühl bekommen, wichtig zu sein und ernst genommen zu werden. Das Kind fühlt die Wahrheit.
Bleiben diese Bedürfnisse in den ersten Lebensjahren unerfüllt und sind sie dem Kind verweigert, entwickelt sich daraus meist ein

Sucht- und Zwangsverhalten, eine Prägung. Ein Zwangsverhalten in Bezug auf die Partnerschaft oder zum Beispiel in Bezug auf Alkohol oder Sport. Eine Fehlentwicklung, die auffällig sein kann und gesellschaftlich anerkannt, aber oft trotzdem störend ist. – Eine Prägung in Bezug auf die eigene Wertigkeit, ein Gefühl des Verlassenseins entsteht, wobei es sich dabei meist nur um ein gefühlsmäßiges Verlassensein handelt. Es resultiert aus einem Anspruch des Kindes, welcher im Heranwachsen nicht erfüllt wurde.
Die Generation der heute Vierzigjährigen und darüber litt noch besonders unter den alten Erziehungssystemen. Für die jüngeren Menschen bessert es sich zum Glück schon langsam, aber kontinuierlich. Ein Kind muss seine Rechte haben, es muss um seine Ansprüche gefragt werden. In Generationen davor hatte ein Kind nichts zu sagen, es war beinahe ohne Rechte. Aus diesem Besitzanspruch kamen die schlimmsten Misshandlungen. Sie wurden geschlagen, angeschrien, herumgestoßen, sexuell verfolgt. Die höchste Instanz für ein Kind sind Mutter und Vater, manchmal die Großeltern. Welche Chance hat so ein Kind, wenn es in einer zerrütteten Familie aufwächst? Es wird zum Systemträger und es wird dieses System in seine nächste Familie tragen. Dieses Kind wird sich später einen Partner suchen, der ihn zum Beispiel auch anschreit, und es wird vielleicht das Anschreien als Zuwendung empfinden, sich nicht wohl dabei fühlen, aber auch nicht ausbrechen können. Eine fürchterliche Situation. Dieser Kreis der falschen Systemträger ist in den neuen Generationen bereits erfolgreich durchbrochen. Die Gesellschaft ist größtenteils reifer geworden. Das Kind hat Rechte und es kann ihm von außen geholfen werden. Man muss nicht mehr tatenlos zusehen, wenn ein Kind rauer Willkür Erwachsener ausgesetzt ist. Nur wenn eine Familie in Ordnung ist und das Kind gefördert aufwächst, nur dann ist auch die Gesellschaft in Ordnung.

Raphael, vielfach gilt die Meinung, dass durch die antiautoritäre Erziehungsform kleine Quälgeister geschaffen wurden, die sich im erwachsenen Leben erst recht schwer tun. Sie erhielten als Kin-

der nie irgendwelche Schranken und Grenzen gesetzt und stießen als Erwachsene dann fortwährend an solche. Was ist denn mit der oft zitierten „g'sunden Watschen"?

Die Antwort ist eine Erziehung mit Gefühl. Verlasse die Elternebene, die des Erziehungsberechtigten und begib dich auf die Kindheitsebene. Sieh das Kind als einen gleichberechtigten, noch unerfahrenen Partner an. Viele Erziehungssysteme und Eltern glauben immer noch, Zwang auf das Kind ausüben zu müssen. Doch es ist nicht nötig, diesen Zwang anzuwenden. Daher ist die von dir zitierte „g'sunde Watschen" auch abzulehnen. Es muss möglich sein, sich auch so Gehör zu verschaffen. Stell dir vor, es gibt in deiner Umgebung einen Menschen, der dir etwas vorschreibt, und du willst dich nicht daran halten. Er will aber seinen Willen mit brutalen Handgreiflichkeiten durchsetzen. – Ich glaube, du wärst darüber nicht erfreut, oder? Und so geht es dem Kind. Es wird erschrocken sein, außer sich sein und diesen Übergriff nicht verstehen. Das Ergebnis sind Trotzreaktionen, und sollten diese Handgreiflichkeiten andauern, wird es zu einem Verlust der ausgeglichenen Kommunikationsbasis kommen. – Damit beginnen erst recht die Probleme zwischen dem Kind und dem Erwachsenen. Das Kind fühlt sich schuldig und weiß nicht, wofür. Es entstehen Aggressionen auf Seiten des Kindes.
Vorgefasste Meinungen eines Erwachsenen müssen nicht unbedingt jedem Kind gleich übergestülpt werden. Es gibt auch unter den Kindern unterschiedliche Wesen mit unterschiedlichen Ansprüchen. Erziehung soll leiten, aber nicht mit Gewalt zwingen. Natürlich ist es ein Geduldspiel, aber man kann aus einer Erziehung voller Zwänge und Gewalt keinen mündigen Menschen entstehen lassen. Viele Zwänge quälen ein Kind unnötig, es wird verbogen, geistig gelähmt, seine Gedanken werden vergiftet und das Kind wird viele Jahre damit zu tun haben, sich von den Fesseln, die in der Erziehung angelegt wurden, wieder zu lösen. Wie gesagt, eine Erziehung außerhalb vorgefasster Meinungen, außerhalb vorgefasster Zwänge, eine Erziehung mit Gefühl und Verständnis wäre das Mittel, um ein Kind gebührend in das Erwachsenenleben zu begleiten. Generell meine

ich, dass die heutige Gesellschaft zu wenig kinderliebend ist. Kinder sind kostbar! – Viele scheinen es vergessen zu haben.

Wie würdest du als Erzieher richtige Grenzen setzen?

Gute Frage, es ist wesentlich schwieriger ins Detail zu gehen. Aber wenn du richtige Grenzen aufzeigen willst, dann spiegle am besten das Gefühl wider. Wenn das Kind schlecht gelaunt ist und nörgelt, dann geh ruhig darauf ein und frage es mal, was es denn machen möchte und was ihm gefallen könnte. Das Kind zieht sich dann in der Regel allein aus seinem Tief.

Und beschreibe nicht das Kind selbst als egoistisch, sondern sein Verhalten und führe ein vernünftiges Gespräch darüber. Das Kind spürt glücklicherweise noch seine Bedürfnisse und spricht darüber. – Ihr Erwachsenen habt das oft verlernt und wundert euch, wenn ihr genau aus diesem Grund krank werdet. Weil ihr es verlernt habt, über eure Bedürfnisse rechtzeitig zu sprechen. Und Vorsicht vor erlernter Hilflosigkeit. Dem Kind sollte nicht permanent eingetrichtert werden, wie klein und schwach es ist. Kinder sind klüger und stärker, als der Erwachsene es sich denkt. Behandelt man sie als kleine, schwache und hilflose Wesen, werden sie es später auch bleiben. Sie werden es sehr schwer haben, sich in der Welt der Erwachsenen zu behaupten. Wie viele große Kinder gibt es, die den Sprung in die Welt der Erwachsenen in Wirklichkeit nicht geschafft haben, weil sie von den Eltern blockiert wurden? Diese Kinder schaffen daher in diesem Leben sehr oft ihre Aufgaben nicht. Sie müssen einmal mehr auf dieser Erde wiedergeboren werden, um sie zu erfüllen. Welche Eltern können das verantworten?

Ein Kind muss auch gelegentlich NEIN sagen dürfen. Wenn ein Kind richtig reifen soll, dann muss es bei Bedarf auch Abgrenzungsmöglichkeiten vom Kind zum Erwachsenen geben können. Lass es doch einfach zu, dass ein Kind seine eigene Persönlichkeit entdeckt und auch einsetzt.

Raphael, wie erklärst du uns das Leid, das viele junge Menschen bereits durchleben müssen? Es ist doch eine bodenlose Ungerech-

tigkeit, in welch einen Sog von Gewalt, Unrecht, Krankheit und Leid schon so viele Kinder weltweit gerissen werden und sich aus eigenen Kräften natürlich kaum wehren können. Am liebsten würde ich meine Arme ganz weit öffnen, sie zu mir rufen und ganz fest umarmen. Aber leider kann ich nicht Mutter für Millionen von Kindern sein.

Jeder von uns muss mindestens ein schwieriges Leben durchleben, Rosalinde, um die acht Leben in dieser Dimension zu erfüllen. Nach einem schwierigen Leben kommt wieder eines, in dem sich die müde und erschöpfte Seele ausruhen kann, in welchem sie gehegt und gepflegt wird. Die Fortschritte kommen in der Tat nur aus schwierigen Phasen eines Lebens. Wenn es uns ausschließlich gut geht, werden wir uns nicht weiterentwickeln, oder zumindest wesentlich langsamer. – Solange ihr in der dritten Dimension seid, ist das so. Später hat dieser Zyklus keine Gültigkeit mehr. Und, Rosalinde, wenn du deine Arme für diese Kinder öffnen möchtest, dann mache es ganz einfach. Du weißt, mit jedem Mal schickst du Wellen an positiver Energie und eine Anzahl von guten Schwingungen zu den Kindern. Auch wenn du ihnen persönlich vor Ort nicht helfen kannst, allein der gute Gedanke zählt. Allein schon das Sich-auseinander-Setzen mit diesem Thema zählt. Je mehr Menschen das tun, umso einfacher wird es, diesen jungen Menschen zu helfen. Also sei ruhig geistig Mutter von sehr vielen Kindern. Es wird ihnen nützen. Denn in der feinstofflichen Welt wird diese Gedankenarbeit sehr geschätzt und sie hilft den Menschen, an die du denkst, geistig in eine höhere Dimension zu gelangen.

Raphael, es heißt, der Spruch „Aus Fehlern lernt man ...“ hat auch im spirituellen Sinn seine Berechtigung. – Also aus Fehlern lernt man offensichtlich besser oder rascher. Wie siehst du das?

So ist es, Rosalinde! Erst wenn man hier auf dieser Welt alles erlebt hat, hat man sich für eine höhere und lichtvollere Dimension qualifiziert. Jeder wird alles erleben müssen, um alles zu verstehen. Es ist eine gerechte Verteilung. Schlechte Zeiten sind mit einer gewissen Demut zu ertragen. Und nur wenn ich sie verstanden habe,

werde ich daraus lernen und sie als weitere Etappe eines Lebens hinter mir lassen können. Später, in höheren Dimensionen, ist der Materialismus nicht mehr existent, schon aus diesem Grund fällt sehr viel Erdenlast von der Seele ab.
Das Lernen in dem Sinn kann natürlich verkürzt oder zumindest interessanter und wesentlich leichter gestaltet werden. Der beste Beginn dazu ist, bewusster zu leben. Geh achtsam durch dein Leben und du wirst vieles um sehr viel schneller begreifen. Aus Fehlern zu lernen, muss nicht unbedingt bedeuten, von einer Tragödie in die nächste zu springen. Es kann durchaus auch sein, dass es kleine Fehler sind und diese durch ein bedachtsames Leben gesehen und natürlich auch analysiert werden. Es ist möglich, mit Willenskraft gewisse Hindernisse zu umgehen. Fortschritt muss nicht mit schmerzvollen Erfahrungen verbunden sein. Fortschritt kann auch durch Achtsamkeit passieren.

Adoptionen oder Sach- und Geldspenden? Womit ist aus deiner Sicht den Kindern besser geholfen, oder spielt es im Grunde keine Rolle, Hauptsache man hilft?

Das ist individuell verschieden. Es ist jedes Kind für sich zu betrachten. Du hast zwölf Kinder und damit zwölf unterschiedliche Schicksale, zwölf unterschiedliche Bedürfnisse, zwölf unterschiedliche Seelen.
Eine Adoption muss nicht immer gut sein. Wie viele Adoptiveltern sind letztendlich mit ihrer Aufgabe überfordert und schaden dem Kind mehr, als sie ihm nützen! Wenn Kinder adoptiert werden, ist es wichtig zu prüfen. Es darf niemals nur zur Selbstbestätigung sein. Ich kenne eine Unzahl an Fällen von Geld- und Sachspenden, die auch nicht so verwendet wurden, wie es die Spender vorgesehen hätten. Wo den Kindern nicht das Ausmaß an Hilfe gebracht werden konnte und die puren Geldspenden zu Fehlentwicklungen führten. Auf eurer Erde ist leider oft, wenn Gutes getan wird, sehr viel Schein. Menschen, die auf diese Art Gutes tun, werden kaum positive Energie ins nächste Leben mitnehmen können.

Wichtig vielmehr ist die gute Absicht und die wahre Hilfe. Was Kinder brauchen, ist ehrliche Zuwendung und ehrliche Unterstützung. Darum solltest du die Organisation, der du in diesen Dingen vertraust, gut kennen. Prüfe und handle danach.
Ein Beispiel, dass die Erfüllung des Materiellen nicht alles ist, zeigen wohlstandsverwahrloste Kinder. Sie haben alles, aber an Zuwendung und ehrlicher Liebe fehlt es ihnen. Sie kämpfen dadurch oft ein Leben lang, um ihre Wertigkeit zu finden. Nimm also das Materielle nicht wichtiger als ein Kind.
Das heißt, Adoption nur dann, wenn dieser Schritt reiflichst überlegt wurde und der familiäre Zusammenhalt vorhanden ist. Eine Adoption kann auch belasten, hier ist es von Wichtigkeit, dass auch in der erweiterten Familie der jungen Eltern Harmonie herrscht. – Geldspenden nur dann, wenn man die Organisation kennt oder sie direkt vor Ort überweist und man sich ganz sicher ist, was mit dem Geld passiert. Genauso verhält es sich aus meiner Sicht mit Sachspenden. Es spielt tatsächlich keine Rolle, für welche Hilfe du dich entscheidest, wichtig ist, du hilfst. Lerne auch wieder, vor Ort zu helfen, dem Nachbarn, dem Nächsten!

Kann es sein, dass Kinder durch ihre Unerfahrenheit und Lebensunverdorbenheit offener und empfänglicher für alles Spirituelle sind?

Im Ansatz stimmt es schon, denn Kinder haben wesentlich weniger Barrieren zum Leben und wesentlich weniger Barrieren zum Unbekannten aktiviert. Durch ihre altersbedingte Unerfahrenheit waren sie bis jetzt wenigen Prägungen durch ihre Umwelt ausgesetzt. Dadurch sind sie neugieriger und zugänglicher für Neues. Zugänglicher, als es jeder Erwachsene sein könnte. – Ausnahmen bestätigen auch hier die Regel. Es gibt Erwachsene unter uns, die das Kind in sich erhalten haben und es nach wie vor trotz aller Erfahrungen und Prägungen schaffen, für vieles einen kindlichen Zugang zu finden.
Kinder sind unbekannten Erscheinungen gegenüber aufgeschlossen und neugierig. Allein aus diesem Grund suchen sich zum Beispiel

viele Geister ihren Zugang zu dieser Welt über Kinder. Sie haben mit wesentlich weniger Widerstand zu rechnen als bei Erwachsenen. In der Regel sind diese Erscheinungen nicht negativ. Sie basieren auf reiner Neugierde der Geister und sie verschwinden an und für sich genauso, wie sie gekommen sind. Akzeptiere, was das Kind sieht, und rede es ihm nicht aus, nur weil du vielleicht verlernt hast, es zu sehen.
Trotzdem bin ich der Meinung, dass es nicht sinnvoll ist, ein Kind an ausgefallene spirituelle Techniken und Themen heranzuführen. Jeder muss seinen eigenen Weg zur Spiritualität finden. Aber es wird mit Sicherheit eine Erleichterung für das interessierte und begabte Kind sein, wenn mit diesen Themen unverkrampft zu Hause umgegangen wird. So wird jeder, der auf der Suche ist, auch entsprechende Antworten finden. Dies macht eine Entwicklung, wenn eine solche passieren soll, möglich, ohne von vornherein mit Blockaden von Seiten der Erwachsenen verhindert zu werden. – Zu behaupten, dass es geistige Phänomene nicht gäbe, wäre allerdings ein großer Fehler.

Raphael, du meintest einmal in einem unserer Vorgespräche, wir würden unsere Kinder oft zu Automaten erziehen, man würde sie des normalen, logischen Lebens berauben, sie würden im Diktat der Erwachsenen aufwachsen und wären oft nur normierte kleine Erwachsene.
(Raphael lacht über dieses Zitat!)

Es erscheint mir manchmal so, als projizierten viele Erwachsene ihre persönlichen und meist unerreichten Wünsche in die Köpfe ihrer Kinder. Dass wir dieses Wunschdiktat für nicht gut erachten, müsste nicht ausdrücklich erwähnt werden.
Jedes Kind wird zum Beispiel mit den Fähigkeiten geboren, ein schöpferischer Mensch zu werden. Alle Kinder, ohne Ausnahme, wollen kreativ sein, aber wir lassen es oft nicht zu. Wir bringen ihnen bei, wie man etwas richtig macht, und sie kopieren es und werden zu kleinen Robotern. Sie machen das Richtige immer öfter und

werden darin immer effizienter. Damit leben sie ausschließlich in ihrer linken, unkreativen und technischen Gehirnhälfte. Es ist die Seite der Vernunft, der Logik, des Intellekts, die ordentliche Seite des Denkens.
Die rechte Gehirnhälfte ist genau das Gegenteil davon. Es ist die Seite des Chaos, der Poesie, der Liebe und Originalität. Schöpferische Menschen denken mit der rechten Gehirnhälfte. Es ist die Gehirnhälfte, mit der das Kind zu denken lernt, wenn es geboren wurde. Erst mit dem Unterricht und Training der Erwachsenen beginnt sich die linke Gehirnhälfte einzuschalten. Die Energie wird im Schulsystem von der rechten Hälfte beinahe zur Gänze auf die linke Hälfte umgeleitet. Irgendwann zwischen dem siebten und vierzehnten Lebensjahr haben wir das Kind zur Gänze auf die rechte Gehirnhälfte trainiert. Es ist nicht mehr ungezähmt und wild. Es wird zu einem angepassten Bürger.
Der Mensch kann aber nicht ohne Liebe, ohne Poesie, ohne Freude oder Feiern leben. Macht, Geld und Einfluss sind die zu erreichenden Ziele. Aber es sind Ziele der linken Gehirnhälfte.
Erkläre deinen Kindern, die rechte Gehirnhälfte ist das Ziel. Die linke ist das Mittel zum Zweck. Die linke sollte der rechten dienen. Du willst Geld verdienen, um dir ein gutes Leben leisten zu können, damit du feiern kannst. Du brauchst Arbeit, damit du spielen und leben kannst. Aber das eigentliche Ziel sind das Leben und das Spiel. Du arbeitest, damit du dich entspannen kannst. Dein Ziel ist die Entspannung. Nicht die Arbeit.
Presse deine Kinder nicht in Schablonen. Eine Schule zu absolvieren soll nicht gleichzeitig bedeuten Intelligenz und Lebendigkeit zu verlieren. Ich sehe im derzeitigen Erziehungswesen ein großes Manko, es bedarf einer Revolution. Viele begabte Kinder werden zurzeit zu Versagern abgestempelt, nur weil sie einen anderen schulischen Zugang benötigen. Ein schöpferischer Mensch braucht Freiheit und unendlich viel Raum. Nur dann kann seine innerste Spontaneität beginnen, sich zu entfalten.

Der Jugendliche

Die Jugend scheint, durchaus auch aus der Sicht der Autoren, die schwierigste Zeit im Leben zu sein. Beginnende Selbstfindung, erste Emanzipation gegenüber den Erwachsenen und der Abnabelungsprozess vom Elternhaus sind unter anderem Stationen, die einem in diesem Lebensabschnitt zu schaffen machen. Manchmal scheint das Leben wie die persönliche Teilnahme an einem Schleudergang in der Waschmaschine. Was oben war, ist plötzlich unten und umgekehrt. Schwer vorstellbar, dass einem in diesen Augenblicken spirituelle Energie innewohnt und man nur verstärkt nach innen hören müsste, um Antworten auf die zahlreichen offenen Fragen zu erhalten, die einem in dieser Periode besonders beschäftigen. Aber die Vernunft der Reife scheint sehr fern und der Prozess einer inneren Stabilisierung ebenso.

Warum man in diesem Alter selten die Reife dazu hat, Stärke und Kraft aus seinem Innersten zu schöpfen und sich von seiner eigenen Seele im Stich gelassen fühlt, weshalb in diesen Schwierigkeiten vielleicht doch noch ein Nutzen zu finden ist und warum manche zeit ihres Lebens in ihrer Jugend stecken bleiben, das wird unter anderem in den kommenden Sitzungen zwischen Rosalinde Haller und Raphael von Singen zu ergründen sein.

*

Guten Abend, Raphael! Schön, dich wieder bei uns zu haben. Ich konnte übrigens heute das schöne Wetter etwas nützen, um mich ein bisschen an der Sonne zu bewegen.

Guten Abend, Rosalinde! Ich spüre es, dass es dir gut geht und dein Energiehaushalt optimal geladen ist. Der Spaziergang scheint dich wunderbar energetisiert zu haben. Ich war heute bereits in vielen Dimensionen und traf mich mit mir wichtigen und guten Freunden.

Raphael, was wird einem in spiritueller Sicht in der Jugend abverlangt. Warum wird man mit so vielen Problemen konfrontiert und warum entscheidet sich in diesen Jahren so viel für die Zukunft?

Die Probleme sind alle hausgemacht, liebe Rosalinde. Die Jugendlichen hätten diese Fülle an Problemen nicht, wenn sie nicht den Weg gehen müssten, den sie von den Erwachsenen vorgeschrieben erhalten. Nicht jeder Jugendliche hat ein problematisches Heranwachsen. Nur diejenigen, die vehement in die EGO-Schablonen der Erwachsenen gedrängt werden, diese Jugendlichen rebellieren. Und meist zu Recht. In einer späteren Sitzung möchte ich noch darauf zurückkommen, was ich unter den EGOs verstehe. – Übrigens, dass die Jugendlichen manchmal übers Ziel schießen, ist eine Frage der von Erwachsenen fehlgeleiteten Energie.

Der Jugendliche muss bereits ausbaden, was der Erwachsene in dessen Kindheit vertan hat. Im Grunde genommen hat bereits das Kleinkind ein von den Eltern fabriziertes EGO aufgesetzt bekommen. Beim Jugendlichen geht das weiter und er wird verformt und verbogen. In der Jugend kommt noch einmal das innere Kind ganz laut heraus. Es versucht sich noch einmal mit Vehemenz gegen das Diktat der Erwachsenen zu wehren. – Kinder, die richtig aufwachsen konnten, werden natürlich diese Probleme in der Jugend nicht haben. Sie können ja weiterhin unbeschadet aufwachsen und sich auch im spirituellen Sinn richtig entwickeln.

Die Schienen, die der Jugendliche befährt, sind bereits in der jüngsten Kindheit gelegt worden. Bei problematischen Jugendlichen ist es schwierig, sie von der falschen Richtung wegzuholen. Wer soll es auch machen? In den meisten Fällen waren es die Eltern, die diese Anlagen aufgesetzt haben und die dafür verantwortlich sind, dass es in die falsche Richtung geht. Und wie soll jemand, der vielleicht in bester Absicht, aber doch falsch gehandelt hat, wie soll so jemand plötzlich zum Wohle des Jugendlichen aus seiner eigenen Haut schlüpfen?

Zuerst musst du als Elternteil dein wahres ICH finden und dann kannst du korrigierend in die Entwicklung deiner Kinder eingreifen.

Solange du selbst nicht dort bist, wo du hin sollst, solange kannst du auch kaum als förderndes Regulativ auftreten. Als Elternteil solltest du dich allerdings nie schuldig fühlen. Ändere aber nach einem Erkennen dein Verhalten, dazu ist es nie zu spät.

Warum bleiben manche Menschen in der Jugend stecken, treten beinahe das ganze Leben auf der gleichen Stelle und machen immer und immer wieder, manchmal sehenden Auges, die gleichen Fehler? Wie kann diesen Personen am einfachsten und schnellsten geholfen werden?

Es ist ein Irrtum zu glauben, dass diese Menschen in der Jugend stehen bleiben. Es passiert viel früher, nämlich in der Kindheit und beginnt bei den Eltern. Wie ich es vorhin auch schilderte. Wenn ein Kind einigermaßen verlässliche Eltern hat, die es nach bestem Wissen und Gewissen fördern, ohne es gleichzeitig zu überfordern, dann entwickelt das Kind ein tiefes Gefühl des Vertrauens und glaubt an das Gute in dieser Welt.

Wenn dieses Vertrauen jedoch erschüttert wird, führt es bei dem Kind zu einem tiefen Gefühl der Selbstwertlosigkeit. Diese Selbstwertlosigkeit führt dann über die Jugend bis in das Erwachsenenalter zu großen Problemen. In sehr vielen Fällen kommt es zum Beispiel immer wieder zur Wahl eines Partners, von dem man nur benützt wird. Leider passiert es, dass diese Schwäche weitergegeben wird. Eine Schuldzuweisung wäre allerdings falsch. Zu erkennen und verändern wäre der richtige Weg.

Je ärger es für diese Person in der Kindheit war, umso stärker ist die spätere Prägung. Die Energie wird eingefroren, der Mensch bleibt emotional an einem Punkt hängen, der ihn sein Leben lang begleiten und störend beeinflussen kann.

Wenn einem Schlechtes widerfahren ist, dann soll man es verstehen lernen und aufarbeiten, um aus dem alten Kreislauf endlich auszubrechen. Bediene dich guter Freunde und sprich mit ihnen über dein Inneres, drehe dich aber nicht im Kreis, suche den roten Faden und komme zu einem guten Ende. Bekomme das Gefühl, wichtig zu sein. Du bist wichtig und wirst gebraucht. Mit dieser Basis hast du die Chance, die ohnehin konfliktreiche Entwicklung in der Zukunft positiv zu bewältigen.

Was empfiehlst du Eltern mit problematischen Jugendlichen aus spiritueller Sicht? Gibt es ein erprobtes Allheilmittel? Ist der Generationenkonflikt für dich erklärbar? Und soll man als Erwachsener Jugendliche, die ausbrechen wollen, tatsächlich ziehen lassen oder soll man sich mit aller Macht dagegen stemmen und den Streit ausfechten?

Wie ich dir schon in einer der Fragen zuvor antwortete, ist der Generationenkonflikt kein solcher. Der Konflikt resultiert vielmehr aus einem Aufbäumen gegen ein EGO, das die Jugendlichen von den Erwachsenen übergestülpt bekommen. In den meisten Jugendlichen ist das innere Kind noch sehr lebendig. Es wehrt sich zu Recht gegen das Diktat der Erwachsenen. Es wehrt sich, die Maske der Erwachsenen aufzusetzen. Die Masken werde ich übrigens in einer der nächsten Sitzungen noch näher erklären. Jugendliche wehren sich gegen die Schein-Erfolgswelt der Erwachsenen.
Einen Streit mit dem Jugendlichen auszufechten heißt ihn emotional zu verlieren. Ich spreche dabei nicht von kleinen Streitigkeiten, die bei manchen zum Alltag gehören können. Ich meine hier Streitigkeiten, die an der familiären Substanz nagen, Zwist und Unruhe ins Haus bringen und Familien entzweien. Partnerschaftlich sollte der Weg gegangen werden. Suche wieder nach dem Kontakt und biete nicht erzieherische Dominanz, sondern Freundschaft sowie Partnerschaft an. Das könnte ein erster Schritt zu einem besseren Verständnis werden. Aber bleibe ehrlich. Heuchelei würde nur die Reste des Vertrauens zerstören. Deine Kinder haben ein sehr feines Sensorium und kennen dich nur zu gut.
Ich weiß nicht, was mit „ausbrechen“ gemeint ist, aber wenn es ein Ausbrechen aus den aufgezwungenen Konventionen ist, dann kann man es in der Regel nur verhindern, indem man den Jugendlichen bricht. Das heißt, ich habe als Elternteil langsam verformt und ver-

bogen, es gibt Widerstand und jetzt erhöhe ich den Druck und forme und biege schneller und stärker und lege es darauf an, den Jugendlichen damit zu brechen. – Natürlich kann und darf es nicht im Sinne einer positiven erzieherischen Leistung sein, Gewalt auszuüben. Du musst mit den Ressourcen, die dir als Elternteil überantwortet wurden, sorgsam und mit großer Verantwortung umgehen. Das heißt auch, dass du deinen Kindern nicht Masken der Gesellschaft aufzwingen darfst, in welchen sie sich nicht wohl fühlen. Ein Jugendlicher muss „gären" dürfen, so wie guter Wein, sonst bricht er. Das wirst du ja nicht wollen.
Ist mit einem Ausbrechen ein „Ausbruch" aus dem Elternhaus gemeint, dann wirst du diesen längerfristig nicht verhindern können. Es hängt vom Alter des Jugendlichen ab, wie schnell er seinen Ausbruch aus den elterlichen Konventionen umsetzen kann. Geschickter ist es, den richtigen Kontakt wiederherzustellen, und wenn es überhaupt nicht mehr funktioniert, gemeinsam nach Möglichkeiten einer Trennung in Güte zu suchen.

Jugendliche sind in den meisten Fällen äußerst unkonventionell in ihrer Lebensführung, erst recht, wenn man sie so ließe, wie sie es wollten. Und ich muss sagen, mir gefällt das im Großen und Ganzen sehr gut. Es ist noch so viel Natürlichkeit da, noch so viel inneres Kind. Sollen sie sich ihren eigenen Weg suchen oder ist man als Erwachsener verpflichtet, seinen persönlichen Stempel anzubringen, um die Jugendlichen zu prägen, sie sozusagen nach allen klassischen Mitteln zu erziehen? Ich würde ja aus heutiger Sicht meine Kinder in einigen Punkten auch anders erziehen, als ich es als junge Mutter getan habe. Aber die gewisse Reife kam eben erst mit dem Alter und vor allem mit meiner Spiritualität.

Ach, Rosalinde, wozu das Drängen und Quälen, um gesellschaftliche Erwartungen und Normen zu erfüllen? Jeder sollte sich an den Platz stellen können, den er besetzen will und an dem er sich wohl fühlt. Nur dort wird er innere Zufriedenheit und Erfüllung finden. Was nützt es, wenn wir unseren Kindern ein Leben aufdrängen, um uns selbst zu verwirklichen und um Versäumtes nachzuholen? Sie werden nur schwer Erfüllung finden und sich immer in ihnen vollkommen fremden Welten bewegen. Das Streben nach Macht, Titeln und Orden ist eine Erfindung der Erwachsenen. Eine Verleihung von falschem Glanz, um sich von vielen abheben zu können. Aber das sind nicht die wahren Werte. Führt Jugendliche an einen Platz, der sie erfüllt. Es muss nicht immer ein Studium und ein Titel sein. Lernt Handwerks- und Sozialberufe wieder schätzen. Ihr werdet sie in Zukunft brauchen.

Die wahren Werte sind vielmehr, ein eigenes und ehrliches sowie erfülltes Leben führen zu können. Nach eigenen Vorstellungen und Plänen. Das macht in Wirklichkeit das Leben aus. Dein Kind soll einen Platz auf dieser Welt finden können, an welchem es sich wohl fühlt und an welchem es sich nach seinen eigenen Vorstellungen entwickeln kann.

Die unkonventionelle Lebensführung der Jugendlichen kommt übrigens daher, weil sie noch sehr viel vom natürlichen ICH in sich verspüren. Ich möchte in einer späteren Sitzung näher erklären, was ich unter diesem Begriff verstehe. Wenn du dein Kind fördern willst, lass das unkonventionelle Wesen zu. Vermittle ihm deine Erfahrungen auf partnerschaftliche Art. Ein Ersticken des natürlichen ICHs ist der falsche Weg. Lass zu, dass dein Kind es selbst bleibt und ihm nicht eine fremde Maske aufgesetzt wird, die du ihm abverlangst oder die eine Gesellschaft von ihm erwartet.

Im Nachhinein betrachtet, steht man sich während der Selbstfindung in der Jugend sehr oft selbst im Weg, das zieht sich manchmal bis ins Erwachsenenleben. Bei einigen führt es zu extremen Persönlichkeitskonflikten und muss später in unzähligen Stunden bei Therapeuten repariert werden. Und dann gibt es Personen, die Ähnliches erleben, aber nicht daran scheitern und es selbst lösen können. Warum gibt es Personen, die trotz gleicher Bedingungen in der Jugend wesentlich weniger geschädigt wurden, wie ein Fels in der Brandung bestehen und nahezu unbeschadet aus ihrer Jugend kommen?

Der Schlüssel ist sehr oft im Elternhaus zu finden. Allerdings wusste die Seele bei ihrer Wahl der Eltern bereits, was auf sie zukommt und worauf sie sich einlässt. Es gehört sozusagen auch zum zu erfüllenden Arbeitsprogramm, welches man als Seele in seinen Durchläufen zu erledigen hat. – Was natürlich nicht heißen soll, dass die Eltern dazu berechtigt sind, mit Unverständnis und Ungerechtigkeit den eigenen Kindern zu begegnen. Eltern haben die Verpflichtung, ihren Kindern mit Liebe und Zuwendung zu begegnen, um sie für das kommende Leben richtig zu unterstützen.
Der Jugendliche ist in seinem Abschnitt in einer Phase, in der er sich für einen dornenvollen oder leichteren Weg entscheiden kann. Auch das ist zum Teil vorgegeben. Viele müssen in jungen Jahren nachholen, was im vergangenen Leben versäumt worden ist. Es ist wie ein Nachsitzen in der Schule. Wenn das erfüllt ist, dann kann Friede und Zuversicht in die Seele des Jugendlichen einziehen. Eltern dürfen auf gar keinen Fall die Entwicklung ihrer jugendlichen Kinder verhindern. Damit tun sie ihnen nichts Gutes. Schützt euch als Eltern vor einem Überbesorgtsein, seid aber da, wenn eure Kinder in Not sind. Wichtig ist, dass du den Kindern zeigst, dass sie etwas wert sind. Dass sie es wert sind, geliebt zu werden. Damit löst du bereits die meisten Probleme.

In diesem Zusammenhang erinnere ich mich an eine jüngere Verwandte von mir. Sie hatte eine zugegeben etwas schwierigere Kindheit und war anschließend in ihrer Jugend sehr extrem, in jeder Hinsicht, und wir waren in großer Sorge um sie. Und mit einem Schlag, als ob sie sich auf einer Weggabelung für einen ordentlichen und positiven Weg entschieden hätte, war ihr Wesen zum Guten verändert. Natürlich war sie später im Umgang mit ihren Kindern auch eine nahezu perfekte Mutter und begegnete ihnen mit einem großen Maß an Liebe. – Das hätte sich vorher von ihr niemand so recht vorstellen können.

Siehst du, Rosalinde, das ist genau so, wie ich es eingangs sagte. Jeder Jugendliche hat in bestimmten Grundzügen die Wahl, wohin er gehen möchte. Mit der Bedingung, dass er mit seinem vorhergegangenen Leben im Reinen ist. Und deine Verwandte dürfte aus ihrem vorhergegangenen Leben noch einiges offen gehabt haben. Wäre das nicht der Fall gewesen, hätte sie von vorneherein dermaßen ausgeglichen und liebevoll sein können, wie sie es später war. In diesem Fall erkennst du die Entwicklung sehr klar, sie kam mit Sicherheit aus einem problematischen Leben und musste sich erst ihre neue Richtung suchen. Sie hat gelernt, sich selbst zu lieben, und konnte diese Liebe anschließend an andere weitergeben.

Erst vor wenigen Tagen hörte ich von einer Familie, in welcher die jugendlichen Kinder vom Vater oft körperlich gezüchtigt wurden. Mir brach beinahe das Herz, als ich davon erfuhr. Wie kann man diesen jungen Menschen noch beistehen?

Eine außerordentlich schwierige Situation. Die meisten Nachbarn, die diesen erzieherischen Missbrauch mitbekommen, werden ihre Köpfe einziehen und sich nicht im Mindesten trauen, ihre Meinung gegenüber dem Vater abzugeben. Diesen Gewalttätern muss man das Handwerk legen. Sie müssten von Ebenbürtigen herausgefordert werden. Man sollte ihnen ihr Tun vor Augen halten und ihnen auch mit ernsthaften Konsequenzen drohen. Die Nachbarn hätten nicht wegsehen dürfen. Spirituell gesehen kann man zu wenig ausrichten. Man muss diesen Menschen nachhaltig die Leviten lesen, um sie auf ein Niveau der üblichen Erziehung zu bringen. Leider sehe ich, dass auf dieser Welt die Jugendämter oft erst bei stärkstem körperlichem Missbrauch einschreiten. Die Qualen, die viele Seelen der Kinder im Vorfeld zu erdulden haben, werden außer Acht gelassen, es wird zu spät eingeschritten.

Oft ist es besser, die Kinder aus solchen Familien zu holen, um sie in anderen Familien unterzubringen. Denn es ist nicht rechtens, einem Missbrauch offenen Auges zuzusehen und nichts zu tun.

Generell kann ich nur dazu aufrufen, mehr Zivilcourage in diesen und ähnlichen Fällen zu haben. Es wird auch dir selbst nützen, wenn du dich bewusst als Außenstehender in offensichtliche Missstände einbringst, um sie abzustellen. Du tust auch deiner Seele Gutes, wenn du in diesen Fällen engagiert bist und den Kindern hilfst.

Der Erwachsene

Für jeden von uns wird das Leben als Erwachsener zu einem unterschiedlichen Zeitpunkt begonnen haben. Es wird wohl von der bisher verlebten Zeit und von dem Grad der inneren Reife abhängen, ab welchem Zeitpunkt man sich zum ersten Mal so richtig erwachsen gefühlt hat. Oft wird es auch von äußeren Schicksalsschlägen entschieden worden sein, ab wann man erwachsen zu sein hatte und es sich von heute auf morgen nicht mehr leisten konnte, eine unbeschwerte Jugend zu leben.
Es gab in der Vergangenheit ganze Generationen, die keine andere Wahl hatten, als sehr schnell erwachsen zu werden. Mitunter wurden ihnen noch in den Kinderschuhen die Masken der Erwachsenen aufgesetzt und sie hatten so zu tun, als wären sie es auch – erwachsen. Heute obliegt es im Wesentlichen den Jugendlichen, zu welchem Zeitpunkt sie das Tor zum Erwachsensein durchschreiten wollen. Vielleicht ist es auch ein Resultat der fortschreitenden Spiritualität dieser Welt, allein für sich selbst bestimmen zu können, ab welchem Zeitpunkt man fortan für erwachsen gelten möchte.
Rosalinde Haller spricht im kommenden Kapitel mit Raphael von Singen über das Leben der Erwachsenen und dessen zahlreiche Facetten. Welchen Kräften man tatsächlich ausgesetzt ist und wie es um die viel zitierte Selbstbestimmung gestellt ist. – Außerdem soll unter anderem besprochen werden, wie man sich als Erwachsener spirituell am besten weiterentwickeln und wie man sein persönliches Wohlbefinden nach und nach steigern kann.

*

Schönen Nachmittag, Raphael! Unser Werk läuft ja zügig voran. Ich merke bereits jetzt bei vielen Fragen, dass wir viel weiter aus-

holen könnten. Aber es soll ja ein lesbares Buch werden und kein Wälzer von Tausenden Seiten. – Wie geht es dir heute?

Auch dir einen schönen Nachmittag, Rosalinde! Danke, mir geht es ausgesprochen gut. Mache dir keine Sorgen mit dem Buch. Alles werden wir nie abdecken können und wenn wir die Fragen und vor allem Antworten darauf noch so ausdehnen würden, es gäbe noch immer wesentlich mehr zu sagen. Wir müssten uns auf Jahre treffen, um alles abzudecken. – Es wird nicht möglich sein. Ich bin zufrieden, wie es ist, es läuft ausgezeichnet. – Aber lass uns mit den nächsten Fragen beginnen!

Als Erwachsener ist man für gewöhnlich, von der Arbeit meist abgesehen, sehr selbstbestimmt, und doch gibt es täglich Kräfte, die von außen auf uns einwirken und uns unerklärlich beeinflussen. Die uns froh, schlecht gelaunt oder bösartig werden lassen. Womit haben wir hier zu kämpfen? Warum muss beinahe automatisch einem Hoch ein Tief folgen? Wie können wir uns gegen negative Einflüsse von außen am besten schützen?

So selbstbestimmt ist man als Erwachsener auch wieder nicht. Wir haben im Kapitel über die Kindheit besprochen, dass es den Rucksack des Lebens gibt, den man mitschleppt und der einem möglicherweise das gesamte Leben belastet. Es gibt bei vielen von uns ein verletztes inneres Kind. Alte Schäden, die sich heute noch auf unser Verhalten, meist negativ, auswirken. Erst wenn es dir gelingt, Vergangenes loszulassen – dich frei zu machen für NEUES –, erst dann wirst du richtig durchatmen können, erst dann wirst du deine gesamte innere Energie auf dein Leben, auf deine Wünsche, auf dein Hier und Jetzt bündeln können. Wichtig für den neuen Erfolg im Leben ist vor allem, nicht zurückzublicken. Dieser Rückblick ist verlorene Energie. Sieh nach vorne, dann kannst du deiner Zukunft eine bessere Richtung geben.
Denn merke, Krankheiten und Unfälle sind meist das Produkt einer falschen Denkart. Du ziehst Negatives an, weil du negativ denkst. Du nimmst unbewusst das Negative an, sprichst über andere nega-

tiv und vergiftest dich nach und nach. Löse dich von negativen Gefühlen, von dieser Denkart, die dich im Kreis gehen lässt, und du wirst sehen, wie du seelisch und körperlich gesundest. Mache dir bewusst, was mit dir los ist. Entdecke die innere Wahrheit und lasse die innere Wahrheit über deinen Verstand siegen. Denn der Verstand kann gelenkt werden. In allem, was du tust, ist eine verstandesmäßige Komponente enthalten, die nicht immer der inneren Wahrheit entspricht.

Dein Ziel soll sein, dein privates Selbst zu leben. – Als Kind wurde einem oft genug gesagt, dass das, was man macht, nicht gut genug ist. Das ist der Beginn, sich nach außen so zu geben, wie man gesehen werden möchte. Der Start des öffentlichen Selbst. Ich gebe mich so, wie es andere von mir erwarten, setze mir eine Maske auf. Ich verdränge mein privates Selbst zu Gunsten dessen, was Dritte von mir erwarten, und lasse mich in einen entsetzlichen inneren Konflikt drängen, nehme nach und nach mein wirkliches ICH zurück. Je verrückter die Kindheit war, verrückt im Sinne von entrückt, umso stärker ist diese Prägung des von außen erwarteten öffentlichen Selbst. Ein Spiel um Liebe und Zuneigung gepaart mit dem Verlust der eigenen Identität. Man hat plötzlich das Gefühl, kein Recht auf Glück und Liebe zu haben. Flüchtet sich in Trauer, innere Depression, verliert das Sensorium für die wahren Werte. Ein gefährlicher Zustand, der einen in die Suchtgefahr drängt. Der Verstand ist ausgeschaltet und es entsteht ein tiefes Loch in der Seele. Doch es ist nichts verloren. Lehne dich zurück und steige in dein Inneres, beschäftige dich mit dem Trümmerhaufen in dir und reiße dir die Maske herunter, die du dir in deiner Kindheit aufgesetzt hast. Sei einfach nur du selbst. – Lebe dein eigenes Leben. Denke doch noch einmal kurz zurück, wie das kleine Kind verloren auf der Treppe sitzt, und sage zu ihm: „Komm, ich hole dich jetzt ab, ich bin stark und erwachsen und kann dir helfen, du bist jetzt in mir und nie mehr allein."

Grundsätzlich sollte jeder wieder lernen, auf seine innere Stimme zu hören. Wenn die innere Stimme gehört wird, dann ist der erste bedeutende Schritt zu einem richtigen und erfüllten Leben getan. Lerne zu vertrauen und übe, dich dem Guten hinzugeben. Gut ist, was dir gut tut, Dinge zu tun, bei welchen du dich wohl fühlst. Es ist wie Nahrung für die Seele. Nur dann, wenn wir lernen, auf unser Inneres zu hören, werden wir uns tatsächlich wohl fühlen, Ruhe und Stärke werden in uns Einkehr halten.

Es klingt alles so wunderbar einfach, wenn ich dir so zuhöre, Raphael!

Es ist auch einfach, man muss nur von seinen jetzigen Gepflogenheiten loslassen können und alte Bahnen verlassen. Es ist wirklich sehr einfach!

Welchen Prozess durchläuft die eigene Seele während des erwachsenen Lebens? Ist es nur noch eine Frage des Ausgeglichenseins, um innere Zufriedenheit zu finden? Ist es ein Ansammeln von glücklichen Tagen oder steckt mehr dahinter?

Im Idealfall ist die eigene Seele eine unbeschadete, glückliche und starke Seele. Dieser Zustand ist mit einem Glückstreffer gleichzusetzen und kommt selten vor. In den jetzigen und erst recht in den kommenden Generationen ist die Anzahl der glücklichen Seelen eine weitaus größere. Die neuen Systeme unterstützen freies und starkes Heranwachsen.

Leider ist es in der Regel so, dass die erwachsene Seele den Prozess einer Reparatur durchlaufen muss. Mit etwas Glück schafft man es rechtzeitig aus dem in der Kindheit angehäuften Schlamassel auszubrechen, um sich auf Wesentlicheres zu konzentrieren. Der Sinn der inneren Reparatur ist auf einen Nenner zu bringen. – Den eigenen Selbstwert zu finden, der in der Kindheit oft von den Eltern zertrümmert wurde, weil sie es nicht verstanden haben, die Urbedürfnisse des Kindes zu erfüllen. – Und nur wenn es dir selbst gelingt, dich mit deinem verletzten inneren Kind auseinander zu setzen, wenn du erkennst, wo der Schlüssel deiner Blockaden liegt, nur dann kannst du dein aufrichtiges Selbstwertgefühl wiederfinden.

Und wie setze ich das am besten in der Praxis um?

Der Heilungsprozess beginnt am besten dann, wenn du es schaffst, über dich zu sprechen. Löse dich von den alten Denkmustern, die dich ohnehin nur festhalten. Reiche die Hand den Menschen in deiner Umgebung, die dich lieben, die Kraft der Liebe und dein Blick nach innen werden dich stärken und dir helfen, den Kreislauf zu durchbrechen, um einige Stufen der seelischen Entwicklung nach oben zu erklimmen. Lass dich auf deine Gefühle ein, weine, wenn du weinen möchtest, lache, wenn es dir danach ist. Lebe ein genussvolles Leben, atme die freie Natur ein. Verlebe wundervolle Stunden mit deiner Familie, mit deinen Freunden. Schöpfe Kraft aus deiner Freizeit und genieße dein Leben in vollen Zügen. – Denn einer der wichtigsten Punkte ist, nichts mehr erzwingen zu wollen, einfach loszulassen, anzunehmen, was kommt. So kannst du als Erwachsener wahres Glück empfinden.

Raphael, was ist eigentlich die wahre Realität? Sind es die Muster, in die wir durch die Gesellschaft gedrängt werden? Ist es unser eigenes Muster, unsere eigene Realität, die wir uns schaffen und in der wir leben? Oder liegt die wahre Realität ganz woanders?

Im Wesentlichen ist die wahre Realität ein Produkt aus dem, was wir fühlen. Weißt du, Rosalinde, eine gesund entwickelte Seele funktioniert ganz einfach. Bei einem Hineinhören sagt sie, was richtig ist, und das ist die wahre Realität. Nach der kann man gut und ohne Gefahr leben. Auf diese kann man sich in der Regel verlassen und man wird gut damit fahren. Gehe in dich, höre tief in dein Inneres und du bekommst die richtigen und für dich passenden Antworten auf deine Fragen.

Bei einer irregeleiteten, kranken Seele ist es allerdings falsch, sich auf seine eigene Realität zu verlassen. Stelle dir einen betrunkenen Menschen vor. Er wird andere Realitätsansprüche haben als der Nüchterne neben ihm. Das heißt, für einen Menschen mit einer belasteten Seele gibt es eine andere, für ihn wahre Realität, die sich meist von der absoluten Realität entfernt hat. Sie kann sich aus den

Realitäten der Gesellschaft und der unmittelbaren Bezugspersonen zusammensetzen. Das kann gut sein und stimmen, es können allerdings genauso kranke Seelen sein, die sich ihre eigene Realität bauen und in einer Kunstwelt leben, aus der sie ohne Hilfe von außen nicht mehr auszubrechen vermögen. Süchtige oder Kranke decken oft ihr Gefühl von Unzulänglichkeit mit der Sucht oder Krankheit zu. Fachmännische Hilfe wird nötig. Den Menschen ist allerdings auch ein gewisses Maß an Selbstverantwortung zu geben, sie benötigen diese, um wieder gesund werden zu können.

Es gibt Menschen, die ausschließlich auf den Körper achten und das innere Ich vernachlässigen, und umgekehrt Menschen, die sehr meditativ in sich gekehrt leben und gegenüber dem eigenen Körper nachlässig und völlig entrückt leben. Was empfiehlst du grundsätzlich? Oder anders gefragt, welche von den beiden Extremgruppen schadet sich und der persönlichen Entwicklung weniger und bringt à la longue gesehen mehr?

Keines dieser Extreme ist gut und bringt nachhaltig Freude. Jeder, der Extreme lebt, begeht damit bereits Fehler und lebt in Wirklichkeit am Leben vorbei. Harmonie kann Freude im Leben bringen, und das ist wiederum eine gute Mischung aus beidem, dem meditativen Menschen und dem Achtsamen bezüglich seines Körpers. Solange du auf dieser Erde lebst, hat beides seine Berechtigung.
Versuche deinen Körper so gesund wie möglich zu halten, damit hast du die besten Chancen, dein Lebenswerk so zu erfüllen, wie es vorgesehen ist. In der dritten Dimension ist es deine geistige Pflicht, deinen Körper gut zu behandeln. Er gehört in der materiellen Ebene, in der du lebst, untrennbar zu dir.
Die beiden von dir beschriebenen Gruppen sind mit Sicherheit nicht ausschließlich bewusst lebende Menschen. Denn würden sie bewusst leben, wäre keines dieser Extreme lebensfähig. Bewusst zu leben heißt, zu sehen, um korrigierend auf eventuelle Mängel einzugehen. Je bewusster du lebst, umso weniger Fehler werden dir in deiner Lebensführung passieren. Und selbst wenn es doch einmal

geschieht, wirst du wesentlich schneller wieder daraus gelernt haben und entsprechende Korrekturen leben. Wenn du lernst, auf deine Intuition zu hören, wirst du auch fühlen, was dein Körper und deine Seele von dir brauchen. Du musst nur lernen, dich wieder zu spüren.

Welche von den beiden beschriebenen Gruppen würde weiterkommen, der Meditative, der seinen Körper vernachlässigt, oder der extreme Sportfreak, dessen inneres Ich vernachlässigt wird?

Keine von beiden, denn die gesunde Mischung ist richtig. Keiner, der in Extremen lebt, wird weiterkommen, weil er eine Seite in seinem Wesen extrem vernachlässigt, und das ist nicht dem göttlichen Prinzip gemäß. Der Erwachsene ist weitestgehend willensfrei seine Lebensentscheidungen betreffend. Er kann sich in zwar vorgegebenen Bahnen, aber doch vollkommen frei bewegen und versuchen, ein möglichst, auf das Leben gerechnet, positiver Mensch zu sein, der anderen nicht schadet. Das ist die Pflicht jedes Menschen. Schuldzuweisungen an andere werden vom Jenseits nicht toleriert. Gehe den positiven und ehrlichen Weg! Der Sportfreak lenkt sich eventuell mit Extremleistungen von einem Nachdenken über wahre Werte ab. Er sucht seinen Wert im sportlichen Erfolg und im Sieg.

Der Geist kommt auf der Erde ohne Körper nicht weit und umgekehrt ist es genauso. Ein Körper mit einer unterentwickelten oder kranken Seele wird auch nicht weiterkommen. Also suche die Balance und ich bin mir sicher, es wird dir gut tun.

Kranke oder Behinderte haben oft nicht die Möglichkeit, ihren Körper in Schuss zu halten. Er ist ja bereits angegriffen. Haben sie somit weniger Chancen, ihren Lebensweg positiv zu erfüllen?

Bei Kranken und Behinderten liegt die Erfüllungsarbeit in der Bewältigung ihrer Krankheit und Behinderung. – Missachtet diese Menschen nicht, unterstützt diese Menschen in der Erfüllung ihrer Vorgaben. Gebt ihnen Aufmerksamkeit und Liebe, es wird auch euch von Nutzen sein. Sehr bald wird es Möglichkeiten der Heilung über Schwingungen geben. Ein neues Heilen wird realistisch. Mit der entsprechenden Aufmerksamkeit gebt ihr den Kranken Energie – Energie, deren sie zur Bewältigung ihrer Krankheit dringend bedürfen. Ein kranker und angegriffener Körper heißt noch lange nicht, dass dieser Mensch aus einer positiven Lebensführung ausgeschlossen ist. Oft heißt Krankheit nicht mehr als Lernen unter extremen Bedingungen. Warum kam es zur Krankheit? Was kann ich tun, damit ich so rasch als möglich wieder gesunde? Wie bringe ich meine Energie wieder zum Fließen? Wie kann ich verhindern, jemals wieder so krank zu werden, und so weiter. Auch die derzeit modernen Reiki-Kurse sind an und für sich reine Energie-Arbeit, und das ist gut so. Die Krankheit ist eine Quelle an Informationen über ein bisher geführtes Leben. Lebe ich richtig, werde ich in der Regel nicht krank werden. Gibt es in meinem Leben schwere Mängel und Missstände, zu deren Korrektur ich nicht in der Lage war, so werde ich wohl oder übel durch die Krankheit gezwungen, über diese nachzudenken, um mir mit der entsprechenden Erkenntnis Wege in ein gutes und besseres Leben zu suchen. Es gibt aus beinahe jeder Krankheit einen Weg, um ein akzeptables Leben fortzuführen. Bleibt dem Kranken dieser Weg verwehrt, dann muss er sich seiner Umstände bewusst werden. Er muss erfassen, dass er seine Mission in diesem Leben erfüllt hat. Sein Weg ist von nun an der, in ein anderes Leben zu gehen. Diese Erkenntnis soll sich der schwerst Kranke aneignen, um gefördert hinüberzugleiten. Aus dieser Erkenntnis heraus soll die Familie des Kranken einen emotionalen und erklärenden Beistand bilden, um diesem Menschen die Liebe zu geben, die er für seine letzten Schritte aus dem Leben benötigt.

Es ist wie ein Absolvieren der letzten Wochen einer Schule. Wie auch im Schulleben bei einem Schüler, der sich vielleicht vor der nächsten Klasse fürchtet, wird der Kranke Hemmungen haben, die nächste Stufe zu nehmen. Unsicherheiten werden auftauchen und er wird nur zaghaft die kommenden Stufen hinüber nehmen wollen. In diesem Fall gilt es hoffnungsvoll zu sein, im Inneren zu ruhen, Kraft zu schöpfen, um sich mit positiver Einstellung in die letzten Sequenzen seines Lebensweges zu begeben, um in weiterer Folge einen dunklen Tunnel zu beschreiten, der ins strahlende Licht führt.

Das höre ich immer wieder in deinen Ausführungen, Raphael, die positive Einstellung zu allem, was passiert. Aus dieser positiven Einstellung kommt die nötige Kraft und Energie. Mit deiner Hilfe scheint es unmöglich, ein Leben falsch anzulegen.

Der Schlüssel ist, dir dein Leben bewusst zu machen. Dir die Entwicklungsprozesse, in welchen du dich befindest, bewusst zu machen. Wenn dir das gelingt, dann kannst du mit Freude im Herzen die nächsten Stufen deiner persönlichen Entwicklung erwarten.

Kommen wir zu einem neuen Thema, Raphael! Die Midlife Crisis fängt beinahe jeden von uns ein. – Davon könnte ich auch ein Lied singen. Plötzlich sind wir der Meinung, viel ausgelassen zu haben. Von einem Tag auf den anderen sind wir mit unserem Dasein gänzlich unzufrieden und wollen innerhalb von Sekunden alle Alltagsfesseln sprengen, die uns umgeben, um eventuell Versäumtes nachzuholen. Raphael, was bäumt sich in uns auf, was hat diese Krise für uns zu bedeuten? Was können wir daraus schöpfen?

Du wirst staunen, Rosalinde, mit der Midlife Crisis beginnt das Erwachsenwerden der Seele im aktuellen Leben. Sie schlüpft endgültig aus ihren Kinderschuhen und wird sich des Erwachsenseins bewusst. Das spürt der Mensch und stellt seine alte Lebensweise in Frage und ist auf der Suche nach einem neuen Sinn.

Natürlich gibt es gerade in dieser Phase Übertreibungen und anschließende Selbstfindungen, die vollkommen übertrieben sind. – Wenn du zum Beispiel zu Hause noch Kinder hast, dann hast du damit Verantwortung auf dich geladen und kannst nicht von heute auf morgen aus diesen Bahnen springen, um dich selbst zu verwirklichen. Richtige Sinnfindung heißt, mit Verantwortung vorzugehen, um so den neuen Weg zu finden. Wer in dieser Suche Unglück entstehen lässt, wird nicht Glück empfangen.

Es passiert gerade in der Midlife Crisis oft genug, dass man einfach nur unzufrieden ist und nicht weiß, wohin man eigentlich gehen soll. Es zeichnet sich kein richtiger Weg ab und es beginnt ein Herumirren, manchmal in Extremen.

In dieser Phase soll nichts übereilt werden. Selbsterkennung ist wichtig und der Selbsterkennung muss Zeit gegeben werden. Dann kommt der Weg von allein. Fremdprägungen, von den Eltern, vom Partner, werden in dieser Zeit abgeschüttelt und der persönlich richtige Weg wird wie von allein plötzlich vor dir liegen. Du musst es erwarten können.

Raphael, das heißt eigentlich, dass die Midlife Crisis alles andere als eine Krise ist, es ist nur eine Neuorientierung zum nächsten Lebensabschnitt!

Es ist ein Bewusstwerden dessen, was du selbst bist und willst. Du entdeckst in diesem Abschnitt schlagartig ein Stückchen mehr von deiner wahren Persönlichkeit und versuchst Belastungen abzuschütteln, die dich blockieren und an einer persönlichen Weiterentwicklung hindern. Es ist ein interessanter Lebensabschnitt mit sehr großer Verantwortung für dich, aber auch für deine Schutzbefohlenen.

Wie siehst du eigentlich die Entwicklung, dass sich immer mehr Menschen über die „Elektronik" eine vorübergehende Flucht aus ihrem Leben gönnen? Ich denke jetzt an das Internet und Chatforen, Videospiele oder Reality TV, bei dem man als Zuseher Menschen beobachtet, wie sie monatelang in Containern eingeschlossen sind, um dort zu leben.

Eine Flucht aus dem Leben für wenige Stunden ist vollkommen in Ordnung. Natürlich wäre statt der Stunde Spiel eine Stunde Meditation sinnvoller. Aber wenn der Mensch nicht so weit ist, dann muss er eben noch spielen. Spielen auf Zeit ist in Ordnung. Es ist eine Zerstreuung dieser Zeit. Wenn es aber die gesamte Freizeit einnimmt, dann läuft etwas falsch. Dann ist es durchaus als Flucht vor der Realität zu sehen. In naher Zukunft wird die Technik dem Menschen eher dienen, als ihn zu beherrschen.
Chatforen sind in Ordnung, wenn es ehrliche Gespräche sind. Es ist wie eine Unterhaltung auf einem Marktplatz, ohne dort zu sein. Aber wie gesagt, sinnvoll ist es nur, wenn es geistreiche und ehrliche Ge-

spräche sind. Sich aus Jux und Tollerei stundenlang in solchen Foren aufzuhalten ist nicht sinnvoll. Ihr verbindet damit Weltenzeit. Bei uns ist Zeit allerdings ohnehin nicht mehr von Bedeutung.
Reality TV hatten wir schon in der großen Zeit der Römer. Das ist keine neue Idee. Damals waren es eben Stadien und die Kämpfe der Gladiatoren. Oberflächliche Unterhaltung, die auf kurze Zeit in Ordnung sein kann. Grundsätzlich braucht der Mensch Spiele, damit gelingt es ihm Aggressionen abzubauen. Eure Seele steckt in der dritten Dimension und somit noch stark in den Kinderschuhen.

Es gibt Einsiedler, die absolut isoliert leben und mit niemandem etwas zu tun haben wollen. Die wenigsten davon sind meditativ tätig oder leben in einer vergeistigten Welt. Oft sind es Menschen, die ausschließlich vom Leben, von den Menschen enttäuscht wurden und die daraufhin alle Brücken zur Zivilisation so weit wie möglich abbrachen. – Ich nehme nicht an, dass es ein Leben ist, wie es von OBEN gewünscht ist?

Es ist auch eine Form zu leben, allerdings eine sehr verkümmerte. Sich aus Enttäuschung aus dem Leben zu nehmen, um in extrem einzelgängerischer Weise da zu sein, ist, wie eine Schule zu besuchen und nicht am Unterricht teilzunehmen. Diese Menschen werden mit denselben Anforderungen nochmals geboren werden und repetieren ihr nicht gelebtes Leben.
Es besteht eine gewisse Pflicht, sinnerfüllt zu leben. Einzelgänger, die aus Frustration den Kontakt zur Welt meiden, leben in der Regel ohne Sinn, so ist es nicht gewollt. Sie verweigern sich allen Anforderungen und leben an ihrem eigenen Leben vorbei.
Wäre es ein Rückzug, egal ob auf Zeit oder für immer, der spirituell motiviert ist und positive Hintergründe hat, dann sehen wir es weniger kritisch. Trotzdem, gesellschaftlich verfügbar zu sein wäre natürlich wesentlich besser. Ein Leben zu erhalten ist nicht dazu gedacht, sich auf „Stand-by-Funktion“ zu schalten, um auf den Tod zu warten. Wenn jemand allerdings wahre Meditation in der Einsamkeit sucht, kann er der göttlichen Kraft sehr nahe kommen.

Das Alter

Als Erwachsener durchschreitet man ein breites Spektrum des Lebens. Man erlebt eine kraftvolle Zeit, in welcher einen nichts und niemand von seinen Vorhaben aufzuhalten vermag. In weiterer Folge erleben wir eventuell Zeiten der Verinnerlichung und des Nachdenkens, vielleicht ein Nachdenken über den Sinn des Lebens, und allmählich überqueren wir den Zenit unseres Lebens und werden uns dessen auch meist sehr bewusst.

Man erlebt den Rückzug aus dem beruflichen Alltag, versucht sich in einem Privatleben mit den verbliebenen Ressourcen zu arrangieren, genießt mit etwas Glück ein paar unbeschwerte Jahre und stellt fest, wie langsam mit den weiteren Jahren die Kraft aus dem Körper schwindet. Gibt es ein Rezept, um sich auf das Alter vorzubereiten? Denn wie oft ist man überrascht, wenn es plötzlich nicht mehr so läuft, wie man es ein Leben lang gewohnt war. Anfangs übergeht man einzelne körperliche Mängel, aber nach und nach holen sie einen so weit ein, dass man sie nicht mehr als „Alltagswehwehchen" wegschwindeln kann.

Der richtige intensive Kontakt zur alten Generation vor einem wurde vor Jahren vielleicht längst verloren oder war überhaupt nie vorhanden. Somit fehlen Erfahrungen und Vergleiche mit der eigenen, meist schmerzvoll zur Kenntnis genommenen degenerativen Entwicklung des Körpers. Warum wird einem im Alter plötzlich so viel abverlangt und welchen Sinn hat der späte Lebensabend, mit dieser Fülle an möglicherweise bösen Überraschungen? Wieso wird durch körperliche Unzulänglichkeiten die Seele im Alter dermaßen gequält? Fragen, mit denen wir in den kommenden Sitzungen Raphael von Singen konfrontieren möchten, und wir sind schon jetzt neugierig auf die möglicherweise neuen Perspektiven des Alters, die sich uns vielleicht danach eröffnen werden. Vielleicht kann aus dem sehr späten Lebensabend ja doch noch etwas Sinn gewonnen werden. Denn es gibt ja immerhin auch sehr alte Menschen, die fröhlich, agil und ausgeglichen sind, sozusagen von innen heraus strahlen. – Diese möchten wir uns zum Vorbild nehmen.

*

Guten Abend, Raphael! Heute wollen wir wieder viel von dir lernen. Es macht ungeheure Freude, deinen Ausführungen zuzuhören. Ich nehme sehr viel von der Energie mit, die du uns während unserer Besprechungen schickst, und widme sie in den darauf folgenden Tagen den Menschen, die mich besuchen.

Guten Abend, Rosalinde! Das ist gut so. Was man empfängt, soll man in Teilen auch weitergeben. Dieses Prinzip möge sich über das gesamte Leben erstrecken. Wenn man Gutes empfängt und Gutes weiterreicht, wird es nie enden wollen.

Raphael, bevor wir auf die ganzen Auswirkungen des Alters zu sprechen kommen, beschäftigt uns noch eine Frage, mit der sich die Industrie ja schlussendlich ebenso auseinander setzt wie jeder Einzelne von uns: Was empfiehlt das erfahrene Kollektiv, was empfiehlst du uns, damit wir so lange wie möglich geistig „jung" bleiben und vor allem gesund altern? Dass wir alt werden, können wir nicht verhindern, aber gesund alt zu werden, das wäre sehr erstrebenswert.

Die Antwort zu dieser Frage, Rosalinde, ist vielschichtig. Jeder ist seinen eigenen Genen unterworfen. Das ist schon einmal ein Korsett, aus dem du nicht hinaus kannst. Also betrachte deine Eltern und du weißt ungefähr, was auf dich zukommt. – Nachdem du aber keine Schablone deiner Eltern bist, kannst du selbstverständlich vieles tun, um jung zu altern. – So würde ich es nennen. Das Hauptaugenmerk sollte nicht darauf liegen, möglichst faltenfrei alt zu werden, sondern dein Ziel sollte sein, möglichst schmerzfrei und mit einem großen Maß an innerer Zufriedenheit sehr alt zu werden.
Lebe also ein gesundes Leben. Wenn du Tage im Überschuss lebst, meist gesellschaftlich bedingt, lebe auch wieder einige in Reduktion. Ernähre dich so gesund wie möglich und sei Optimist. Pessi-

mismus bringt dir nicht nur Falten, er vergiftet auch deinen Körper und lässt Krankheit entstehen. – Krankheit als Schrei der Seele, dass in deinem Leben etwas falsch läuft.
Aber das Allheilmittel, auf das du wartest, kann ich dir auch nicht bieten. Wenn jeder die Lebensweise wählt, die seinen Vorstellungen und Veranlagungen am nächsten kommt, dann wird es auch für seine Gesundheit, für seine Vitalität von Vorteil sein. Lebe einfach bewusst, dann lebst du auch im Alter richtig! – Diese Lebensauffassung wird in wenigen Jahrzehnten eine sehr übliche sein. Es wird wesentlich mehr glückliche Alte geben und sie werden, anders als heute, einen wichtigen gesellschaftlichen und wirtschaftlichen Aspekt darstellen.

Nach einem erfüllten Leben ist unsere Seele vermutlich mit einem riesigen Rucksack versehen und sie hat sicherlich einiges aus den vergangenen Jahrzehnten mitgenommen. Wird der Inhalt im Alter geordnet, ausgesiebt und durch das Lebensalter neu interpretiert?

Im Alter gibt es zwei wesentliche Entwicklungen für den Menschen. Manche sind griesgrämig und haben ihr Leben und auch das Alter nicht verkraftet. Sie sehen weinerlich zurück und leben in der Vergangenheit. Sie haben die Weisheit des Alters nicht verstanden und werden sie vermutlich in diesem Leben auch nicht mehr verstehen. Ihr Schicksal ist es, wiedergeboren zu werden, um im nächsten Leben das Alter mit mehr Weisheit zu erleben.

Raphael, glaubst du, dass diese Menschen erst im Alter so wurden, kann es nicht sein, dass sie schon in jüngeren Jahren griesgrämig waren?

Diese Menschen hatten natürlich die Grundtendenz dazu in ihrer Anlage. Sie konnten diese Anlage bis zum Alter, bis zu ihrem Ruhestand, mit ihrem Beruf verdecken und sich derart ablenken und gegenüber Dritten mit ihrer beruflichen Maske agieren. Im Alter kommen das wahre Gesicht und der wahre Charakter zum Vorschein.

Es heißt nicht umsonst, im Alter hat jeder Mensch das Gesicht, das er verdient. Sieh dir den Menschen an und du wirst wissen, wer vor dir steht. Falten und Linien im Gesicht sind wunderbare Tagebücher und wissen viel zu erzählen. Du kannst am Gesicht ablesen, wie der Mensch bisher war und wie er sein Alter voraussichtlich verbringen wird.

Und wer ist jetzt die andere Gruppe der Alten?

Die zweite Gruppe der Alten sind die, die lächelnd zurückblicken und sich nach wie vor an ihrem vergangenen Leben erfreuen können. Die nach vorne blicken können und nach wie vor zuversichtlich sind. Positiv gestimmte Menschen, die Freude und Weisheit ausstrahlen. Sie haben die Wahrheit erfasst. Diese Menschen fürchten sich auch nicht vor dem Tod und sehen diesem entspannt entgegen. Sie leben gerne, sind aber auf ein Sterben vorbereitet und werden auch im Tod wundervoll entspannt aussehen.

Es ist manchmal nicht so einfach, Gewesenes einfach abzuschütteln, um so zu tun, als wäre es nie passiert. Ich kann manche Alte ganz gut verstehen, dass sie in der Vergangenheit leben und am liebsten einiges anders gemacht hätten.

Was nützt es denn, wenn ich mit der Vergangenheit hadere, die ich nicht mehr beeinflussen kann? Wahre Größe ist, wenn du zu deinen Taten und Entscheidungen stehst und sie akzeptieren kannst. Eine positive Grundeinstellung zum Leben ist empfehlenswert. Du wirst merken, wie du daraufhin vom Ballast der Vergangenheit befreit wirst und aufatmest. Der riesige Rucksack, der dich im Alter nur hinunterzieht, ist nicht nötig. Denn ein Rucksack mit Weisheit und guten Wünschen ist keine Last. Das Alter wäre dazu gedacht Ordnung zu schaffen, dies aber im positiven Sinn, nicht im negativen.

Und hat das Alter nur mehr den Sinn einer abschließenden Ordnung des Lebens oder ist da noch mehr dahinter?

Das Alter hat den Sinn des Verzeihens, des Verstehens und der Gelassenheit. In diesem Abschnitt ist der Mensch in seiner höchsten Entwicklung und kann ungelöste Probleme aus seinem Leben bewältigen, indem er diese versteht. In diesem Abschnitt kann noch viel gut gemacht werden. Und bei den Menschen, die keine offenen Positionen mehr zu bewältigen haben, die können bereits entspannt und gelöst leben und sich der letzten Tage, Wochen, Monate und Jahre erfreuen. Das Loslassen von vielem bringt höchste Freiheit und höchstes Glücksgefühl.

Also quasi wie der Abschluss einer Klasse, in der es noch ein paar Nachprüfungen gibt, wo entschieden wird, ob der Schüler aufsteigen darf oder nicht.

Genau so ist es, Rosalinde! Das Alter lehrt einen, wunschlos glücklich zu werden und dem Materiellen abzuschwören. Das Materielle verliert seine Wichtigkeit, andere Dinge rücken nach. Im Alter läuft man nicht mehr verkrampft ehemals beruflichen Dingen nach. Im Alter hat der Mensch die Möglichkeit, den Jungen zu zeigen, wie man gelöst leben kann.

Das Alter sollte Weisheit, Ruhe und Gelassenheit bringen. Viele von euch lernen das in der kommenden Zeit immer mehr, weil die Menschen in den nächsten hundert Jahren auch noch wesentlich älter werden und somit die Phase des Alters verlängert wird. Es werden relativ glückliche Alte sein mit wenig Krankheiten, da auch die medizinische Forschung wesentlich weiter sein wird als heute. Es wird ein genussvolles Dasein der letzten Jahre sein.

Die Alten können die Brücke legen zwischen den Jungen und dem Leben danach, denn sie besitzen bereits die Weisheit, vieles von drüben zu erahnen und richtig zu interpretieren. Sie werden wichtige Botschafter und Mittler. Diese Gruppe wird auch immer größer.

Raphael, es ist ja tatsächlich so! Positiv gestimmte Senioren werden von den Jungen mit offenen Armen in ihr Leben integriert. Es macht Freude, sich mit ihnen zu unterhalten. Es macht Freude, de-

ren Ansichten, Erfahrungen und Weisheiten vermittelt zu bekommen. So stelle ich mir ein Zusammenleben zwischen Jung und Alt vor. Ein Zusammenleben in Harmonie, gegenseitiger Unterstützung und Zuversicht.

So stelle ich es mir auch vor, Rosalinde! Leider gibt es auch die Kehrseite. Alte, die mit sich selbst im Konflikt leben und daher keine Brückenbauer zu den Jungen sein können. In diesem Fall möchte ich an die jungen Menschen appellieren, verschließt euer Herz nicht vor diesen Menschen. Schickt ihnen, auch wenn es schwer fällt, etwas von eurer Liebe. Viele von ihnen werden es danken. Vielleicht nicht sofort, aber diese Liebe wird bis in ihren innersten Kern vorstoßen und sie aus ihrer Verbitterung nach und nach herausholen. Viele merken ihr Fehlverhalten sehr wohl. Sie sind aber in ihren negativen Strukturen gefangen und werden durch den Widerstand, den man ihnen entgegenbringt, verhärtet werden. Freundlichkeit, Offenheit und etwas Liebe im Umgang mit ihnen nützt der Sache wesentlich mehr. Bringt den Herzen der „bösen" Alten positive Schwingungen entgegen, und sie werden sich deren nicht entziehen können.

Viele alte Menschen werden in den letzten Lebensjahren entsetzlich schwach, hilflos und krank. Was soll uns damit bedeutet werden? Was hat man von einem Dasein, in dem man jede gewohnte Selbstständigkeit verliert und auf die ständige Hilfe von anderen angewiesen ist?

Es ist ein Lernprozess, den du in einer solchen Phase zu durchlaufen hast. Du löst dich allmählich von deinem Körper. Die Seele erfährt bereits mehr Gewichtung. Leider ist dieser Prozess oft mit Krankheit und Schmerzen verbunden. Das hast du zu ertragen. Es wird dich aber in deiner persönlichen Entwicklung weiterbringen. Auch wenn es schmerzt, ertrage es mit Gelassenheit und Demut. – Manche geben leider fast freiwillig ihre gesamte Lebensenergie auf, weil es ihnen missfällt, wie sie leben oder auch leben müssen. Außerdem ist es ein „Opfer/Täter-Prinzip" oder ein „Geben-und-Nehmen-Prinzip". Es ist für viele Menschen wichtig zu lernen, für

andere da zu sein und die Alten und Kranken zu pflegen. Für die Hilflosen ist es eine Lebenserfahrung, die sie machen müssen, weil sie unter Umständen in einem anderen Leben sich ausschließlich dem Materiellen hingegeben haben, sich nicht um ihre Lieben sorgten und ein extrem egoistisches Leben lebten. Jetzt müssen sie lernen, hilflos zu sein, und sie müssen lernen, froh zu sein, entsprechende Hilfe, die sie vielleicht anderen verwehrt haben, zu empfangen. Es klingt hart, aber es ist in vielen Fällen genau so.
Es ist eine Phase des Erkennens und eine Krankheit ist oft ein fehlgeleiteter Gedanke. Positive Gedanken können Krankheiten auf dieser Erde durchaus verhindern. Prinzipiell fordert dich Krankheit auf zu erkennen. Darum plädiere ich immer für positives Gedankengut. Es bringt dich weiter und es macht wesentlich mehr Freude.

Und wenn der alte Mensch schon geistig so schwach ist, dass er nicht mehr erkennt, was hier passiert? Er kann diese Hilfe, die er bekommt, nicht mehr bewusst annehmen. Viele Alte leben in einer Fantasiewelt und kommen nur mehr gelegentlich für Momente zurück.

Das ist ein Irrglaube. Denn die Seele kann auch in solchen Phasen des Lebens erkennen. Das Gehirn erkennt die Umstände natürlich nicht mehr, aber die Seele sehr wohl. Hier muss man stark zwischen dem Gehirn und der Seele unterscheiden. Das Gehirn ist beeinträchtigt. Die Seele ist aber da. – Sie bekommt den eigenen Zustand gut mit und erkennt sowohl Zuneigung als auch Ablehnung. Deshalb ist es doppelt verwerflich, wenn in der Gegenwart eines verwirrten alten Menschen über ihn gelästert wird, ganz so als wäre er nicht anwesend.

Die Seele ist sich des Zustandes, in dem sie sich befindet, tatsächlich bewusst? Ich dachte an und für sich, die Seele wäre genauso verwirrt wie der Mensch selbst.

Die Seele ist wach und macht die Erfahrung aktiv mit. Sie ist in dem alten und oft überaus geschwächten Körper gefangen, weil der Körper noch am Leben ist. Es ist wie eine Gefangenschaft, die ab-

zuwarten ist. Erst mit dem Tod öffnet sich ein Fenster für die Seele, durch das sie aus dem Körper ins Jenseits finden kann, nun beschreitet sie den Weg der Liebe und des Lichts.
Dies ist zum Beispiel oft eine durchaus notwendige Erfahrung für Menschen, die einen starken Freiheitsdrang hatten und sich im Leben, ohne Rücksicht auf Verluste, über alle und alles hinweggesetzt haben. Sie müssen zu Lebzeiten lernen, um später nicht wiederholen zu müssen.

Was meinst du, Raphael, kann man Angehörigen, denen man zugetan ist, aber auch einfach allen Menschen, die man in dieser späten Phase des Alters betreut, zuteil werden lassen? Von guter und engagierter Pflege einmal abgesehen.

Gespräche und Zuwendung, denn die Seele nimmt es, wie eingangs erwähnt, absolut wahr. Für Menschen im Koma gilt Selbiges. Der Körper ist ausgeschaltet, die Seele ist im Körper gefangen, hört und empfindet mit. Gespräche und Besuche werden notiert und sehr geschätzt. – Natürlich ist es nicht selbstverständlich, dass es dieser Seele auf Grund der liebevollen Betreuung ausschließlich gut gehen wird. Sie wird genauso Phasen großer Trauer und Verzweiflung durchschreiten. Gefangenschaft ist kein Genuss. Aber wenn du im Gespräch mit diesem Menschen auf seine Situation eingehst und mit ihm darüber sprichst, ihm Mut machst, wird es seine Not lindern.

Weil du gerade den Koma-Patienten ansprichst. Da bekam ich zum Wochenende eine traurige Geschichte zu hören. Ein Arzt verunglückt in Kärnten bei einem Verkehrsunfall tödlich. Seine Kinder und seine Frau sind im Auto. Den Kindern passiert relativ wenig. Die Frau wird, auf Grund der starken Verletzungen, von den Ärzten in einen künstlichen Tiefschlaf versetzt. Als man sie nach einigen Tagen wieder herausholen möchte, misslingen die Versuche. Sie weigert sich förmlich wieder zurückzukommen.

Es scheint so, als ob die Frau bereits sehr weit drüben war. Sie dürfte den Tod ihres Mannes mitbekommen haben und hat durch das

Nahtod-Erlebnis, in diesem Augenblick, vermutlich ganz auf ihre Kinder vergessen. Man müsste die Kinder an das Krankenbett führen, auch wenn es für sie schwer sein wird. Aber nur sie haben den unmittelbaren Kontakt zur Mutter und können es schaffen, mit ihr in geistige Verbindung zu treten. Zwischen Kindern und ihrer Mutter existiert so etwas wie ein Band und durch dieses wäre es möglich, wenn ihr Weg noch nicht vollendet ist, sie wieder zurückzuholen. Sie gehört mit Sicherheit auf diese Erde und nicht hinüber. Sie hat hier noch Aufgaben zu erfüllen.

Kehren wir wieder zu den alten Menschen zurück! Es gibt alte Menschen, die absolut gesund hinübergehen, denen zeitlebens beste Gesundheit beschieden ist. Wieso gibt es derartig ungleiche Voraussetzungen? Im Grunde entspricht es dem Wunsch jedes Menschen, gesund alt zu werden.

Diese Menschen haben ihre Hausaufgaben weitestgehend gemacht und sind eben bereits weiter als andere. Das muss so akzeptiert werden. Es hilft manchmal schon, diese Menschen in ihrer Lebensführung zu beobachten, und du wirst sehr bald merken, wo der Schlüssel zu einem erträglichen und vielleicht sogar vollkommen gesunden Alter liegt. – Vieles ist nicht nur eine Frage der Seelenreife, auch in der Ernährung darf angesetzt werden. – Aber selbst die richtige Ernährung entspringt wiederum einer gewissen Reife der eigenen Seele. Wer es schafft, sein Alter in innerer Zufriedenheit zu leben, kann auch wesentlich länger gesund und vital bleiben.

Es gibt alte Menschen, die aus Verzweiflung den Freitod wählen, vor allem sehr viele Männer, die diese Hilflosigkeit noch schwerer verkraften. Wie ist dieser Schritt zu werten? Bedeutet er sozusagen ein „Zurück an den Start" und muss man davon ausgehen, alles von vorne leben zu müssen, bis man den eigenen Tod in Würde erträgt?

Gerade Männer werden im hohen Alter und in ihren Krankheiten wieder hilflos, ähnlich Kindern. Normalerweise gilt für Menschen, die freiwillig aus dem Leben scheiden, ein Wiederholen des gelebten Lebens von Beginn an. Er muss lernen, mit den Anforderungen fertig zu werden. – Wenn es allerdings sehr alte und vielleicht kranke Menschen sind, ist es nur ein Abgang in der Endphase und es wird genügen, wenn sie im nächsten Leben einen Tod wählen, in dem sie eine gewisse Leidensverantwortung auf sich nehmen. Das Leid wird ihnen also nie erspart bleiben!

Das heißt, es bleibt ihnen doch nicht erspart, diese Erfahrung zu machen. Ein vorzeitiger Ausstieg aus dem Leben, auch wenn es im hohen Alter ist, bringt nichts?

In diesem Fall geht es nur um die Leidensform vor dem Tod. Sie müssen nicht das gesamte Leben nochmals leben. Ein Freitod im sehr hohen Alter läuft unter anderen Spielregeln. Diese Tat belastet kaum das nächste Leben, es ist nur eine Enderfahrung nachzuholen.

Was empfiehlst du sehr alten und durch das Alter krank gewordenen Menschen, wenn Sie in ihrem Dasein keinen Sinn mehr sehen? Wie verlebt man solche Zeiten? Kann man darin noch Sinn finden und sinnvoll leben?

Diese Menschen müssen unbedingt Hilfe annehmen oder lernen, Hilfe anzunehmen. Von Institutionen wie Selbsthilfegruppen, Hospizen, Ärzten. Es ist legitim, Schmerzen mit leichten Mitteln zu betäuben. Man muss nicht alles aus- und erleben. Zur spirituellen Entwicklung gehört auch die Medizin mit ihren Errungenschaften. Sofern es zum Beispiel darum geht, Schmerzen zu nehmen, sollte man das unbedingt in Anspruch nehmen. Du kommst spirituell nicht weiter, wenn du dich selbst quälst. Das bringt nichts.

Wenn es alte Menschen sind, die gelernt haben zu meditieren, sollen sie dies tun. Bring deinen Geist außerhalb deines Körpers. Mach Ausflüge und erleichtere dir so die letzte Phase deines Daseins. Du bekommst eine Ahnung von drüben und bist nur mehr auf Besuch in deinem Körper, bis er dich für immer entlässt.

Muss man sich die Meditation immer im Yoga oder in yogaähnlichen Formen vorstellen?

Ganz und gar nicht. Die Meditation kann ein bewusstes Anhören guter Musik sein. Meditation kann ein Betrachten des Himmels und der Vögel in ihm sein. In vielen Dingen ruht die wahre Meditation. In dem Moment, in welchem du es tust, wirst du es bemerken und du wirst sehen, es lindert und tut gut. Das Leiden kann auf diese Art und Weise erträglich abgeschwächt werden. Über die Meditation kannst du dir Energie, wie Sonne, in deinen Körper holen.

Jetzt sind ja viele alte Menschen sehr lustlos und wollen nichts mehr tun. Sie sitzen oft da und warten sichtlich auf den Tod, sie sind teilnahmslos. Hast du eine Idee, wie man diese Alten zu Aktivitäten verführt und ihnen vielleicht doch noch etwas Lust auf den allerletzten Lebensabschnitt machen könnte?

Versuche ihre Interessen zu wecken. – Was immer es ist, ob es das Ur-Enkelkind ist oder ein kleiner roter Spielzeugautobus. Alles ist richtig. Horche hinein in den alten Menschen und versuche den Punkt zu finden, der in dieser Phase mit Interesse belohnt wird. – Sei unkonventionell in deinen Ideen. Das ist der einzige Weg.

Ein Streicheln, ein Lächeln, ein warmherziger Blick, schöne Musik. Nehmt die alten Menschen bei den Händen, lasst eure Energie zu ihnen fließen und helft so mit, ihr Dasein leichter zu bewältigen.

Bei vielen ist es aber nicht mehr machbar, sie mit Aktivität zu erfüllen. Sie haben ihren Körper bereits weitgehend abgeschaltet. Die Seele wartet nur mehr darauf, ihn verlassen zu können. Diesen Menschen kann man den Weg, insbesondere bei großen Schmerzen, nur mehr mit Medikamenten erleichtern, und das ist in dieser Phase auch legitim. Es ist eine Aufforderung an die Nachkommen, verantwortungsvoll mit dieser Situation umzugehen und dem Menschen, welchem sie nahe stehen, Unterstützung zu gewähren.

Der Tod

Die Tibeter vertreten die Ansicht, man müsse sich sehr exakt auf den Tod vorbereiten, um drüben so sicher wie möglich zu landen und um in weiterer Folge Irritationen der Seele zu vermeiden, welche aus dem Übertritt vom Leben in den Tod resultieren könnten. Sie geben den Angehörigen sozusagen in ihren letzten Lebenstagen einen nützlichen Wegweiser für drüben mit. Die Riten dazu werden sehr genau im „Tibetischen Buch vom Leben und vom Sterben“ beschrieben. Die Katholische Kirche wiederum ist bemüht, ihren Anhängern sozusagen ein Leben lang den Tod und die erst damit verbundene Erlösung vor Augen zu halten. Ganz so, als hätte ein Leben auf Erden nicht wirklich als lebenswert zu gelten und würde der tatsächliche Sinn eines Menschenlebens erst ab dem Zeitpunkt der Auferstehung beginnen.

Oft scheint es so, als hätten Naturvölker noch den bei weitem ungezwungensten Zugang zum Tod. Als hätten Mitglieder dieser Gruppe die Schwelle hinüber mehrmals unbeschadet überschritten und könnten deshalb authentische Auskünfte über das Leben drüben geben. Unsere Lebensreise soll fürs Erste beim Tod und knapp danach enden und nicht weiter führen. Über weitere Etappen hinaus soll, unter Mithilfe von Raphael von Singen, in einem späteren Buch genauer berichtet werden.

Was uns im Vorhof des Todes erwartet und wie wir uns am besten auf diese Stunden vorbereiten oder wie wir Menschen, die uns nahe stehen, sinnvoll hinüberbegleiten können, das wollen wir in den kommenden Sitzungen von Raphael von Singen erfragen.

*

Guten Tag, Raphael! Es freut mich, dass du bereits hier bist. Peter und ich waren noch kurz essen, um gestärkt in die kommenden

Stunden zu gehen. Ich hoffe, es geht dir gut und du fühlst dich hier wohl.

Guten Tag! Ich freue mich schon auf das kommende Thema. Der Tod ist mir natürlich sehr wichtig als Pforte in einen neuen Abschnitt des Seins. – Um deine Frage zu beantworten, es geht mir sehr gut. Danke!

Gut, Raphael, dann lass uns beginnen! Der Unterschied zwischen Tod und Geburt ist, dass wir den Tod in den meisten Fällen aktiv mitbekommen und in den Minuten des Todes begreifen, was passiert. Was empfiehlst du uns im Vorhof zum Tod, also in der kurzen Zeit, in der wir vielleicht ahnen oder wissen, dass wir sterben werden? Wie bereiten wir uns am besten darauf vor?

Lebe normal weiter, du wirst die Annäherung des Todes sehr deutlich spüren. Du musst nicht erschrecken, es erwartet dich ein auf wunderbare Weise positiv besetztes Todeserlebnis. Das Hinübergehen ist nicht schrecklich. Du musst keine Angst haben und darfst nicht am Leben hängen. Glaube an ein Jenseits mit all seinen positiven Erfüllungen und gehe mit offenen Armen hinüber. Licht, Freude, Liebe und dir sehr nahe stehende Personen werden dich bereits erwarten.

So wie es nach dem Winter wieder einen Frühling gibt, so gibt es nach dem Tod ein neues Erwachen und ein neues Leben. Und wenn es jeder Mensch so versteht, können sich auch die so genannten Realisten nicht mehr vor dem Tod fürchten, wie sie es oft heute noch tun. Zum Todeskampf kommt es nur aus Todesangst, wenn du dieses Leben nicht aufgeben willst und an ihm hängst.

Wenn du dir eine positive Einstellung zum Tod suchst, wird dir das Hinübergleiten leicht fallen. Erkenne den Sog, der dich erfasst und nach drüben ins Licht zieht. Die Geburt war wesentlich anstrengender, auch wenn wir sie nicht bewusst mitbekommen haben. Aber der Tod ist eine Erlösung. Und auf diese können wir uns tatsächlich freuen.

Die Angst entspringt, glaube ich, dem Unbekannten. Ich vergleiche den Tod ein bisschen mit dem Schwimmenlernen. Wenn die Kinder ihre ersten Schwimmerfahrungen machen, fürchten sich manche auch beinahe zu Tode. Und so ist es mit dem Sterben. Hätte man Übung im Sterben, wäre es vermutlich für alle halb so schlimm. Leider vergessen wir nicht nur unsere vorhergegangenen Leben, sondern auch die damit verbundenen Tode. Also noch einmal: Ich merke, ich sterbe vermutlich in den nächsten fünf Minuten. Was mache ich jetzt am besten? Wie bereite ich mich am besten auf meinen Tod vor?

Am besten machst du nichts. Etwas bewusst in diesem Moment zu machen ist keine wahre Meditation. Lass es einfach laufen und warte ab, was passiert, habe keine Angst. In der Leere liegt die Erfüllung. Befreie dich von deinen augenblicklichen Zwängen und erkenne die Seligkeit und den Frieden von drüben. Vielleicht läuft dein Leben nochmals in einem Film vor deinem inneren Auge ab. Sieh ihn dir ruhig an und erfreue dich an den Stationen, die du siehst. Atme so tief, wie es dir möglich ist, durch, öffne deine Seele und lasse die Liebe in dir zirkulieren. Mit diesen positiven Schwingungen wird es dir ein Leichtes sein hinüberzugleiten.

Über den Eintritt des Todes selbst wissen wir relativ wenig, vom medizinischen Aspekt abgesehen. Du hast diese Schwelle mehrmals überschritten. Wie hast du deine Tode erlebt und hast du Veränderungen von einem Tod zum nächsten erfahren?

Ich bin viele Tode gestorben. Jeder Tod war vom Ablauf ein wenig anders. Als ich nach einer längeren Krankheit gestorben bin, war ich nach eurer Zeitrechnung in Sekundenschnelle erleichtert, habe meine Seele vom Körper erhoben und meinen Körper von außen betrachtet. Ich war noch durch ein leichtes Band mit meinem Körper verbunden und drüben wurde ich gefragt, ob es mein Wille sei, drüben zu bleiben. Ich sah das Licht, spürte die Liebe und wollte nicht mehr zurück in meinen kranken Körper. Dieser Wunsch wurde mir erfüllt, ich wurde durch einen Tunnel des Lichts gezogen und von meinen Verwandten und Freunden erwartet. Ich hörte wunderschöne

Musik und war von einem großen Gefühl der Liebe umgeben. Das war einer der schönsten Tode, den ich persönlich je erlebt habe.
Menschen erleben durch den Tod nach einer lange Krankheit ein großes Glücksgefühl, sie entledigen sich mit einem Schlag ihrer Krankheit und der Schmerzen, die sie oft schon Jahre lang begleiteten. Der Tod, das Hinübergehen, ist ein unbeschreibliches Gefühl der Erleichterung.
Einmal starb ich als gesunder Alter mitten im Schlaf. Als ich drüben war, konnte ich eine Zeit lang nicht zwischen Traum und „Wirklichkeit" unterscheiden. Seelenfreunde erklärten mir aber, wo ich war und dass ich im Schlaf gestorben bin. Ein wunderschöner Übergang, auch wenn ich kurze Zeit verwirrt war. Ich habe es sehr bald akzeptiert, dass ich auf diese Art aus meinem Körper geschieden bin.
In einem anderen Leben war ich ein Soldat, der an einer Verwundung sehr plötzlich gestorben ist. Da hatte ich einen großen Schreck, sah meinen Körper verkrümmt auf dem Boden liegen und wollte noch kurze Zeit zurück, aber man erklärte mir, dass mein Leben auf dieser Erde beendet sei und mein Körper in einem Zustand, in welchen ich nicht mehr umkehren könne. – Obwohl ich Frau und Kind zu Hause hatte, war mein Leben beendet. Es war der einzige Tod, den ich nicht gleich akzeptieren konnte. Aber eine Umkehr war mir nicht mehr erlaubt. Meine Frau müsse das alleinige Dasein mit dem Kind erlernen. Es wäre ihre Aufgabe in ihrem aktuellen Leben.
In diesem Tod spürte ich eine Zeit lang so etwas wie Heimweh. Die Tränen meiner Frau riefen mich und bereiteten in mir das große und unerfüllbare Verlangen, wieder zu ihr zurückzukehren. Erst als sich meine Frau beruhigt und wieder einen Mann gefunden hatte, war es mir möglich, mich aus dem vergangenen Leben zu lösen und in eine höhere Stufe zu gehen. Ich war fortan nicht mehr mit Sehnsucht nach diesem Erdendasein erfüllt. Erst mit dem Erlöschen dieser Sehnsucht konnte ich die totale Seligkeit drüben wahrnehmen und mich entsprechend weiterentwickeln.
In einem Dasein war ich eine Frau, welche bei der Geburt ihres Kindes gestorben ist. Es war für mich sehr schrecklich, weil ich wusste,

dass dieses Kind nun ohne Mutter aufzuwachsen hatte. Auch hier wollte ich unbedingt zurück. – Dieser Wunsch war allerdings nur von kurzer Dauer, weil man mir zeigte, dass mein Mann eine neue Frau finden und sie zu meinem Kind sehr gut sein würde. Ich war sehr beruhigt und erklärte mich bereit, von drüben über mein Kind zu wachen, was mir auch gewährt wurde, und ich durfte sein Leben lang so etwas wie ein Schutzengel sein. Es wuchs unter guten Bedingungen auf.
Freunde von mir hier hatten dieses Glück nicht. Sie waren in derselben Situation wie ich und konnten ihrem Kind nicht helfen. Mir wurde erklärt, es wären Eltern, die in einem Vorleben ihr Kind einmal verlassen hatten, und das war das anschließende Erkennen, wie es ist, für ein Kind nicht sorgen zu können, auch wenn man es noch so möchte. Das war die Leidenslektion für diese Eltern. Mir selbst ist dieses Leid glücklicherweise erspart geblieben.

Und bist du von Mal zu Mal durch deine Erfahrungen routinierter gestorben?

Natürlich nicht! In früheren Gesprächen habe ich dir erzählt, dass die Seele ihrer Erinnerungen beim Eintritt in das Kind ledig wird. Das heißt also, dass ich zwar schon einige Leben hinter mir hatte, aber mich nicht wirklich an die vergangenen Tode erinnern konnte. Ich konnte es vermutlich nur intuitiv besser erfassen, und damit auch so etwas wie Übung erkennen lassen. Denn spirituell reife Menschen sterben in der Regel wesentlich leichter als Menschen, die spirituell unerfahren sind. Eine reife Seele weiß, was sie erwartet, und sie hegt dadurch eine Erwartungshaltung, die sich von den Menschen, die noch Anfänger sind, stark unterscheidet.

Was können wir in der Sterbebegleitung tun, um Alte und Kranke sicher, mit Liebe und Gelassenheit hinüberzubegleiten?

Am besten ist es, wenn ihr eure Sterbenden im gewohnten Umfeld belassen könnt. Leider ist es im so genannten modernen Leben kaum mehr möglich, sich in angemessener Ruhe um Sterbende zu

kümmern. Ein positiver Ausweg ist ein modernes Hospiz mit einer guten und geübten Sterbebegleitung.
Am besten ist es aber, wenn die Angehörigen selbst beim Sterbenden sind. Am schönsten ist es, wenn man ein leises Gespräch mit ihm führt und einander zum Schluss überhaupt schweigend an den Händen hält und den Geist sprechen lässt. Der Sterbende spürt es und sieht es und wenn er aus dem Körper ausgetreten ist und dich dort sitzen sieht, wird es ihn mit Freude erfüllen. Mach seiner Seele ruhig Mut und ermuntere sie, den Körper zu verlassen, um all diejenigen wiederzusehen, die schon drüben sind.

Raphael, was sagst du zu Menschen, die in Krankenhäusern liegen und maschinell am Leben erhalten werden? Manchmal scheinen sie wirklich nur mehr leere Hüllen zu sein, die ausschließlich von Geräten am Leben gehalten werden.

Die übertriebene maschinelle Aufrechterhaltung der Organe ist nicht Recht. Als guter Arzt muss man erkennen lernen, ab welchem Zeitpunkt der Mensch nicht mehr kann und nicht mehr will. Man sollte das auch so akzeptieren. Der Mensch darf sich nicht über den Menschen und seine Bedürfnisse stellen. Man muss die Seele ziehen lassen, wenn sie ihre Mission auf dieser Erde erfüllt hat. Wenn die Maschinen weiterlaufen, ist es wie eine Gefangennahme der Seele im toten Körper. Das darf so nicht sein. Ich spreche in diesem Fall ausschließlich von den alten Menschen. Wenn ein junger Mensch verunglückt und ins Koma fällt, ist es nicht unbedingt ratsam die Maschinen abzustellen. Die Seele hat sich zwar gegen ein Leben entschieden, aber es muss keine endgültige Entscheidung sein. – Ein guter Arzt kann allerdings abwägen, wie es um seinen Patienten steht. Er ist aber zu größter Vorsicht aufgerufen, denn es könnten für den Patienten noch intakte Chancen auf Leben bestehen.
Ich sehe hier in kurzer Zeit einen deutlichen Schritt zum Guten, eine Besserung und eine Bewegung in Richtung würdiges und humanes Sterben. Eine reife Gesellschaft macht sich auch um das Sterben Gedanken und ich sehe bemerkenswerte Schritte in eine von mir

unterstützte Richtung. So wie man sich bemüht, Kinder gesund und richtig auf die Welt zu bringen, so hat man die Verpflichtung, die Alten unter uns richtig hinüberzubegleiten.

Ich gehe davon aus, dass nach dem Eintritt des Todes noch sehr viel Energie von diesem Menschen im Raum ist. Ist es die Seele, die man noch spürt? Und wie lange dauert es, bis sie sich zur Gänze vom Körper gelöst hat? Wie lange hat es also durchaus Sinn, beim Körper des Verstorbenen zu bleiben, um geistigen Kontakt mit der Seele zu halten oder sie beim Loslassen zu unterstützen?

Die Seele löst sich, sobald die Körperfunktionen zum Erliegen gekommen sind, sehr rasch von ihrem Körper. In der Regel ist diese Loslösung eine, die mit keinem Bedauern verbunden ist. – Es sei denn, es gibt unerfüllte Aufgaben, wie kleine Kinder, die mehr oder weniger unversorgt zurückbleiben. Dann wird sie mit sich hadern und sehr hin- und hergerissen sein.

Üblicherweise bleibt die Seele nur wenige Minuten an dem Ort, an dem der Tod eingetreten ist. Sie wird kurz von den Trauernden zurückgehalten werden und will ihnen mitteilen, dass sie nicht trauern müssen. Diese Mitteilung kann durch den Versuch einer Berührung oder durch einen Luftzug erfolgen. Oft fällt ein Gegenstand zur Erde oder es passieren merkwürdige Dinge. Das sind unmittelbare Zeichen unserer Verstorbenen, die sich verbleibende Überkapazitäten ihrer Energie nutzbar machen, mit der sie aus dem Körper ausgezogen sind. – Mit diesen Phänomenen wollen sie auf sich aufmerksam machen, um uns sozusagen mitzuteilen: „Guten Tag, hier bin ich, ich lebe weiter, sorge dich nicht. Es geht mir gut!"

Früher wurden die Menschen zu Hause oft tagelang aufgebahrt und betrauert. War das für die Seele besser? Oder gibt es deiner Meinung nach keinen wesentlichen Unterschied zwischen gestern und heute?

Das hatte nichts mit dem Wohl der Seele zu tun. Früher war die medizinische Leistung noch mangelhaft und es gab oft Menschen, die scheintot waren. Durch das lange mehr oder weniger öffentliche Aufbahren vergewisserten sich die Angehörigen, dass der Verstorbene auch tatsächlich tot und nicht nur scheintot ist. Dadurch ist dieser damals durchaus sinnvolle Brauch entstanden.

Man hört immer wieder, unbändige Trauer tut der Seele beim Loslassen nicht gut. Was kannst du uns darüber sagen? Stärkt Trauer den Menschen, der uns verlässt, oder hält sie ihn zurück und macht ihn unglücklich?

Die Seele des Verstorbenen kann man nicht auf Erden halten. Sie ist sehr bald im Jenseits, aber von den Emotionen der Trauernden erfüllt. Sie ist noch durch einen unsichtbaren Faden mit diesen Menschen verbunden und fühlt sich dadurch drüben nicht wohl.
Trauer ist natürlich wichtig. Trauert, macht euch durch die Trauer vom Verlust des Menschen frei. Aber dann schließt mit der Trauer auch wieder ab. Ihr erweist weder euch noch den Seelen, um die ihr trauert, einen guten Dienst. Eure eigenen Seelen werden vergiftet und die Seelen der Verstorbenen kommen nicht endgültig von hier weg oder leiden zumindest drüben unter starkem Heimweh.
Sobald eine für dich angemessene Zeit der Trauer um ist, denke im Guten an den Verstorbenen und schicke ihm all deine Liebe und Energie nach. Er wird es schätzen.

Raphael, das erinnert mich sehr stark an Menschen, die ausgewandert sind und gelegentlich zu Hause anrufen und dann am Telefon mit traurigen Familienangehörigen, einer traurigen Mutter, einem traurigen Vater konfrontiert werden. Natürlich werden die Auswanderer dadurch auch traurig und können sich ihres neuen Lebens kaum erfreuen.

Stimmt, und wenn die Verwandten am Telefon positiv gestimmt sind, sich über den Anruf freuen und von den Fortschritten im neuen Leben erzählen lassen, dann wäre es eine wunderbar positive Unterstützung für den Auswanderer.

So verhält es sich auch mit den Seelen der Verstorbenen. Wenn wir sie positiv gestimmt ziehen lassen, dann unterstützen wir sie und schenken ihnen gute Energie, und es ist sinngebender, als wenn wir sie betrauern. Man kann einem Verstorbenen auch im Positiven zurufen, wie sehr man ihn liebt und geschätzt hat. Dass man sich jetzt darüber freut, dass er in ein neues Leben aufsteigt und man sich zu einem späteren Zeitpunkt wiedersehen wird.

Also am besten nicht sehr trauern? Rational statt emotional?

Doch, doch, Trauer ist erlaubt und gehört dazu, um richtig loslassen zu können. Aber nicht übertrieben oder zu lange trauern. Eine Trauer von mehr als vier Jahren wäre schon zu viel. Denn das wäre für den Verstorbenen sehr hinderlich. Vergesst eure Verstorbenen nicht und sprecht positiv von ihnen. Freut euch über die Zeiten, die ihr mit den Verstorbenen verbracht habt, aber lebt mit ihnen in Freude, nicht in Trauer.
Trauer zieht nach unten. Freude beflügelt und hebt nach oben. Freude macht dich stark.

Eine meiner Freundinnen verlor einen sehr engen Freund und als ich sie einmal besuchte, kochte sie mir sein Lieblingsgericht. Wir scherzten miteinander und sprachen angeregt über den Verstorbenen. Lilly ließ es sich auch nicht nehmen, dem Verstorbenen ein eigenes Gedeck zu decken, um ihn sozusagen an unserem, seinem Essen teilhaben zu lassen. Und ich hatte ständig das Gefühl, als wären wir nicht allein im Raum.

Kürzlich Verstorbene sind immer wieder anwesend. Sie können oft gut riechen und spüren. Das wusste oder ahnte deine Freundin Lilly vielleicht, darum auch das Lieblingsgericht und der eigene Teller. Ihr verstorbener Freund, beziehungsweise seine Seele, war anwesend und erfreute sich an Lillys Idee. Er lachte mit euch beiden sicherlich herzlich mit. – So stelle ich es mir vor. Dann bringt es jedem etwas. Es kann ruhig ein wenig verschroben sein. Wichtig ist, dass so etwas nicht in großer Trauer passiert, sondern in guter Stimmung, denn das bereitet auch denen DRÜBEN Freude. Und glaube mir, wir lachen gerne mit.

Raphael, was würde übrigens passieren, wenn man einen Verstorbenen vergisst oder wenn niemand mehr auf dieser Erde lebt, der mit dem Verstorbenen verwandt oder bekannt war, und er aus diesem Grund vergessen wird?

Dann brechen diese Seelen den Kontakt zur Erde rascher ab. Es schmerzt sie nicht, sie gehen in höhere Dimensionen, wo sie viele Freunde oder ehemals Verwandte haben und ein Ausmaß an Harmonie erleben. Die Seele ist nicht mit der Erde verbunden, sondern mit den Menschen auf dieser Erde. Und wenn der Seele nicht mehr gedacht wird, diese Seele niemanden mehr auf Erden hat, dann zieht sie umso leichter in die nächste Dimension. Es ist ein sehr einfaches Loslassen, welches ihr in diesem Fall ermöglicht wird.

Raphael, welche Bedeutung hat ein Grab? Ist es egal, ob der Tote verbrannt oder in einem Sarg in der Erde beigesetzt wird?

Es spielt der Seele selbst keine Rolle und ist vollkommen unwichtig, wie ihr ehemaliger Körper beigesetzt wird. Die traditionellen Werte sind eher für die Hinterbliebenen wichtig, nicht für die Seelen der Verstorbenen. Ein Grab hilft das Vergessen zu verzögern, mehr auch nicht. Es ist eine Orientierungshilfe für die Hinterbliebenen. Sie tun sich vielfach leichter, den Toten auf dem Friedhof zu wissen als irgendwo sonst. Dort kann man ihn besuchen, sofern man es will, und er stört einem nicht im weiteren Leben. Friedhöfe können auch eine Art des Wegsperrens sein. Die Lebenden sperren die Toten aus ihren Köpfen und suchen sie entweder nicht mehr auf oder nur zu bestimmten Zeiten.

Menschen mit einer reifen Seele wissen allerdings, dass auf dem Friedhof nur die Hülle liegt. Der wirkliche Mensch, das, was ihn ausgemacht hat, hat sich mit seiner Seele verflüchtigt und ist im Jenseits. Er würde auch keine Tage des Gedenkens benötigen.

Peter hat mir erzählt, er wäre vor einigen Tagen in Oberösterreich unterwegs gewesen. Er war im Mühlviertel bei einer befreundeten Familie zu Gast. Als er mit der Gastgeberin vom Einkauf nach Hause ging, entschlossen sich die beiden, den Weg über den Friedhof zu wählen. Peter erzählte mir, wie sehr er von der bedrückenden Atmosphäre dort beherrscht war. Er meinte, er wäre früher unbeeindruckter auf Friedhöfen gestanden, und er wollte dieses Thema unbedingt mit dir besprochen wissen. Was läuft energetisch auf den Friedhöfen ab?

Mag sein, dass er empfänglicher für Schwingungen und spirituelle Zustände geworden ist und daher mehr „sieht" als nur die Grabreihen und die Angehörigen, die zugegen sind.
Ein Friedhof ist zwar ein wunderbarer Ort des Gedenkens, aber im Grunde auch oft ein sehr schwer belasteter Ort. Es ist möglich, einen Friedhof zu betreten und ihn mit Energieverlust wieder zu verlassen. Es ist aber auch möglich, tiefen Frieden zu finden. Je nach geistiger Reife des Besuchers. Es kann eine extreme Ansammlung an negativen Schwingungen von Trauernden und Verzweifelten angelegt worden sein und dich auch als unbeteiligten Besucher erreichen. Wenn du allerdings positiv gestimmt bist, kannst du negative Schwingungen abbauen helfen. – Mit dem Nachteil allerdings, dass es dich ein wenig Energie kostet. – Wenn du fit bist, wird dir das aber nichts machen. Lade dich anschließend wieder auf. Breite die Arme aus, öffne die Handflächen nach oben und hole dir die fehlende Energie aus dem Kosmos.
Es wäre eine große Herausforderung, Friedhöfe zu positiven und energetischen Orten umzugestalten. – Manche sind es bereits jetzt. Ein wunderschöner Brunnen in der Mitte der Grabreihen zum Beispiel würde Wunder wirken. Eine kunstvolle Skulptur, die nicht Trauer trägt, sondern Freude, ein Lachen, das wären wundervolle Ansätze, den Friedhof zu einem Ort der positiven Energie umzukehren. Jedem Trauernden müsste eine Fibel in die Hände gelegt werden. Sie sollte den Titel tragen: „Über den richtigen Umgang mit den Toten und der Trauer!" – Es würde Wunder wirken. Ihr sollt

nicht nachtrauern, sondern in guter Erinnerung leben und euch daran erfreuen, dass die Seele, die ihr eingangs betrauern wolltet, dass diese Seele eine weitere wichtige Stufe in ihrer Entwicklung genommen hat. Schickt ihr aus diesem euren Leben Energie nach und erfreut euch des Lebens.
Trauer ist wie ein Anker, der dich im Leben festhält und nicht weiterkommen lässt. Lichte den Anker und segle weiter! Denke mit Freude an deine Lieben, vergiss sie nicht, aber lerne wieder zu lachen.

Menschen, die Todeserfahrungen gemacht haben sprechen von einem magischen Licht und einem Lichttunnel, der sie stark euphorisiert hat. Ist das die Schwelle in ein anderes Leben? Was kommt nach dem Tunnel?

Dieser Tunnel ist der Übergang, durch welchen man eventuell auch noch einmal zurückkann. Menschen, die Nahtoderlebnisse hatten, werden davon berichten können. Der Tunnel ist sozusagen die Transferebene zwischen dem Leben hier auf Erden und dem Jenseits. Er ist ein Erlebnis, welches schwer emotionalisiert und einen das ganze Leben nie wieder loslassen wird.

Das Tunnelerlebnis habe ich übrigens selbst auch erlebt. Ich war ungefähr vier Jahre alt. Meine Brüder fuhren mit mir auf einem Hochwasser führenden Bach in einem Waschtrog und als dieser umstürzte, wäre ich beinahe ertrunken. – Damals hatte ich mein persönliches Lichttunnelerlebnis. Als mich meine Brüder an den Zöpfen aus dem Wasser zogen, bin ich allerdings sehr unsanft wieder wach geworden.
Erzähle uns noch ein bisschen mehr von diesem Lichttunnel, Raphael!

Man sieht das Licht und kommt durch den Tunnel. Nach dem Tunnel beginnt eine unendliche Weite mit weißem Licht, Farben in Gold, Lila, Rosa, mit weiteren wunderbaren Farben gemischt. Die verstorbenen Angehörigen erwarten dich in ihren Lieblingskörpern.

Wenn ein Verwandter mit siebzig starb, nimmt er im Jenseits oft einen für seinen Geschmack passenden Körper an.
Die Wesen drüben haben eine gewisse Gottähnlichkeit. Sie strahlen unendliche Liebe aus. Sie können Gedanken lesen und es bedarf keiner Sprache. Das Sprechen hier auf der Erde ist ja durch den schweren Körper bedingt. Im Jenseits sind wir feinstofflich und benötigen allein deshalb keine Sprache mehr. Die Gedanken sind unsere Sprache. Somit gibt es auch keine Lüge mehr. Die Gedanken sind oft harmonischen Gesängen gleich. Überhaupt gibt es sehr viel Harmonie, ich genieße es hier zu sein!

Ich merke, wie schwärmerisch du wirst. – Kommen wir noch einmal zurück zum Gedankenlesen. Das kann aber peinlich sein, wenn ich drüben bin und dann was Böses oder Witziges denke und mein Gegenüber versteht, hört das sofort.

Es kann höchstens lustig sein. Peinlich wird es nie, denn es bilden sich im Jenseits Gruppen gleicher geistiger und energetischer Entwicklung, die genau zusammenpassen und daher in einer vollkommenen Harmonie existieren können. Da wirken witzige Gedanken nur wie Scherze. Das gehört doch dazu. Generell ist es so, wenn jemand nicht in eine Gruppe passt, wird er energetisch davon auch nicht angezogen.
Wenn jemand nur im Geringsten negative Gedanken hegt, wird er von seiner Gruppe sozusagen zugeschliffen. Man könnte es wie ein Fegefeuer sehen. Es ist ein Lernprozess, der drüben noch zu erfüllen ist. Das dauert so lange, bis er mit seiner Gruppe in Harmonie leben kann. Diese Prozesse hängen von der Reife der Seele ab, die Reife beeinflusst unmittelbar die Lernfähigkeit.
Im Jenseits kann durch Gedanken alles erschaffen werden. Wenn jemand in einem kleinen grünen Häuschen leben will, kann er es sich erschaffen. Wenn jemand in einem Schloss leben will, kann er auch diesen Wunsch realisieren. Allerdings, die wenigsten wünschen sich etwas in dieser Form, denn der Materialismus, wie man ihn auf Erden kennt, ist im Drüben nichts mehr wert. Prunk und Luxus ist kein

Privileg mehr und daher auch nicht mehr erstrebenswert. Er ist vielmehr ein bisschen verpönt.

Gibt es dort rund um die Uhr Aktivität? Oder gibt es auch Ruhephasen?

Es gibt große geistige Aktivität und es sind viele Gruppen, die zueinander kommen. Viele dieser Gruppen haben unterschiedliche Zuständigkeiten. Sie sind zuständig für Töne, für Musik, für das All, an und für sich für alle Dinge, die uns umgeben. Unser Fortbewegungsmittel ist unser Geist. Wir brauchen keine Technik, keine Maschinen.

Geregelte Ruhephasen gibt es hier nicht. Wenn jemand das Verlangen nach Wiese, Blumen und einem irdischen „Faulenzen" hat, dann kann er es sich nehmen. Ansonsten bedarf es hier keines Schlafes oder ähnlicher Auszeiten. Die Seele ist hier nie ohne Energie, daher benötigen wir auch keinen Schlaf, Urlaub oder sonstige Ruhepausen. Wir verharren höchstens einmal in einem meditativen Zustand, der könnte von außen betrachtet durchaus wie Schlaf wirken. Den weltlichen Zeitbegriff kennen wir allerdings nicht mehr.

Was passiert mit geistig verwirrten Personen und Menschen, die aus ihrem Tiefschlaf direkt in den Tod gleiten? Stimmt es, dass sie auch drüben eine Zeit lang orientierungslos sind?

Ein Tod aus einem Tiefschlaf heraus kann in der Tat ein wenig Verwirrung stiften. So ging es mir, als ich zum Beispiel in einem meiner Leben im Schlaf starb. Ich benötigte eine kurze Zeit um zu realisieren, dass ich nicht mehr am Leben und schon drüben war. Aber es ist nicht negativ. Stelle es dir so vor, du schläfst und wirst aus dem Schlaf gerissen. Da brauchst du auch Momente, um zu dir zu kommen, um dich zu orientieren. So ist es auch, wenn du im Schlaf stirbst.

Länger orientierungslos sind Personen, die jemanden ermordet haben. Personen, die geizig sind und sich nicht von ihrem Geld und somit von ihrem Leben trennen können. – Das sind zum Beispiel

Spukerscheinungen, mit denen die Lebenden noch jahrelang konfrontiert werden.

Es heißt, in Burgen und Schlössern spukt es besonders gerne!

Nicht nur dort. Aber natürlich auch in Burgen und Schlössern. Dort ging es oft um sehr viel Geld, um zahlreiche Intrigen und Machenschaften. Selten waren die Menschen in diesen Kreisen entspannt und glücklich. Es galt immer, Vorhandenes zu vermehren und die Güter zusammenzuhalten. Folter und Intrige waren nicht selten. – In armen Hütten gab es selten solche Phänomene, weil dort nichts zu holen war. – Hier resultierten Tragödien eher aus Eifersucht, Misstrauen, Armut und Hunger.

Raphael, da kann ich dir übrigens auch von einem Fall erzählen, der sich bei mir in der Beratung zugetragen hat.
Es kam vor ungefähr einem Jahr ein Landwirt zu mir. Er zeigte mir ein Foto von seinem Anwesen und eines von seiner Tochter und meinte, es würde ihr so schlecht gehen. Sie könne nichts essen und würde permanent erbrechen. Als ich die Augen schloss und mich auf diesen Fall zu konzentrieren begann, sah ich einen reiferen Mann und ein mageres Mädchen, es war sehr traurig und weinte und es war die Tochter des Mannes, den ich vor meinem geistigen Auge sah. Dieser Mann war auch ein Landwirt.
Hinter dem Anwesen sah ich eine Kapelle, in der jemand ermordet wurde – von eben jenem Mann. Er verscharrte den Leichnam hinter dem Haus auf dem Feld. Diese Sache passierte vor rund hundert, hundertfünfzig Jahren.
Was ich gerade gesehen hatte, erzählte ich dem Landwirt, der bei mir saß. Er bestätigte mir, dass es immer wieder zu Poltererscheinungen kam. – Für mich war es vollkommen klar, es handelte sich um einen Geist, der sich nicht von diesem Anwesen lösen konnte.
Ich versuchte also, mich mit diesem Geist in Kontakt zu setzen. Ich rief ihn und er kam auch. Er gab zu, den Freund seiner Tochter in dieser Kapelle ermordet zu haben. Er war noch immer sehr zornig. –

Außerdem sah ich die Tochter des Geistes, wie sie immer dünner wurde, weil sie nichts essen wollte. Das Mädchen verstarb. – Somit war mir alles klar. Das lange zurückliegende Ereignis manifestierte sich dermaßen in diesem Anwesen, dass es sich auf das in der Generationenfolge nächste Mädchen, auf die Tochter des Landwirtes, der bei mir saß, übertrug.
Der Landwirt konnte mir diese Gerüchte auch bestätigen. Tatsächlich soll auf diesem Anwesen einmal ein Mord passiert sein, indem ein Vater den Freund seiner Tochter umbrachte. Er erschlug den jungen Mann mit einer Marienstatue aus der Kapelle.
Ich schlug dem Landwirt vor, auf dem Feld, wo angeblich der junge Mann verscharrt worden war, ein Kreuz zu setzen mit zwei Bäumen. Es sollte wie ein Marterl aussehen.
Ich setzte mich nochmals mit dem Verstorbenen in Verbindung und machte ihn mehrmals darauf aufmerksam, dass er längst gestorben sei. Das Anwesen wurde von den neuen Besitzern rechtmäßig gekauft und er solle ihnen nicht im Weg stehen. – Ich bat meine höheren Wesen, sich seiner anzunehmen, um ihn hinüberzubegleiten, damit er in einem neuen Leben Geschehenes wiedergutmachen könne. Sie nahmen sich seiner an und halfen ihm, sich von seinem vergangenen Leben vollständig zu lösen.
Somit war der Störfaktor in diesem Haus beseitigt. Der Spuk war weg und wie mir der Landwirt nach einigen Monaten bestätigen konnte, war die außergewöhnliche Belastung von seiner Tochter ebenso verschwunden. Das Mädchen konnte wieder essen und war befreit.

Weißt du, dieser Mann hing sehr an seinem Vermögen. Darum wollte er nicht, dass seine Tochter einen Mann heiratete, der nichts hatte, der aus keiner begüterten Familie stammte. Selbst im Tod konnte er sich nicht von seinem Anwesen trennen und es war ihm nicht genug, dass er hier herumirrte. Er hielt sogar die Seele seiner Tochter über das neue Mädchen gefangen. – Medien wie du, Rosalinde, können hier sehr stark vermittelnd eingreifen. – Vorausgesetzt natürlich, sie erfahren von dem Fall, aber das ist schon wieder Schicksal.

Herumirrenden Verstorbenen kann man auch durch positive Gedanken helfen. Und wenn es eine Messe sein soll, die man ihnen liest, wird auch diese bei der Loslösung behilflich sein.

Es gibt ja die unglaublichsten Geschichten. Eine gute Bekannte von mir war mit ihrem Mann in Brasilien auf einem längeren Urlaub. Sie mieteten sich in eine herrschaftliche alte Villa ein. Diese lag wunderbar am Strand, hatte einen sehr schönen und gepflegten Garten, einen großen herrschaftlichen Salon, viele Nebenräume und ein riesiges Schlafzimmer. – Ein Ort, an dem man es wunderbar über Monate aushalten könnte.
Eines Tages, es war gegen zweiundzwanzig Uhr, ging der Ehemann meiner Bekannten, während sie noch auf der Terrasse saß, zur Bar, um sich einen Drink zu holen. Plötzlich sah er im Salon eine ihm unbekannte Frau stehen. Er fragte sie, was sie denn hier mache. Sie blickte ihn an, lächelte freundlich und ging wortlos nebenan in das Spielzimmer mit dem Billardtisch. Er folgte ihr und als er das Zimmer betrat, war die Frau verschwunden.
Etwas verwirrt über das Erlebnis ging er hinaus auf die Terrasse und schilderte seiner Frau die Szene. – In weiterer Folge sahen die beiden diese Frau noch öfter. Sie stand immer im Salon und der Ablauf war immer derselbe. Sie sprachen die Frau direkt an, sie lächelte und ging in das Spielzimmer, dort verschwand sie bis zum nächsten Zusammentreffen im Salon.
Die beiden sprachen mit der Haushälterin über diese Begegnungen und erhielten von ihr nicht nur die Chronik des Hauses, sondern auch sofort die Bestätigung, dass es sich um, nennen wir es am besten so, um den Hausgeist handelte, also um eine Erscheinung. Der Geist war immer sehr freundlich und verschwand genauso schnell und rätselhaft, wie er erschien.
Über die Hauschronik erfuhr meine Bekannte, dass es vor ungefähr 100 Jahren zu einem tragischen Zwischenfall in diesem Herrschaftshaus gekommen war. Es handelte sich um das Haus einer wohlhabenden Familie mit großen Ländereien und vielen Sklaven.

Die Hausherrin, sie war nie mit der Sklaverei einverstanden und ein außergewöhnlich liberaler Mensch, versuchte, übrigens gegen den Willen ihres Mannes, das Leben ihrer Arbeiter und deren Familien so gut wie nur möglich zu gestalten. Jeder von ihnen bekam von ihr ein eigenes Stück Land mit Baumaterial für ein kleines Häuschen. Das sprach sich natürlich nicht nur unter allen Farmern der Umgebung herum, sondern auch unter deren Sklaven. Die Farmer schmiedeten daraufhin ein Komplott und eines Abends, ihr Ehemann war auf einer Geschäftsreise, stieg einer der Farmer in die Villa ein, ermordete die Frau und trug sie, damit sie nicht gleich entdeckt wurde, in das Spielzimmer und legte sie dort unter den Billardtisch, wo sie noch mitten in der Nacht von ihren Bediensteten gefunden wurde.
Seitdem, heißt es, spukt ihr Geist in diesem Haus. Man sieht sie hauptsächlich im Salon und im Spielzimmer. Äußerst selten wurde sie in anderen Räumen oder gar außerhalb des Hauses gesehen.

Dieser Seele müsste man auseinander setzen, wo sie sich befindet. Sie hat den Tod auf ihre Art verweigert und konnte sich daher auch nicht vom Haus lösen. – Das passiert bei so genannten Spukphänomenen sehr oft. Dem Spuk geht ein gewaltsamer Tod oder ein auf tragische Art und Weise ausgelöster Tod vorher. Diese Seelen sind dadurch so sehr verwirrt, dass sie erst hinübergeleitet werden müssen. Sie brauchen sozusagen einen Führer hinüber in das Jenseits. Sie sind wie herumirrende Kinder, die sich nicht auskennen und einer zielführenden Hilfe bedürfen. Insofern ist es notwendig, mit ihnen Kontakt aufzunehmen, um ihnen ihre Situation vor Augen zu führen. Sie sind sich ihres Zustandes selten bewusst. Vor allem müsst ihr bedenken, dass auch sie das Zeitgefühl vollkommen verloren haben. – So wie jede andere Seele DRÜBEN auch.

Diese brasilianische Geschichte ist noch nicht vorbei. Man wollte nämlich der Frau beim Hinübergehen behilflich sein. Meine Bekannte erzählte mir, dass sie über die Hausangestellte auch Kontakt zu einem Voodoo-Priester erhielten. Den bezahlten sie dafür, dass er

sich mit der Seele dieser Frau in Verbindung setzte. Auch meine Bekannte und ihr Ehemann nahmen an dieser Sitzung teil.
Sie versammelten sich zu viert rund um den Esstisch im Salon: der Priester, das Ehepaar und die Haushälterin. Nach sehr alten Voodoo-Ritualen wurde der Abend eingeleitet. Der Priester rief die Frau in den Salon. Ungefähr nach einer Stunde erschien sie tatsächlich. Er schien mit ihr zu sprechen. Es muss ein merkwürdiger und zugleich aufregender Moment gewesen sein. Die Luft des Salons war rauchgeschwängert, der Voodoo-Priester räucherte mit Kräutern, Hölzern und Weihrauch. Jedenfalls standen die beiden in unmittelbarem Kontakt zueinander. Plötzlich begann die Frau zu weinen und ihr Körper verlor an Kraft, ihr Bild wurde immer schwächer. Sie ging auf die Tür des Spielzimmers zu, verschwand darin und als man nach ihr sah, war sie natürlich, wie auch immer an den Tagen zuvor, verschwunden. Ich habe meine Bekannte gefragt, was denn der Voodoo-Priester mit der Frau besprochen hatte und vor allem, warum sie plötzlich weinte. Und sie erzählte mir, dass er dieser bedauernswerten Person ihren Tod und vor allem die Umstände, die dazu geführt hatten, erklärt habe. Er sagte ihr auch, dass sich die Zeiten seit damals wesentlich geändert hätten, dass ihre Sklaven frei wären und die Sklaverei generell abgeschafft worden sei. Er machte sie schließlich darauf aufmerksam, dass ihre gesamte Familie im Jenseits sei und dort auf sie warte.
Seit diesem Abend wurde die Frau weder von meinen Bekannten noch von jemand anderem je wieder gesehen. Es war allen Beteiligten eine große Erleichterung und Freude, einer verwirrten Seele den Weg hinüber gezeigt zu haben, um ihr ein Fortkommen zu ermöglichen. Diese war so sehr in ihrer Mission gefangen, anderen zu helfen, dass sie ihren gewaltsamen Tod nicht akzeptieren konnte und sich offensichtlich auch weigerte ihn zu realisieren.

Deine Bekannten haben sich wunderbar verhalten, und, indem sie sich mit dem Voodoo-Priester in Kontakt setzten, dieser Seele einen außerordentlich wertvollen Dienst erwiesen. Wäre dies nicht geschehen, hätte die Frau vielleicht noch Hunderte Jahre in einer

Zwischenwelt leben müssen. Ich denke, sie hat ihren Tod mitbekommen, aber sie konnte ihn einfach nicht akzeptieren. Die Sklaven der Farm waren ihr wesentlich wichtiger als ihr eigenes Seelenleben. Sie meinte, sie könnte ihnen auch als Tote noch helfen. Dass sich aber die Zeiten geändert hatten und die Sklaverei längst abgeschafft worden war, dass ihre Familienangehörigen nach und nach starben, das ging an ihrem missionserfüllten Dasein vollkommen vorüber. Dort, wo sie jetzt weilt, wird sie ein entschieden glücklicheres und erfüllteres Dasein haben. Im Grunde war sie während der Zeit, in der sie spukte, ein außerordentlich bedauernswertes Geschöpf.

Der Mörder dieser Frau wurde übrigens laut Chronik nie gefunden. Vermutlich wurde er vom damaligen Establishment gedeckt. Sie war ihrer Zeit entschieden voraus und musste durch ihr außergewöhnlich liberales und großzügiges Engagement mit dem Leben bezahlen. Ich würde sie mit einer Hexe vergleichen. Die Hexen waren auch wesentlich weiter als viele in dieser Zeit, wurden als unbequem abgestempelt, und man entledigte sich ihrer durch qualvolle Foltermethoden.

Aber kommen wir zu einem anderen Thema! Der Buddhismus spricht ja von der Reinkarnation. Eine mir recht sympathische Form der Wiedergeburt, wenn es nicht gerade die Wiedergeburt in ein Tier wäre. Stimmt unser Wissen über die Reinkarnation in dieser Form überhaupt?

Euer Wissen über die Reinkarnation stimmt. Auch im Christentum war sie Hunderte Jahre nach Jesus Christus noch enthalten. Sie wurde später jedoch von einem Kirchenfürsten herausgestrichen. Es passte offensichtlich nicht mehr zur christlichen Lehre. Willkür und Abmachung bemächtigten sich der kirchlichen Inhalte. Die Reinkarnation zu streichen war auch ein Wunsch des damaligen römischen Kaisers.

Ich halte es übrigens für einen großen Unfug zu behaupten, dass ein Papst unmittelbar auferstehen wird, aber der einfache Mensch nicht. Das ist ein Widerspruch in sich. Auch Päpste kommen wieder. Jeder Mensch ist vor Gott gleich. Für einen Papst wird keine Ausnahme

gemacht und es ist eine Auslegung, die wir hier nicht vertreten können.
Um eine Wiedergeburt in einer tieferen Lebensform, zum Beispiel der eines Tieres, zu erfahren, bedarf es großer Schuld, die man im Laufe vieler Leben auf sich lädt. Dazu gehören zusätzlich großes Unverständnis und der Verlust einer Einsicht. Wenn man Schuld auf sich lädt und diese Fehlleistung im gesamten Verlauf seines Lebens nicht zu erkennen vermag, dann muss man das Leben wiederholen. Das Repetieren dauert so lange an, bis man sein Tun erkennt und sich dem Besseren zuwendet.

Was hältst du von Rückführungen, wie sie seit einigen Jahren vermehrt angeboten werden? Woher weiß ich außerdem, wer in diesem Fach gut ist und wer nicht?

Wenn du glaubst, aus einem früheren Leben belastet zu sein, hilft eine Rückführung, um klarer zu sehen und um Vergangenes endlich durch Erkenntnis und Akzeptanz abhaken zu können. Rückführungen können allerdings auch Ballast bedeuten und aus reiner Neugierde heraus sind sie abzulehnen. Es ist nicht gesagt, dass es mit der Rückführung und mit den Informationen daraus getan ist. Ich kenne Fälle, die zeit ihres Lebens mit den Erkenntnissen daraus haderten und ihres aktuellen Lebens nicht mehr froh wurden. Daher gilt es sehr ernst abzuwägen, ob du in vergangene Leben blicken sollst oder nicht. Rückführungen sollen nicht einen Grund für dich darstellen, um in der Vergangenheit zu leben und die Gegenwart zu vergessen. Dein Leben ist hier und jetzt! Rückführungen können vorhandene Knoten lösen, aber sie können auch sehr belasten. – Sperre dein Vorleben lieber in ein imaginäres Kästchen. Lass die Information dort ruhen und taste sie nicht mehr an. Das wird dir Erleichterung verschaffen und Belastungen nehmen.
Rosalinde, auf die Frage, wie ich erkenne, ob jemand gut in diesem Fach ist oder nicht, kann ich nur antworten, dass jeder, der Rückführungen in Anspruch nehmen will, achtsam sein soll und sich den Menschen, dessen Fähigkeit er sich bedient, sehr genau ansehen

muss. Prüfe die Ergebnisse und entscheide anschließend für dich, ob sie stimmig sind oder nicht. Manchmal sind die Ergebnisse lächerlich. Denn wenn jeder in seinem vergangenen Leben etwas Besonderes gewesen sein soll und sein jetziges Leben nicht schafft, dann stimmt hier einiges nicht.

Raphael, eines der Lichtwesen meinte einmal zu mir, der Schlaf wäre so etwas wie ein kleiner Tod. Im Schlaf, an den wir uns erinnern, träumen wir sozusagen ein normales Leben nach, oft mit allen Freuden, Ängsten und Zwängen. Manchmal geht es sehr irdisch zu, dann verfügen wir wiederum über Talente, über die wir uns im wahren Leben freuen würden. Wir können fliegen oder zaubern und durch Wände gehen. Wo ist hier der zitierte kleine Tod?

Schau mal, Rosalinde, der kleine Tod sind die ein oder zwei Stunden in einer Nacht, in denen es absolut traumlos zugeht. An den kleinen Tod erinnert man sich daher in der Regel auch nicht. Es ist eine Tiefschlafphase, in der sämtliche Systeme des Körpers auf ein Minimum heruntergefahren werden. In dieser Phase ist der Mensch frei vom EGO. Er ist nur er selbst und in aller Reinheit. Nur geübte Menschen können sich aus dieser Phase etwas mit in den Tag nehmen. Das bedarf langer und gründlicher Übung. Darüber sprechen wir vielleicht noch in einem späteren Kapitel oder überhaupt an einem anderen Ort.

Die Träume vor und nach dieser oben beschriebenen Phase sind nur ein Spiel des Unterbewusstseins, um im Alltag Erlebtes aufzuarbeiten. Daher werden wir in den Träumen mit all den Ängsten und Zwängen konfrontiert, die in unserem Unterbewusstsein ruhen. Erst wenn diese aufgearbeitet sind, erst dann werden diese Träume nicht mehr wiederkommen. Wie oft passiert es zum Beispiel, dass du, obwohl schon längst erwachsen, noch immer im Traum in der Mathematik-Stunde sitzt und feststellst, du kannst die Frage, die dir soeben gestellt wurde, wieder nicht beantworten. Oder du sitzt im Latein-Unterricht und dir fallen plötzlich die einfachsten Vokabeln nicht mehr ein. – Ein Zeichen, dass du kleine Niederlagen des

Schullebens tief in dir gespeichert und noch immer nicht aufgearbeitet hast. Und so träumst du ja nicht nur von der Schule, auch von deinem Arbeitsleben, von deiner Partnerschaft und vielem mehr. Nimm alle deine Niederlagen an, egal aus welchen Bereichen. Sage dir einfach „Ja, das war tatsächlich einmal!". Lerne daraus und wachse dadurch. Und du wirst sehen, das Unterbewusstsein reproduziert diese Niederlagen nie wieder in deinen Träumen. Die Niederlagen werden abgehakt und du wirst davon befreit sein.

Aber kommen wir nochmals zum Thema Tod zurück. Organspenden, oder das Zur-Verfügung-Stellen des eigenen Körpers für wissenschaftliche Zwecke, hat das irgendeine Auswirkung, spirituell gesehen?

Es hat durchaus Auswirkungen auf dich. Wenn du zum Wohle der Menschen agierst, die nach dir leben, schaffst du dir eine maximale Reduktion deines EGOs. Denn nur wer frei ist vom EGO, wird dazu fähig sein, seinen Körper oder Teile seines Körpers der Wissenschaft oder Menschen in äußerster Not weiterzugeben. Es bedeutet eine wichtige Stufe der inneren Reife.

Wenn du mit Teilen deines Körpers eines anderen Menschen Leid tilgst, dann wird dieser Mensch sein Leben lang positiv für dich schwingen. Diese Menschen sind durch ihr schweres Leben und durch ein eventuelles Nahtod-Erlebnis besonders gereifte Menschen. Sie erkennen den Sinn des Lebens und wissen in der Regel überaus achtsam zu leben. So genannte Organempfänger schicken dir in ihrer Dankbarkeit ungeahnte Energien in das Jenseits nach.

Anmerken muss ich aber, dass jeder Wissenschaftler, jeder Mediziner, jeder Student mit dem notwendigen Respekt und einer gewissen Demut an den Toten, an den menschlichen Körper zu schreiten hat. Der Tote ist zwar lange von der Seele befreit, das Band zwischen Seele und Körper längst durchtrennt, aber es rechtfertigt nicht, achtlos oder verachtend mit ihm umzugehen. Wer den Toten nicht respektiert, lädt Schuld auf sich. Bedankt euch ruhig bei der Seele des Toten für die nicht selbstverständliche Großzügigkeit und schickt ihr den Dank durch euren Geist ins Jenseits nach.

Vor Jahren verglich ich übrigens einmal Sternzeichen mit Todesursachen und stellte fest, dass bestimmte Todesursachen zu Sternzeichen zuzuordnen waren. Zum Beispiel fiel mir auf, dass beim „sensiblen Fisch-Geborenen" außerordentlich oft ein Tod durch Vergiftung, durch nicht überwundene Kränkung oder ein Suchttod erfolgte. – Leider hatte ich weder Zeit noch Gelegenheit, diese Vergleiche in größeren Studien zu betreiben. Kannst du uns vielleicht Näheres dazu sagen?

Natürlich, Rosalinde. Das hast du gut beobachtet, dass hier kausale Zusammenhänge auftreten. Es gibt tatsächlich auch den Sternzeichen zuordenbare Todesursachen. Der Widder neigt zum Beispiel häufig zum raschen Tod durch Unfall oder Gehirnschlag. Der Stier schöpft seine Todesursache aus dem Bereich der Genusssucht und durch starkes Übergewicht. Zwillinge sterben mitunter ebenso schnell. Ich sehe eine Gefährdung im Straßenverkehr oder durch Probleme mit der Lunge. Krebse kann man in den langsamen Sterbeprozess einreihen. Ihre gesundheitlichen Bruchstellen liegen im Magen, bei der Frau in der Gebärmutter, sie sind aber auch für seelisch ausgelöste Krankheiten empfänglich. Der Löwe erleidet einen raschen Tod. Meist durch das Herz. Er ist ein Opfer seiner lebenslangen Hektik. Die Jungfrauen sind schwer einzuordnen, sie erleiden einen eher unauffälligen Tod. Waage-Menschen besitzen sehr oft schwache Abwehrkräfte, und darin ist auch der Auslöser des Todes zu finden. Der Skorpion stirbt sehr oft durch Gewalteinfluss oder tödliche Erkrankungen. Schützen sehe ich im Bereich Herz und Kreislauf sehr gefährdet. Der Steinbock ist oft sehr langlebig und stirbt an Altersschwäche. Wassermänner erleiden oft ihren Tod durch leichtsinnige Experimente oder ich sehe auch einen sehr plötzlichen Tod. Die Fische hast du erwähnt. Das sehe ich genauso. Sie erleiden sehr oft einen mystischen, unaufgeklärten Tod. – Aber das sind nur Neigungen und immer wieder gibt es schicksalshafte Ausnahmen.

Wie genau sind deine Aussagen zu diesen Todesursachen?

Es ist eine gewisse Prädisposition vorhanden. Sie muss natürlich nicht eintreten. Wenn du einen Fisch kennst, der dem Leben gegenüber aufgeschlossen und optimistisch ist, dann wird er nie Medikamente missbrauchen und auch nie daran zugrunde gehen. Wenn man seine Schwächen erkennt, ist es ein Leichtes von ihnen abzulassen. Damit greife ich sehr stark in meine Lebensbahnen ein. Bewusst zu leben macht möglich, auch direkt in das Leben einzugreifen und die erwähnten Prädispositionen auszuschalten oder abzuschwächen. So einfach ist das. Grundsätzlich sehe ich es als vollkommen unwichtig an, welches Sternzeichen du auf deinem Lebensweg mitbekommen hast. Natürlich hat vieles seine Richtigkeit. Es sind klare Berechnungen der Mathematik, die hier wirksam werden. Der gesamte Kreislauf dieser Welt ist auf ein astrologisches Muster zu legen. Aber was nützt es dir, dein Sternzeichen und alle damit verbundenen Vor- und Nachteile zu kennen, wenn du sonst vollkommen falsch lebst. Also belaste dich nicht mit dem Wissen um dein Sternzeichen, sondern lebe ganz einfach das von mir oft und oft zitierte bewusste Leben. Es ist kein Fehler, die astrologischen Grundsätze zu kennen, aber lebe sie nicht einer Religion gleich, denn viele Hindernisse kannst du mit positiver Gedankenkraft sehr gut umgehen. Schränke dich nicht unnötig mit vorgefassten Meinungen ein. Sie blockieren dich nur.

*

Wir haben den menschlichen Lebenszyklus damit vorläufig abgeschlossen und beschäftigen uns in den kommenden Kapiteln mit allem, was zum alltäglichen Leben gehört. Liebe und Sexualität, Farbenpsychologie, Meditation, wir unterhalten uns über den allgemeinen Sinn des Lebens und vieles mehr und besprechen die persönliche Entwicklung, die Spiritualität im Allgemeinen und wie sie sich, oft unbemerkt, auf das Leben auswirkt. Nochmals zur Erinnerung: Den Autoren ist vollkommen klar, dass bis jetzt schon sehr viele Fragen nicht gestellt wurden, es würde einfach den Rahmen dieses

Buches sprengen. Sie sind aber gern dazu aufgefordert uns zu schreiben. Im nächsten Buch werden wir im Nachtrag gerne auf eine umfangreiche Auswahl an Fragen, einzeln oder mit mehreren sinngleichen Fragen zusammengefasst, eingehen, um diese mit Raphael von Singen zu besprechen. Die Post- und E-Mail-Adresse, an die Sie Ihre Fragen senden können, finden Sie am Beginn des Buches in der Einführung. Wir freuen uns auf Ihre Post.

2. Die Dimensionen

Ein weiteres wichtiges Kapitel sind die Dimensionen. – Wie sich der Laie unter einer Dimension die Entfernung von einem bestimmten Punkt zu einer weiteren definierten Stelle vorstellt, so verhält es sich mit den spirituellen Dimensionen. Sie bestimmen den Standort des persönlichen Ichs und geben Auskunft über die Möglichkeiten des Augenblicks und der unendlichen spirituellen Weiterentwicklung.
Einerseits ist es dem Menschen möglich, durch gezielte Übungen weitere Dimensionen zu erreichen, andererseits bedarf es einiger Lebenserfahrung, die in der Tat erst gelebt werden muss. Oft ist es erforderlich, viele Leben zu leben und zu erfahren, um in den Dimensionen entsprechend höher zu steigen.
Das Kapitel der Dimensionen ist mit Sicherheit eines der interessantesten, weil aufschluss- und hilfreichsten für das menschliche Leben. Es fördert ein Erahnen der zukünftigen Möglichkeiten. Die kommenden Auskünfte Raphaels bieten praktische Anleitungen zur persönlichen Entwicklung und dienen zur Förderung der persönlichen Erkenntnis.
Es bedarf einer ordentlichen Portion Arbeit und Mühe, um sich eine höhere Dimension zu erarbeiten. Aber es lohnt sich. Stellen Sie sich einen Hügel in einer Landschaft vor. So ähnlich ist es, eine nächste Dimension zu erklimmen. Am höchsten Punkt des Hügels angekommen, tut sich plötzlich die Landschaft auf und Sie sehen wesentlich weiter als zuvor. Einige Dimensionen kann man durch eigenes Zutun erreichen, andere muss man auch nur erleben, um sozusagen automatisch weiterzukommen. Es ist somit nicht nur eine Frage der inneren Reife, sondern auch eine Frage der Zeit, die zu verstreichen hat. Dimensionen zu erleben bedeutet Geduld zu haben. – Also eine wahre Herausforderung in unserer heutigen schnelllebigen Zeit.

*

Guten Abend, Raphael! Unser heutiges Gespräch wird so etwas wie ein „Heimspiel" für dich werden. Es geht um die Dimensionen. Du als großer Wanderer zwischen den Dimensionen wirst uns mit Sicherheit sehr viel darüber erzählen können.

Guten Abend, Rosalinde! Der Wanderer – ja, das bin ich wohl. Es freut mich sehr, dass wir auch dieses Thema aufnehmen. Gerade im Begreifen der Dimensionen und im Wissen darum liegt eine der Wurzeln für ein persönliches Fortkommen.

Raphael, die Erde befindet sich gerade in der dritten Dimension. Ich kommuniziere durch mein mediales Wissen mit dir aus der vierten Dimension. Erzähle uns über die Dimensionen, mache sie unseren Lesern transparent.

Als könntest du das nicht zum Großteil selbst erzählen, Rosalinde, aber ich weiß, es gehört zu unserer „Dramaturgie", dass ich der Erzähler bin. Beginnen wir also zunächst vom Blickwinkel der Erde aus:

Die dritte Dimension

Die Erde befindet sich im Augenblick in der dritten Dimension. Mit ihr natürlich auch alle Menschen. Die einzige Erlösung unserer Seele in dieser Dimension, die wahrlich nicht einfach zu erleben ist, ist die durch die wahre Liebe. Durch wahre Liebe kannst du andere Menschen erlösen, durch wahre Liebe kannst du aber auch dich in dieser Dimension sinnvoll und vor allem erfolgreich bewegen. – Denke zum Beispiel an Mutter Teresa. Sie lebte ihr Leben für andere. War sie nicht selbstlos, aufopfernd und liebevoll? Kein Menschenleben erschien ihr zu gering, als dass sie nicht darauf eingegangen wäre und ihm hilfreich ihre Hand, ihre Energie, ihr Wissen angeboten hätte. Es gibt wenige Menschen auf dieser Erde, die derart konstant Liebe verbreiten und als solch hilfreiche Engel auch anerkannt werden. Die Welt bräuchte wesentlich mehr von diesen spirituell außergewöhnlich reifen Menschen.

Mit Musik, Farbe oder Kunst kannst du es versuchen, deine Seele in der dritten Dimension in höhere Schwingungen zu versetzen. Das gelingt dir durch alle Dinge, die dir persönlich gefallen und gut tun. Nicht umsonst stellst du nach bestimmten Stunden, Abenden, Ereignissen fest: „Das hat mir heute gut getan." Hänge dir Bilder auf, die dich inspirieren. Stelle dir in dein Büro, an deinen Arbeitsplatz Gegenstände, die für dich schwingen, und du wirst sehen, wie du diese Schwingungen aufnimmst und sie dich in positive Produktivität versetzen. Speziell wenn du in einem kreativen Beruf tätig bist, ist durch solch einfache Mittel viel zu bewirken. – Speziell wenn du merkst, dass dich dein Beruf auslaugt und dich mehr Kraft kostet, als du zur Verfügung hast. – Bediene dich der Hilfsmittel der dritten Dimension. Ein Räucherstäbchen, ein schönes Bild, ein Zimmerbrunnen, gute Musik, stimulierende Gegenstände ... Selbst wenn du wenig Platz um dich herum zur Verfügung hast, weil du zum Beispiel im Verkauf bist. Irgendwo lässt sich immer etwas hinstellen, wo gelegentlich dein Blick innehalten kann und du dir neue Kraft daraus holst. Wo dein Blick nur wenige Sekunden ruht und du dir Energie holst, die dich für Stunden versorgt. – Du kannst deinen persönlichen Kraftspender auch mit dir tragen. – Du wirst staunen, wie gut es wirkt.

Kaufe dir Instrumente! Glockenspiele, Ethno-Instrumente eignen sich besonders gut. Schlage, zupfe, lasse den Raum, in dem du wohnst, erklingen. Du wirst sehen, es gefällt und tut dir und deiner Seele gut und sie kann auf wunderbare Art und Weise abschweifen. Sie wird mit wundervollen Erkenntnissen zurückkehren. Mach dich kreativ, somit spirituell erfolgreich und unabhängig. Versuch's einfach!

*

Ich habe vor einigen Jahren mit der Malerei begonnen. Ich kann es nur empfehlen. Ich nehme einen Pinsel zur Hand, bereite meine Farben vor, meine Leinwand, schalte mich quasi ab und meine

Hand malt nahezu automatisch die beeindruckendsten Bilder. Und das Interessante daran ist, sie gefallen nicht nur mir, sondern sprechen auch die unterschiedlichsten Menschen an. Zu malen ist wunderbar entspannend und bringt auch mir immer wieder neue Erkenntnisse über das Leben, über mich, über bestimmte Entwicklungen, in denen ich mich gerade befinde, und so weiter.

Es ist mir wirklich ein Vergnügen, mit dir zu philosophieren und Fakten zu besprechen, liebe Rosalinde. Die Malerei war mein erster Schritt in weitere Dimensionen. Es begann mit zaghaften malerischen Schritten, die mich anfangs von den Ergebnissen nicht sonderlich erfüllten, und endete in einer Art spiritueller, automatischer Malerei. Ich holte mir sehr viel Energie und sehr viel an innerer Entwicklung über die Malerei. – Du bist also am richtigen Weg, ich kann es dir aus meiner eigenen Erfahrung bestätigen.

Die vierte Dimension

Sie ist eine sehr vergeistigte Dimension. Viele buddhistische Mönche leben geistig in ihr. Viele bedeutende Religionsführer. Es ist die Dimension der Spiritualität. Setze dich auf einen dir gemütlich erscheinenden Platz, lege deine Hände auf die Oberschenkel, öffne sie zum Himmel und schließe die Augen. Lass den Kopf gerade. Verharre in dieser Haltung und höre hinaus in das Universum. Du wirst erstaunt sein, was du mit etwas Übung alles empfangen kannst. Du bist wie ein Radio, wie ein Empfänger und hörst Stimmen, nimmst Schwingungen und Emotionen auf. Nimm alles auf und mache es dir zu Nutze. Die vierte Dimension ist bereits eine Ebene, in der das vergeistigte Leben zu großen Teilen wichtiger ist als das Leben auf dieser Welt. Die Verbindung zwischen der vierten und der dritten Dimension dient beinahe ausschließlich zur Beihilfe der Menschen. Die Helfer aus der vierten Dimension sind sozusagen so etwas wie ein spiritueller Botendienst für Menschen der dritten Dimension. In der vierten Dimension lebt auch deine Aura. Sowohl die innere, äußere und spirituelle Aura. In dieser Dimension ist auch dein Karma gespeichert. Hier ist das Ende von Zeit und Raum. Über die vierte Dimension ist es dir möglich, durch deinen Geist Krankheiten zu heilen.

Yoga und Meditation basieren auf der vierten Dimension, findest du nicht? Kein Wunder, dass es der Welt von Tag zu Tag besser geht, wenn so viele Menschen sich dieser Vergeistigung bedienen. Über die Meditation sprechen wir übrigens später noch ausführlicher. Gehen wir also zur nächsten Dimension.

Die fünfte Dimension

Die fünfte Dimension ist die Dimension der spirituellen, vergeistigten Lichtkörper. Du bist dir dieser Dimension sehr bewusst. Du bist völlig geistorientiert. Viele sind von dieser Ebene zur Erde gekommen, um hier so genannte „Lichtarbeiter" zu sein. Ihre Aufgabe ist es, den Menschen hier auf Erden in ihrer Entwicklung weiterzuhelfen.

Eine Dimension, die offensichtlich große Anteilnahme am Menschen hat und deren Wesen sich von der Erde noch nicht losgelöst haben. – Ich kommuniziere übrigens tagtäglich mit meinen persönlichen Schutzengeln und es ist beinahe so etwas wie eine übersinnliche Beziehung. Es macht Spaß, mit ihnen über das Leben zu sprechen. Sie sind sehr erfahren und bringen mir sehr viele Erkenntnisse.

Es sind die kleinen Schutzgeister für das normale Leben. Sie sind hier und begleiten dich. Engel und Erzengel stammen aus höheren Ebenen. Die Schutzengel besprechen wir später, in der zehnten Dimension.

Die sechste Dimension ist die nächste, die wir besprechen wollen. Was kannst du uns darüber berichten, Raphael? Ich finde übri-

gens, das Kapitel über die Dimensionen ist eines der interessantesten. Es gibt viele Sitzungen, in welchen ich mir denke, wir kommen sehr tief in die Materie. Bei den Dimensionen erscheint es mir, dass wir wirklich noch stärker zum Kern der Sache kommen. – Um es so weltlich auszudrücken.

Das finde ich übrigens auch, Rosalinde! Es ist ein sehr wichtiges Kapitel, aus dem man sich sehr viel mitnehmen kann. Erst wenn man sich der Dimension, in der man lebt, bewusst wird, kann man in Hinkunft auch achtsam und effizient genug leben.
Es gibt keinen einzigen Tag in deinem Leben, in dem du dich dieser Dimension entledigst. Mache sie dir bewusst und entwickle dich im Sinne des spirituellen Fortschritts.

Die sechste Dimension

Die sechste Dimension besteht beinahe ausschließlich aus Tönen und Farben. Sie ist eine Ebene der unendlichen Verfeinerung. Nur dorthin konnten begnadete Komponisten ihren Geist erheben und es ist uns beim Hören ihrer wunderbaren Musik ein Ahnen ihrer erklommenen Höhen möglich. Nicht umsonst werden Ungeborene beim Hören von Mozart wesentlich reifer und gescheiter, nicht umsonst entspannen wir so wunderbar, wenn wir die Musik aus der sechsten Dimension hören. Ein Kreis, der sich schließt. – Nur wenn du glücklich bist, wirst du Höchstleistungen erbringen und nach den Sternen greifen können. Bediene dich aus den Erkenntnissen der sechsten Dimension.
In der sechsten Dimension sind die Lichtsprachen gespeichert. Sie ist zum größten Teil aus Farben und Tönen aufgebaut. Es ist eine bedeutende Dimension, in der das Bewusstsein durch Gedanken erschaffen wird und in der du weilst, wenn du gerade schläfst. In der sechsten Dimension schaffst du dir einen Wunschkörper. Wenn du bereit bist, sechsdimensional zu arbeiten, bist du so etwas wie ein lebender Gedanke. Du bist Bewusstsein, ohne in diesem Moment

eine feste Hülle zu haben. Es ist die Dimension großer spiritueller Meister und lebender Gedanken.

Das klingt schon sehr, sehr vergeistigt. Wie viel Bezug haben Wesen in der sechsten Dimension noch zur Erde? Haben wir noch Kontakt zu ihnen oder, vielleicht besser gesagt, sie zu uns?

Es ist leichter, von eurem Leben in die sechste Dimension zu rutschen, um dort geistige Ergebnisse zu holen, als umgekehrt von der sechsten Dimension dauerhaft auf der Erde zu verweilen. Es besteht kein Bedürfnis, in der sechsten Dimension zu leben und auf der Erde zu sein. Da muss man sehr stark gerufen werden, um hier sein zu wollen. Es ist nicht ausgeschlossen, aber auch nicht vorgesehen. Wer in der sechsten Dimension weilt, hat mit der Erde weitestgehend abgeschlossen. Es hat spirituell gesehen keinen Sinn für Wesen aus dieser Dimension, auf der Erde Dienste zu versehen. Und man erweist diesen Wesen auch keinen Dienst damit, sie ins Hier zu rufen. Sie kommen von allein, wenn sie wollen. Aber bindet sie nicht an die dritte Dimension. – Denn sie werden für besondere Aufgaben gebraucht.

Aber wenn du versuchst, so oft wie möglich in der sechsten Dimension zu verweilen, dann wirst du Antworten auf deine Fragen erhalten und Energie für dein Hiersein finden. Was großen Künstlern gelang, wird auch dir gelingen. Jedem spirituell reifen Menschen steht die sechste Dimension für Ausflüge offen. Hole dir hier deine Inspiration, lade mit der Energie dieser Dimension deine Kreativität auf, für ein Wirken in dieser Welt.

Raphael, ein Anketten von Lichtwesen aus der sechsten Dimension gegen ihren Willen wird nicht möglich sein. Ich könnte mir vorstellen, dass es ein beiderseitiges Abhängigkeitsverhältnis ist. Der Mensch ruft und das Lichtwesen aus der sechsten Dimension kommt auch nur, weil es an diesem Menschen interessiert ist, oder?

Natürlich hast du Recht. Das Lichtwesen wird nicht kommen, wenn es nicht will. Es muss schon sehr an dem rufenden Menschen interessiert sein. Wie kann man sich auch einem reinen und energetischen Ruf verschließen? Außerdem lieben sie von ganzem Herzen. Einem Menschen geholfen zu haben ist in der sechsten Dimension viel Wert. Deshalb, wenn sie sehr ernsthaft gerufen werden, werden sie auch kommen.

Und wie gelangen wir in die sechste Dimension, um uns dort die Inspiration, Energie und Kreativität für unser Wirken zu holen?

Es geht nicht ganz einfach über meditative Vorgänge. Wenn du dir Zeit nimmst, ein hohes Maß an innerer Ruhe hast, dann wird es dir gelingen, diese Dimension vorübergehend zu betreten. Große spirituelle Meister sind fähig, den Zugang zur sechsten Dimension zu erhalten. – Aber sehen wir uns jetzt mal die nächste Dimension an.

Die siebte Dimension

Die siebte Dimension ist die der reinen Kreativität und des reinen Lichts. Des reinen Ausdrucks und der reinen Geometrie. Die siebte Dimension ist die Ebene der unendlichen Verfeinerung und es ist die letzte Ebene, auf der du dich selbst als Individuum noch wahrnehmen kannst. Es ist die hauchdünne Verbindung zwischen dem physischen und dem Astralkörper. Die Göttlichkeit ist bereits in der siebten Dimension verkörpert. Es ist sozusagen die höchste Dimension für das einzelne ICH. Alles, was darüber hinaus noch kommt, scheint im Kollektiv auf und ist als starke Einzelperson nicht mehr wahrnehmbar. Die siebte Dimension ist also von dir als Mensch auf der Erde die „goldene Disziplin". Es ist die Dimension der Mann/Frau-Schöpfung. Nur wenige derzeit lebende Menschen schaffen den Sprung aus einem Erdenleben direkt in diese Dimension. Es sind unter hundert. Und wenn ich sie aufzähle, dann würde dir jeder Name ein Begriff sein. Es sind besondere Menschen, die Besonderes und vor allem GUTES geleistet haben. Sie haben schon auf Erden den weiten Sprung in die siebte Dimension geschafft. Es ist eine außerordentlich energetische Dimension, einem spirituellen Kraftwerk gleich.

Ich glaube, Peter hat nicht umsonst in der Einleitung zu diesem Kapitel angekündigt, dass es eines der interessantesten in diesem Buch sein wird. Es klingt wirklich wunderbar, was du uns über die Dimensionen erzählst. Ich weiß zwar selbst schon einiges darüber, aber bei weitem noch nicht alles, und es ist mir eine außergewöhnliche Freude, dir bei deinen Ausführungen zuzuhören. – Kommen wir jetzt zur nächsten Dimension, zur achten.

Die achte Dimension

Es ist auch die Dimension, in der ich mich augenblicklich befinde. Deshalb stimmt es, was du deinen Lesern von mir erzählt hast. Ich gehöre einem Kollektiv an. Wir sind ein Ganzes. Eine interessante Situation. Du findest plötzlich auf jede Frage eine Antwort. Stelle dir das wie in der Schule vor, Rosalinde. Du hast plötzlich geistigen Kontakt zu sieben oder acht anderen Schülern. Dabei sind Gescheite und Nachzügler. Das ist ein großes Wissensreservoir und du wirst plötzlich jede Prüfung bestehen können. Du wirst auf jede Frage eine Antwort finden. So ist es jetzt hier bei uns in der achten Dimension. Wir sind ein kongeniales Ganzes.
Die achte Dimension ist also die des vereinten Gruppengeistes. Das individuelle ICH wird zu Gunsten der Gruppe aufgehen. Es gibt eine geeinte Gruppenseele. Hier gibt es anfangs die größten Schwierigkeiten auf deiner Reise. Es wird sehr schwierig, dein Bewusstsein zusammenzuhalten, denn du bist plötzlich ein reines WIR und arbeitest, lebst, existierst für die Ziele der Gruppe. Es könnte dir zu Beginn so scheinen, als wärst du eingeschlafen oder überhaupt gänzlich ausgelöscht. Ein Zustand, an den man sich erst langsam gewöhnen muss. – Es ist anfangs etwas verwirrend und nicht ganz einfach. Menschen, die aber schon zu Lebzeiten sehr stark in der Grup-

pe dachten, Menschen, die ihr EGO auf ein reduziertes Maß brachten, werden es hier von Anbeginn an leichter haben. Sie müssen sich nicht erst an die Umstände der achten Dimension gewöhnen.

Die neunte Dimension

In unserem Modell ist die neunte Dimension der Ort des kollektiven Bewusstseins, der Planeten, Sternensysteme, Galaxien und Dimensionen. Hier fällt es dir absolut schwer, bewusst zu bleiben. Es fällt dir schwer, ein Verständnis vom ICH zu behalten. Plötzlich bist du sehr groß, wie eine Galaxie. Alles ist ungeheuerlich groß und nur noch du. – Eine unbeschreibliche Weite.

Klingt schon ein bisschen abstrakt, es fällt mir schwer, die neunte Dimension richtig zu deuten. Wie müssen wir uns das konkret vorstellen, Raphael?

Rosalinde, stelle dir vor, du erlebst deine Materie im All. Ein Teil von dir sind Planeten, ein Teil von dir sind Sternensysteme. Du bist plötzlich ein Stück Natur im All. Schwer vorstellbar, mit dem jetzigen Wissensstand der Menschen, ich weiß, aber das ist eben das Wesen der höheren Dimensionen, sie sind schwer zu erfassen und schwer zu verstehen. Es ist, wie wenn wir unseren Kindern etwas erklären. Auch sie benötigen mehr Informationen und Erfahrung, um die Zusammenhänge verstehen zu können.

Komm, lege dich mal auf den Rücken. Schließe die Augen und stelle dir nun das All vor. Jetzt stelle dir vor, du selbst bist all diese Planeten, die du gerade mit geschlossenen Augen vor dir langsam kreisen siehst. Und jetzt umfasse dieses kleine Universum und bringe die Planeten nach deinen Vorstellungen zum Schwingen. Siehst du, wie die Planeten langsam ihre Richtung ändern? Siehst du, wie sie deine Vorstellungen, deine Wünsche nachvollziehen? Das ist ein Teil der neunten Dimension. Du bist ein Teil der Galaxien. Du bist ein Teil der Planeten und der Sternensysteme. – Schöne Übung, oder? Diese Übung kannst du durchaus als Meditation verwenden. Du bist damit zwar nicht in der neunten Dimension, du schärfst damit jedoch dein spirituelles Bewusstsein. – Aber das ist wohl oft bei Meditation der Fall und von dieser Übung vollkommen unabhängig.

Raphael, ich denke, du bist ein talentierter Lehrer. Du schaffst es, mit einigen Sätzen komplexe Materien darzustellen. Äußerst interessant. Man sollte dich vielleicht am besten demnächst in großen Workshops einsetzen!

Unser Workshop ist das Buch, Rosalinde! Wenn sich die Leser mit dem Inhalt unserer Gespräche auseinander setzen, dann kommt es durchaus einem Workshop gleich. Kommen wir zur zehnten Dimension!

Die zehnte Dimension

Die zehnte Dimension bis zur zwölften macht die höhere Schöpfungsebene aus. Hier werden die Schöpfungspläne entworfen und zur mittleren Schöpfungsebene gesandt, zu den Schutzengeln. Das heißt, hier ist der Hauptsender für die guten Helfer auf Erden. Aus der zehnten Dimension erhalten sie ihr Programm, ihre Aufgaben. In der zehnten Dimension kann wieder ein Gefühl für das ICH existieren, doch bei weitem nicht so wie in der dritten Dimension. Es ist sozusagen ein sehr großes, weites ICH, ohne zerstörerisches EGO.

Raphael, hat jeder Mensch einen Schutzengel und wie kann er Kontakt zu ihm aufnehmen?

Eine interessante Frage, Rosalinde. Grundsätzlich kann man davon ausgehen, dass jeder Mensch seinen persönlichen Schutzengel hat. Wenn man spirituell gereift ist, ist es nicht schwer Kontakt zu ihm aufzunehmen. – Das kann man üben. – Nimm Platz und besinne dich deiner selbst. Sprich mit deinem Schutzengel. Konfrontiere ihn mit Themen, die dich beschäftigen, und versuche einen Dialog.

Du wirst sehen, Antworten werden dir gegeben und die Art des Gesprächs wird von Mal zu Mal automatischer. Irgendwann musst du dich nicht mehr hinsetzen um dich zu konzentrieren. Ab einem bestimmten Zeitpunkt kannst du immer und überall mit ihm Kontakt aufnehmen. Es ist kein Gespräch, in dem du Stimmen hören wirst. Du musst es dir eher so vorstellen, dass du deine Fragen zwar denkst, dich die Antworten von deinem Schutzengel aber intuitiv erreichen. – Wie ein Gespräch im Traum. Es sind außerordentlich vertrauensvolle und Gewinn bringende Gespräche, die du mit deinem persönlichen Schutzengel führen kannst. – Kommen wir gleich zur nächsten Dimension, zur elften.

Die elfte Dimension

Es wird etwas schwieriger, die nächste Dimension zu erklären. Es fehlt auf dieser Erde einfach eine Anzahl an Begriffen. Man müsste jeden Einzelnen, der dieses Buch liest, in die nächsten Dimensionen entführen, damit er wirklich begreifen kann. – Aber ich versuche es vorerst einmal ohne Entführungen.

Die elfte Dimension ist ein Zustand der exquisiten Erwartungshaltung. Um ein irdisches Beispiel zu bringen: Stelle dir einen großen Hunger vor, und du erhältst in diesem Moment gerade das zum Essen, was du dir vorgestellt hast. Es wird ein Augenblick größter Erfüllung sein. Dein Herz, deine Augen, dein Geschmackssinn werden übergehen. Stelle dir vor, du hast einen Wunschpartner, den du dir seit Jahren in den buntesten, realistischsten Farben ausgemalt hast, den du bereits sehr liebst. Jetzt steht er vor dir, du lernst ihn kennen und gewinnst ihn für dich. – Das ist die elfte Dimension. In der elften Dimension lebt der Erzengel. – Ich weiß, Rosalinde, es wird immer schwieriger. Aber vielleicht kommt der Moment, wo ich es wesentlich plausibler erklären kann. Nütze jetzt mal einfach mit deinen Lesern die Fantasie und versuche dich in meine Worte fallen zu lassen. Es wird schon gut gehen.

Die elfte Dimension klingt irgendwie nach erweitertem Schlaraffenland, wenn ich es so flapsig sagen darf.

Wesen, die in der elften Dimension angelangt sind, haben natürlich nicht mehr das Denken der Menschen aus der dritten Dimension. Insofern ist der Vergleich aus der Sicht der dritten Dimension zwar zulässig, aber wenn man sich durch alle Dimensionen durchgedient hat, wird man den Zustand hier nicht mehr mit einem Schlaraffenland vergleichen, es ist alles reiner und vergeistigter.

Die zwölfte Dimension

Es ist die Dimension der Verschmelzung. Stelle dir einen großen Topf vor, in dem viele Seelen landen und diese Seelen lassen sich aufeinander ein, verschmelzen ineinander und bilden eine Einheit. Das ist die zwölfte Dimension. Es ist der Eins-Punkt, in dem sich alles Bewusstsein als völlig eins mit dem Allem-was-Ist erkennt. Es gibt keine Trennung mehr. Wenn du diese Ebene betrittst, begreifst du dich selbst als vollkommen eins mit allem. Wenn du einmal hier angelangt bist und diese Dimension betrittst, wirst du niemals mehr das sein, was du vorher warst. Du kannst nicht mehr den gewohnten Grad der Trennung aufrechterhalten. Du hast vollkommene Einheit erfahren, und die lässt dich nicht mehr los. Es ist die göttliche Dimension, die Einheit mit der absoluten Schöpfungsmacht und die Einheit der vollkommenen Liebe.

Die zwölfte Dimension scheint dann die unendliche Erfüllung allen Glücks und Wohlbefindens zu sein. – Erfülltes Leben in einem Kollektiv. – Sag mal, Raphael, ist es mit der zwölften Dimension dann sozusagen aus, oder gibt es noch eine weitere Entwicklung?

Aber nein, Rosalinde, den zwölf Dimensionen sind jeweils weitere zwölf angeschlossen, mit ähnlich harmonischen Obertönen. Insgesamt kommen wir also auf 144 Dimensionen. – Sonst wäre es doch zu einfach, und ein Leben ist wesentlich vielschichtiger, als ihr es ahnt. (Raphael lacht zufrieden und sehr energetisch.) – Das waren die Dimensionen, meine Lieben! Ich hoffe, ihr könnt euch ein bisschen daraus auf eurem Weg mitnehmen.

3. Krankheit

Manche sind bevorzugt und bis an ihr Lebensende durchflutet von unvorstellbarer Energie, die sie nie krank werden lässt. Einige tauschen eine Krankheit mit der nächsten ein und durchschreiten Tiefen, wie sie sich ein Gesunder nie und nimmer vorstellen kann. Sind es Prüfungen? Sind es Denkzettel, die man auf Grund eines Vorlebens oder aktuellen Fehlverhaltens erhält und zu absolvieren hat? Sind es ungünstige Rahmenbedingungen, die man hätte sehr leicht ändern können und man somit rechtzeitig dem Ganzen hätte entgehen können? Hat die Krankheit etwas in mir bewegt? Bin ich durch die Krankheit ein anderer Mensch, vielleicht tiefgründiger, einsichtiger oder milder geworden? Habe ich mich durch sie besser weiterentwickelt?
Würde man alle Krankheiten auf der Erde zusammenfassen und auf einer imaginären Insel konzentrieren, wäre diese Insel wohl das, was man sich allgemein unter dem Begriff „Hölle“ vorstellen könnte. Diese Hölle hat der eine oder die andere unter uns wohl schon durchschreiten müssen. Sind vielleicht manche Krankheiten von einem selbst herbeigerufen worden? Hätte man sie eventuell unter anderen Umständen oder mit einer anderen Lebenseinstellung nie bekommen? Raphael von Singen wird uns in den kommenden Sitzungen ein guter und erfahrener Ratgeber darüber sein, wie man Krankheiten erkennt, ihnen am besten begegnet und sie eventuell in Zukunft sogar erfolgreich vermeiden kann.

*

Guten Abend, Raphael! – Ich glaube, ich muss dich in Anlehnung an unser heutiges Gespräch nicht fragen, wie es dir geht. Wir können wohl davon ausgehen, dass es in deiner Dimension keine Krankheiten oder seelischen Tiefs gibt.

Guten Abend, Rosalinde! Es ist durchaus sehr freundlich von dir, wenn du dich nach meinem persönlichen Befinden erkundigst. – Danke, ich fühle mich sehr wohl. Du hast natürlich Recht, Krank-

heiten gibt es hier nicht mehr. Tiefs kann es geben. – Wenn wir zum Beispiel unsere Dimension verlassen und hinunter zu euch kommen, dann kann es durchaus vorkommen, dass wir gelegentlich zu viel an negativer Energie aufladen. Diese Negativladung kann dann auch uns hinunterziehen und für ein kurzes Weilchen sehr beschäftigen. Aber das ist nicht weiter schlimm.
Kommen wir zur ersten Frage, ich freue mich auf unser Gespräch!

Raphael, wie kommt es, dass manche nie krank sind und manche zeit ihres Lebens von Krankheiten begleitet werden? Beinahe wie bei einem „Loch-auf-Loch-zu-System“: Ist die eine Krankheit überstanden, kommt die nächste. Manches Mal hat es den Anschein, diese Personen lebten für ihre Krankheiten.

Krankheiten sind verirrte Gedanken und Taten, die sich körperlich manifestieren. Sehr häufig werdet ihr krank durch ein falsches Denken und durch falsche Prägungen. Das falsche Denken muss allerdings nicht in diesem Leben geschehen sein. Sehr viel kann aus einem vorhergehenden Leben herüberströmen. Daher sind manchmal auch Babys oder kleine Kinder rätselhaft krank. Es kann ein Rest des vorhergehenden Lebens sein.
Krankheit kann als Schrei der Seele gesehen werden, dass etwas anders oder besser gemacht werden soll. Und auch der Weg der persönlichen Erkenntnis kann über die Krankheit gehen. Zu erkennen, wie man etwas besser machen soll. Ein kranker Mensch ist durch seine Krankheit gezwungen mehr über sich nachzudenken. Er wird ausgeprägte Phasen der Vergeistigung erfahren und sich mehr mit sich und den Ursachen der Krankheit auseinander setzen. Über den kranken Körper erfährt die Seele Heilung. Wenn die Seele in Ordnung gebracht wurde, werden die meisten Krankheiten wie von alleine vergehen. Seht Krankheit nicht als Strafe, sondern als Chance zur Weiterentwicklung des persönlichen ICHs. Eine Krankheit fordert dich zu einer Korrektur auf, höre darauf!
Wenn du oft krank bist, orientierst du dich vielleicht viel zu sehr nach der Krankheit. Schaffe dir einen neuen Mittelpunkt. Die Ge-

sundheit ist dein Mittelpunkt. Nicht die Krankheit. Du wirst auch durch die Gesundheit Liebe und Zuneigung erfahren. Es ist für niemanden auf dieser Welt notwendig, krank zu sein, um Aufmerksamkeit zu erfahren.

Weißt du, ich habe manchmal das Gefühl, dass sensible Menschen wesentlich leichter krank werden, weil sie einfach durch ihre Sensibilität angreifbarer sind.

Das stimmt durchaus, Rosalinde. Sensible Personen kämpfen viel mehr mit ihrem Energiehaushalt als „robustere" Naturen. – Ein sensibler Mensch kann zum Beispiel nicht nur durch die Person, mit der er gerade spricht, Energie verlieren, sondern muss oft auch entdecken, dass eine Person, die in seinem unmittelbaren Umfeld ist, zum Beispiel im Supermarkt, Energie von ihm abzieht.
Sensible Menschen spüren jeden Wetterumschwung, sie spüren den Wechsel der Mondphasen. Sie werden sich kraftlos fühlen, wenn im Schwingungsfeld der Erde Schwankungen auftreten. Und natürlich werden sie leichter krank, wenn sie nicht auf ihren Energiehaushalt achten. Wenn du sensibel bist und dich kraftlos fühlst, hol dir Energie vom Vollmond oder von der Sonne. Stell dich hinaus in die Natur, strecke deine Arme aus und hole dir die Energie, die dir fehlt.

Es fällt mir persönlich ja schwer, einer Krankheit etwas Positives abzugewinnen, aber ich weiß natürlich aus meiner Arbeit, dass viele Krankheiten ihre Wurzeln im Unterbewussten haben. Wie muss ich eine Krankheit betrachten? Ist es eine Prüfung, die mich in meinem Leben weiterbringen soll? Oder bin ich nur ungünstigen Bedingungen ausgesetzt, denen ich ohne weiteres ausweichen könnte, vorausgesetzt ich hätte sie rechtzeitig erkannt?

Wie ich es vorhin schon sagte, bei einer Krankheit kann es sich durchaus um eine Läuterung aus einem Vorleben handeln. Jede Krankheit hat Ursache und Wirkung. Finde die Ursache und du wirst die Wirkung in den Griff bekommen.

Krankheit ist wie eine Aufgabe, die die Seele eines Menschen gestellt bekommt. Die Prüfung kann leichter oder schwerer ausfallen. Oft wird Krankheit als Strafe aufgefasst. Befreit euch von diesem Denken und ihr werdet mit den Krankheiten auf dieser Erde besser umgehen können, weil es viele davon einfach nicht mehr geben wird. – Jetzt noch unheilbare Krankheiten können in den nächsten Jahren geheilt werden. Sie werden allerdings von neuen Seuchen abgelöst.
Wichtig ist ein Einklang zwischen Körper und Seele. Viele Krankheiten können verhindert werden, wenn es zwischen Körper und Seele stimmt. Öffne deine Seele und nimm die Energie auf, die dir geschenkt wird. Du machst dich mit einem bewussten Leben resistent gegenüber Krankheiten.

Muss ich nicht zwischen Krankheiten unterscheiden, die kommen und deren Herkunft ich nicht zuordnen kann, und Krankheiten, die ich aus einem Unvermögen oder Raubbau am Körper heraus verursacht habe?

Egal woher die Krankheit kommt, sie ist als Gesamtheit zu sehen und sollte dem Menschen nützen, um seinen richtigen Weg zu finden. Krankheiten aus unvorsichtigen Momenten, vom Menschen mehr oder weniger wissentlich herbeigeführt, wären nicht schicksalhaft zu erdulden oder zu erleiden. Sie könnten von Anbeginn verhindert werden, vorausgesetzt man würde achtsam leben und in seinen Körper hören. Wenn ich meinem Körper wissentlich Schaden zufüge, kann ich nicht erwarten, gesund zu bleiben. – Spirituell reife Menschen werden ohnehin nie ihrem Körper schaden wollen. Sie leben viel zu bewusst. In der Regel sind es unreife Menschen, die sich ihres Lebens nicht bewusst sind. Sie denken oft nicht weiter als bis zum Ende eines Tages und manchmal nicht einmal so weit. Dass sie auf Grund eines permanenten Fehlverhaltens später gesundheitliche Probleme erleiden werden, entzieht sich ihrer augenblicklichen Auffassungsgabe. Selbst medial begabte Menschen haben nicht ausschließlich durch ihren Geist, sondern auch durch ihren Körper zu leben, solange sie auf dieser Erde weilen.

Oft ist es so, dass manche Menschen für Hinweise auf Achtsamkeit nicht zugänglich sind und erst die Resultate aus ihrer Lebensführung erfahren müssen. Erst dann werden sie, allerdings auch nur um den Schmerzen zu entgehen, zu einem gesünderen Leben bereit sein. Von wirklicher persönlicher Reife sind sie noch immer viele Schritte entfernt.
Schwere Krankheiten, die jemanden ereilen, sind Momente der Lehre, die man sich nicht erspart, weil der Kranke eine gewisse geistreiche Erläuterung auf anderem Weg kaum erfahren würde. Es ist schwierig zu erklären, dass Leid und Schmerz zur persönlichen Weiterentwicklung gedacht sein können. Aber so ist es. – Durch ein achtsames und bewusstes Leben kann ich dem entgehen. Wenn ich mich von vorneherein dem Leben und seinen Erkenntnissen öffne, bedarf es keiner Krankheiten, die mich zum Nachdenken zwingen. – Was nicht heißen soll, dass spirituell äußerst reife Menschen nie krank sein werden. Es gibt auch für sie Krankheiten, deren sie sich bei aller Reife nicht entziehen können. Aber auch sie können Phasen der Krankheit für ein noch höheres Maß an Einkehr nützen. – So hat alles seinen Sinn.

Gibt es einen Ansatz, wie ich als Mensch, der offensichtlich für Krankheiten empfänglich ist, dem ausweichen kann? Was muss ich tun, um meinen Körper zu stärken und aus diesem Kreislauf auszubrechen?

Aus einem Kreislauf des Übels kann man nur ausbrechen, wenn man bereit ist zur Veränderung. Durchbrich den Kreislauf. Ich empfehle einen Ortswechsel, geistig oder tatsächlich. Ändere deine geistige Umgebung und Anschauung und versuche dadurch dem Übel zu entkommen. Denke über dein Umfeld nach, passt es noch, ist es das richtige und geeignete für dich und dein jetziges Leben. Stellt es das dar, was du dir von deinem Leben wünschst? Überdenke die Menschen, die dich umgeben, und den Ort. Suche die Ursache der Krankheit. Wenn du in deinem Leben auf diese Art und Weise Nachforschungen anstellst, wird es nicht lange dauern, bis du den oder die Auslöser findest. Frage dich, wie du sie aus deinem Leben eliminieren kannst, und beginne Schritt für Schritt, dich aus dem Einfluss dieser Auslöser zu entziehen. Erst wenn du dich und dein Leben anders eingerichtet hast, wirst du es schaffen, dich diesem Kreislauf zu entziehen, ihn zu durchbrechen und zu einer inneren Ruhe zu gelangen. – Denn diese kann vorher nicht in dir gewesen sein.

Immer wieder krank zu sein, könnte bedeuten ...

Dass du dich in einer Lebensschablone befindest, die dir nicht gut tut. Aber das weißt du meistens ohnehin. – Mache es genau so, wie ich es gerade erwähnt habe. Nimm dich heraus aus deinem jetzigen Leben, versuche Verschiedenes und warte ab, wie es auf dich wirkt. Sei mutig und verändere. Denn in der Veränderung liegt Entwicklung. Wenn ich nie verändere, werde ich oft auf der gleichen Stufe verweilen. Ich werde die Zeit verschlafen und am Ende feststellen, dass ich zu wenig getan habe. Lebe im Jetzt und in Zufriedenheit. Nicht im Morgen. Wenn dich das Jetzt krank macht, ändere deine Lebensumstände.

Es gibt Menschen unter uns, die sogar den Krebs erfolgreich besiegen konnten. Was für einen Zugang hatten sie zur Krankheit und wie gelingt es ihnen, scheinbar Unmögliches doch möglich zu machen?

Das Leben dieser Menschen war außerordentlichen Schwankungen unterworfen, wie ein Schiff auf dem Meer. Diese Menschen haben gebangt, mit Erfolg gelitten und den Sturm bestanden. Sie hatten vielmals geistig die richtige Richtung eingeschlagen. Ein Beginn zur Gesundung ist, sich nicht hängen zu lassen, sondern mit Kraft an das Gute und an eine Besserung zu glauben. Menschen, die den Krebs erfolgreich besiegen konnten, haben den Zugang zu ihrem Innersten gefunden und zur göttlich kosmischen Kraft. Glaube an dich selbst, glaube an die Energie, die du empfangen kannst, hole sie dir aus dem Kosmos und du wirst Kräfte empfangen, die dich Unendliches vermögen lassen. Wenn Schamanen, Heiler anderen Men-

schen helfen, machen sie es nicht anders. Sie holen sich die unendliche Energie aus dem Universum und leiten diese auf den kranken Menschen um und leisten ihm Hilfe. Das kannst du mit etwas Konzentration und Übung auch selbst tun. Selbstheilung ist zu erlernen. Finde den geistigen Weg dazu, du musst es nur wollen und es muss ein in dir manifestierter Wunsch sein.
In absehbarer Zeit wird es mehr und mehr Menschen geben, die es verstehen, diese Selbstheilung zu begreifen und zu vermitteln. Die kosmische Energie ist für euch vorhanden. Nützt sie und tut Gutes damit.

Schulmedizin oder Alternativmedizin? Gelegentlich akzeptieren Schulmediziner auch Alternativmethoden und verleiben sie sich erfolgreich ein. Ist dies auch die zukünftige Entwicklung, dass die Alternativmedizin immer stärker wird, oder ist der Schlüssel zur Gesundheit doch in der Schulmedizin zu finden? Zu bemerken ist, dass die Alternativmedizin auch nach der Herkunft der Krankheit fragt, während die Schulmedizin meist nur in der Symptombekämpfung tätig ist und sich oft nicht im Mindesten auf die Suche nach der Krankheitsquelle begibt.

Beides ist richtig und wichtig. Wenn du die Ansätze einer Krankheit erkennst, dann schreite mit der sanften Alternativmedizin ein und versuche zu reparieren. Viele Menschen übersehen jedoch die sanften Anzeichen durch Hektik, durch den Materialismus, durch das rasche Leben. Ihr habt verlernt, in euch zu ruhen, ihr habt versäumt, in euer Innerstes zu hören. Alternativmedizin ist mit Sicherheit besser und weist weniger Nebenwirkungen auf. Sie wirkt wesentlich nachhaltiger als die Schulmedizin. Die mediale, geistige Heilung wird in naher Zukunft vermehrt zum Einsatz kommen. Ihr werdet auch bald über Geräte verfügen, die eure energetischen Schwingungen zu verändern im Stande sind, und durch diese veränderten Schwingungen werdet ihr geheilt.
Aber scheut euch in eurem derzeitigen geistigen Zustand nicht davor, wenn die Krankheit fortgeschritten ist, sie mit der Schulmedi-

zin zu bekämpfen. Die Schulmedizin ist eine gewollte Entwicklung und sehr in Ordnung. An ihr hängen immerhin die gewaltigen Fortschritte der Zukunft. Wenn alternative Heilmethoden nicht mehr genügend erscheinen, muss unbedingt die Schulmedizin konsultiert werden. Nach schweren Krankheiten ist ein Umdenken anzuraten. Höre auf sanfte Töne und erspare dir bereits im Vorfeld große Eingriffe, so ist es am besten.

Das heißt, ein Mensch, der in sich ruht und sich selbst wahrnimmt ...

Der spürt die Anzeichen, sobald ihm die Alternativmedizin noch hilft. Er wird von Anbeginn an merken, dass seine Schwingungen beeinträchtigt sind. Aber wer die Warnzeichen übergeht, ist nicht verloren, der findet in den Armen der modernen Medizin in den meisten Fällen wunderbare Hilfe. Allerdings sind die Eingriffe der modernen Medizin oft von außerordentlich kraftfordernder Substanz und mit etwas mehr Aufmerksamkeit sind viele Krankheiten im Vorfeld bereits vermeidbar.

Es gibt auf beiden Seiten gute und schlechte Mediziner, in der Alternativ- als auch in der Schulmedizin. Es wird viel versprochen und es kann oft verhältnismäßig wenig gehalten werden. Woran erkenne ich, wer im Stande ist mir zu helfen?

Falsche Versprechungen sind von jeder Seite nicht rechtens und werden eines Tages zu verantworten sein. Folge vor allem nicht einem Modediktat und gehe nur dorthin, wo dich deine Seele und Aufmerksamkeit hinführt. Wenn du selbst nicht Richtungen erkennen kannst, gehe strategisch vor und frage neutral nach Erfolgen bei deinen Bekannten. Frage dich durch, wenn du die Seligkeit des Spürens für den Augenblick verloren hast. Ich komme wieder auf die Träume zu sprechen auch im Traum kannst du um Hinweise bitten. Im Traum kannst du vieles erfahren, zum Beispiel wie du deine Realität neu gestalten kannst.

Gute Mediziner tragen einen ebenso guten Ruf vor sich her, durch den es nicht schwer sein wird, sie zu finden. Frage deren Patienten und du wirst oft in wenigen Sätzen erfahren, woran du bist. Wenn du Hilfe suchst, wirst du die angemessene für dich auch finden. So wie du auch zum richtigen Zeitpunkt durch deine Intuition immer das Richtige finden wirst.

Bei Krankheit fällt einem gerne das Schicksal ein. Gibt es das Schicksal in dem Sinn und ist es ein vorgegebener Weg, dem ich nicht auskomme?

Bis zu einem gewissen Grad ist das Leben und das Schicksal vorgegeben, es ist dein Karma. Aber es ist bei weitem nicht alles fix. Du hast von drüben eine gewisse Wahlmöglichkeit, die dir vollkommen offen steht. Schicksal ist nicht starr und nicht alles. Bereits als ungeborene Seele steht es dir selbst frei, dir dein Geburtsjahr und deine Eltern auszusuchen. Du bekommst von drüben Aufgaben gestellt, die du hier zu erfüllen hast. Sie sind auch Teil deines Schicksals. Das heißt, du bist ihm verhaftet, aber lange nicht auf verhängnisvolle Weise. Betrachte das Schicksal als einen Tisch. Du wirst es nicht schaffen, etwas über seinen Rand hinaus hinzustellen. Aber auf dem Tisch selbst kannst du die Ordnung verändern, ganz wie es dir beliebt und deinem Naturell am nächsten kommt.

Und wenn ich glaube, mein Schicksal zu erkennen und dem entgegengesetzt lebe, ist es somit mein Schicksal, diesem zu entrinnen?

Sein Schicksal zu erkennen und sich aus diesem zu nehmen ist wie ein Sichdrücken vor seinen Aufgaben. Du wirst von drüben nochmals aufgefordert werden, diese Dinge zu erfüllen, die du jetzt und hier nicht wahrgenommen hast. Erkenne dein Schicksal, denn ein Gegen-den-Strom-Rudern bringt nichts. Du wirst nur müde und lässt dich ein wenig später bereits mit dem Strom treiben.

Es gibt nach wie vor Länder, in welchen Kranke, egal ob physisch oder psychisch krank, weggesperrt und wie Tiere gehalten werden. Manche von ihnen werden mit Beruhigungsmitteln niedergespritzt und vegetieren vor sich hin, bis sie sterben. Noch vor we-

nigen Jahren sahen wir alle im Fernsehen, in Zeitungen und Magazinen, wie zum Beispiel rumänische Waisenkinder vollkommen verwahrlost weggesperrt wurden.

Damit machen sich die Täter eines großen Verbrechens schuldig und laden viel auf ihre Schultern. Sie werden es spätestens im kommenden Leben nachzuleben haben, um Abbitte zu leisten. Kranke haben ihre Aufgabe zu erfüllen und können sich in ihren vorgegebenen Bahnen entwickeln. Diese Entwicklung darf nicht gestört werden. Darum sehe ich mit Freude, wie verantwortungsvoll in spirituell reifen Ländern mit Kranken umgegangen wird. Diese erhalten die für sie notwendige, umfassende Unterstützung, um ihr Leben in Ruhe und mit entsprechender Förderung ableisten zu können. Jeder Mensch hat gegenüber dem anderen Verantwortung zu tragen. – Er soll sich darüber hinaus aber nicht selbst vergessen. – Wenn du von Missständen weißt, bist du beauftragt darüber zu berichten. Nicht umsonst gibt es zum Beispiel durch die Medien dieser Welt eine neue Transparenz. Nütze sie und zeige Missstände auf. Damit hilfst du, diese zu unterbinden und die Unterdrückten werden es dir danken, es bringt dich auf deinem spirituellen Weg um vieles weiter.

Kurzer Themenwechsel, Raphael, wir bleiben allerdings noch beim Körper und der Gesundheit. Es gibt ja nicht wenige dicke Menschen, die mit sich und ihrem Körper durchaus zufrieden sind, aber dann doch wiederum wissen, dass sie sich auf Dauer mit dem massiven Übergewicht schädigen.

Wenn jemand wirklich glücklich ist in seinem dicken Körper, soll man ihm seine Willensfreiheit und seine Wahl lassen, dass er sich für ein Dicksein entschlossen hat. Es gibt keine Kilo-Norm. – Umgekehrt ist der Schlankheitswahn auch nicht richtig. In zwanzig Jahren wird man viele Ansichten revidieren und im Schnitt zehn Kilo mehr als gesünder einschätzen, als es heute gesehen wird. Lasst euch körperlich gesehen von der Gesellschaft, von der Industrie nicht in Normen zwängen.

Auch wenn dickere Menschen glücklich sind und durch ihr Übergewicht früher sterben, soll sich niemand einmischen. Bei extrem dicken Menschen ist es jedoch als Krankheit zu sehen und dementsprechend einzustufen. – Generell meine ich allerdings, alles im Übermaß Genossene ist unter Krankheit einzuordnen, dies gilt auch bei Alkohol, selbst bei homöopathischen Mitteln.
Wenn jemand viel isst und nur darin glücklich wird, ist seine Seele nicht in Ordnung. Er betäubt mit dem vielen Essen die Wünsche seiner Seele und sucht sich solcherart Befriedigung. Er hat nicht gelernt auf seine Seele zu hören. Die Seele ist zeit ihres Daseins hungrig nach Zuwendung und wenn der Mensch diese Zuwendung nicht erhält, entstehen zu gerne Fresser, die sich mit Schokolade, Nudeln oder Ähnlichem Glückshormone verschaffen, die über den Körper die Seele befriedigen.
Das ist aber als Krankheit einzustufen, denn es ist eine absolute Fehlentwicklung. Diese Menschen haben es nicht geschafft, ihre Wünsche und Bedürfnisse zu artikulieren, sie sich auf normaler Basis zu holen. Aber es kann ihnen geholfen werden, indem man sich ihrer annimmt und ihnen die Aufmerksamkeit gibt, die sie brauchen, und ihre Defizite hinterfragt.

4. Persönliche Entwicklung

Was gäbe es Schlimmeres, als sich sein ganzes Leben lang geistig nicht weiterzuentwickeln und ständig auf ein und derselben Stelle zu treten. Für viele Menschen in der dritten Dimension wird aus ihrem Verständnis heraus die materielle Entwicklung mit der persönlichen einhergehen, diese meinen wir aber nicht. Was nützt materieller Wohlstand, wenn der geistige Teil in uns degeneriert bleibt und nicht aufgehen will? Natürlich nichts, zumindest nicht für die Zukunft. Ein Leben richtig und erfolgreich gelebt, heißt vielmehr auch die Seele entsprechend wachsen zu lassen. Und wer es verstanden hat, die persönliche Entwicklung richtig voranzutreiben, der erahnt, welch unerschöpfliche Energien man sich damit zugänglich macht und wie schön, also auch lebenswert ein Leben tatsächlich sein kann.

Es soll allerdings nicht heißen, dass starken Seelen ausschließlich Gutes widerfährt. Natürlich haben auch diese Menschen mit all den Lebensinhalten zu kämpfen wie jeder andere auch. Mit Behörden, die Mühe machen können und Kraft kosten, Mitmenschen, die einem vielleicht nicht wohl gesonnen sind, und natürlich haben starke Seelen auch mit Leid und Krankheit zu tun. Es heißt, gerade diese starken Seelen medial begabter Menschen würden erst Recht ein schwierigeres Leben zugeteilt erhalten, um durch diese Prüfungen noch stärker in ihrem aktuellen Leben spirituell zu reifen.

Der Unterschied zwischen den spirituell unterschiedlich entwickelten Personengruppen ist allerdings der, dass der Starke leichter seinen Ausweg finden wird und er durch sein größeres Maß an innerer Ausgeglichenheit und seiner damit verbundenen Kraft schneller aus der persönlichen Schräglage zurückfinden wird. Der Starke wird mit seinem Optimismus und mit einem gesunden Lachen einen Großteil seiner Probleme meistern. Die persönliche Entwicklung wird in den kommenden Sitzungen zwischen Rosalinde Haller und Raphael von Singen das Thema sein. Raphael wird unter anderem gefragt werden, ob es allgemein gültige Rezepte gibt, um seine innere Reife konsequent auszubilden. Wie man leben soll, um den richtigen Weg zu gehen, und wie es möglich ist, neue Energien für sich zu erschließen. Und wie überhaupt der Schlüssel zur inneren Zufriedenheit zu finden ist.

*

Guten Abend, Raphael! Wenn ich mich umblicke und mein Leben vor dreißig Jahren mit dem heutigen vergleiche, dann, stelle ich fest, habe ich mich ein gewaltiges Stück weiterentwickelt. – Die persönliche Entwicklung soll auch unser heutiges Thema sein.

Auch dir einen wunderschönen guten Abend, Rosalinde! Ein interessantes Thema. Wie bei beinahe allen Themen ist es wichtig, dir deine persönliche Entwicklung tagtäglich bewusst zu machen. Dann kannst du dich nur in die für dich beste Richtung entwickeln. Ein bewusstes Leben zu führen heißt auch, sehr schnell auf Fehlentwicklungen zu kommen, um auf diese reagieren zu können. So gesehen haben bewusst lebende Menschen immer die Nase vorn.

Raphael, wenn ich mich bemühe, ein gutes Leben zu führen, in mein Inneres höre und meiner Umwelt mit Liebe begegne, sind das Garanten, mein persönliches ICH richtig zu entwickeln?

Grundsätzlich ist es so Rosalinde. In das Innere zu hören bewahrt aber nicht davor, fehlzugehen oder kurzfristig den Lebenssinn zu verlieren. Das ganze Leben ist ein in groben Zügen gekennzeichneter Pfad, auf dem man sich bewegt. Natürlich kann es vorkommen, dass man gelegentlich davon abkommt und etwas Mühe auf sich nehmen muss, um wieder zurück zu diesem Pfad zu finden. Aber dieses Suchen ist nicht vergeblich, jeder vermeintliche Rückschlag bringt dich ein Stückchen weiter. Genauso kann dem, der mit Liebe durch das Leben geht, Böses widerfahren. Sobald man liebt und diese Liebe deklariert, und damit ist nicht automatisch die Liebe einer Beziehung gemeint, öffnet man sich und macht sich dadurch verletzlich. Denn Liebe und großer Erfolg sind immer mit großem Risiko verbunden. Und wenn du wirklich einmal verlieren solltest, dann verliere ruhig. Vergiss aber die Lektion nicht, die du daraus lernen sollst, und nimm sie mit auf deinen weiteren Weg.

Sinnkrisen können also durchaus positiv zu sehen sein und sind, wenn ich sie erkenne, Beschleuniger in eine richtige, korrigierte Richtung?

Sinnkrisen sind oft das Resultat einer Lebensfehlentwicklung. Bin ich für mich richtig positioniert, wird es vermutlich nie zu einer solchen kommen. Es ist wichtig, dass du die Sinnkrise als solche erkennst und für dich zu analysieren versuchst. Überlege einfach mal, was dir in deinem Leben fehlt und wodurch du neuen Sinn in dein Leben bringen könntest. Sinnkrisen sind nicht negativ zu sehen. Sie lösen Veränderungen aus und sind positiv zu sehen, denn oft sind sie der Auslöser zum Fortschritt. Vorausgesetzt du näherst dich ihnen rational und versuchst sie für dich zu analysieren. Aus jeder Sinnkrise kann Positives geschöpft werden, es ist eine Lebenskorrektur. Falsch wäre, sich hängen zu lassen und sich damit tiefer in die Krise fallen zu lassen. Dies nimmt dir Kraft und es wird dir immer schwerer fallen, eine geeignete Lösung für dich zu finden.
Sinnkrisen kommen oft zu vollen Lebensjahrzehnten, mit dreißig, vierzig oder fünfzig und können so etwas wie Nachjustierungen eines Lebenskurses sein. Du merkst, dass du von deinem Wunschkurs abkommst, und reagierst mit einem Alarm, mit einer Krise darauf. Wenn du diesen Alarm rechtzeitig erkennst, kannst du sofort darauf Einfluss nehmen und dir mit einer Analyse den neuen und für dich richtigen Kurs sowie neue Chancen für die Zukunft finden.

Wie wichtig sollen wir uns nehmen? Sind wir für uns der Mittelpunkt oder ist es sinnvoller sich zurückzunehmen, um eventuell der Mittelpunkt eines Kollektivs zu sein, wie es ja später in höheren Dimensionen auch der Fall sein wird.

Es ist alles eine Frage des Respekts. Habe stets Respekt, vor dir selbst, vor anderen, vor deiner Umwelt, und lerne Verantwortung zu übernehmen. Verantwortung für deine Taten, für dein Leben, aber auch Verantwortung für die irdischen Ressourcen, die dir überant-

wortet wurden. Geh sorgsam mit dieser deiner Erde um und begib dich einmal im Jahr an einen Ort, an dem du noch nie gewesen bist. Natürlich stehst du nicht allein, denn du bist ein Teil eines Kollektivs, das stärker wird. Bei uns, wo ich jetzt bin, steht das ICH hinter dem Kollektiv, jeder Einzelne von uns ist sozusagen ein starker Anteil von einem Ganzen.
Dein eigener Mittelpunkt im Leben zu sein würde bedeuten, immer zu bekommen, was du dir in den Kopf gesetzt hast. Es würde bedeuten, frei von Fehlern zu sein. Aber bedenke, etwas nicht zu bekommen, ist manchmal ein großer Glücksfall. Denn erst wenn du etwas nicht erreichst, wirst du dir darüber Gedanken machen, warum du es nicht erreicht hast. Du wirst geistig tiefer in dein Leben eintauchen und darüber nachdenken. Etwas nicht zu erreichen ist vielleicht nicht sofort als Glücksfall erkennbar, aber etwas später wirst du es differenzierter betrachten und dir daraus einen Nutzen ziehen können. In den Niederlagen findest du bei weitem mehr an persönlichem Entwicklungspotenzial.
Und wenn du festgestellt hast, Fehler gemacht zu haben, zögere nicht, sie wieder gutzumachen. Es kostet bei weitem weniger Energie, auf einen Fehler zu reagieren und ihn wieder gutzumachen, als begangene Fehler auszusitzen und die Zeit für sich arbeiten zu lassen. Wahre Größe ist, seine Fehler zu erkennen, zu ihnen zu stehen und ihrer einsichtig zu werden. Nur dann kommst du auch weiter in deinem Leben.

Freunde und nah stehende Mitmenschen, sie sind Energiequellen, die einen persönlich weiterkommen lassen, und sie scheinen mir allgemein wichtig zu sein. Wenn ich zum Wochenende mit meiner Familie oder mit sehr guten Freunden einen Nachmittag verbringe, dann lädt mich das auf wundersame Weise mit Energie auf und gibt mir unheimlich viel Kraft für die kommenden Tage. Was kannst du uns dazu sagen?

Wenn du Menschen in der persönlichen Umwelt als Freunde aufgenommen hast, dann hat das mit dem Gleichklang der Seelen zu

tun. Es ist wie ein chemischer Prozess. Eine Seele unterstützt die andere und hilft ihr zu reifen und zu begreifen. Nicht umsonst fühlt man sich in der Umgebung von Menschen, die man liebt, mit denen man im Einklang ist, so unendlich wohl. Diese Seelen haben ein gemeinsames Schwingen. Das spürst du und das lässt dich Kraft tanken.
Und lass niemals zu, dass ein kleiner Disput, entstanden aus lächerlichen, unbedeutenden Alltagsdingen, eine solche Freundschaft beeinträchtigt oder gar zerstört. Freundschaften sind viel zu kostbar, als dass sie durch Launen zerstört werden sollten. Und sprich in Auseinandersetzungen mit deinen Lieben hauptsächlich über die aktuelle Situation. Lass die Vergangenheit ruhen und vergifte das Heute nicht mit der Vergangenheit, es sei denn, du gedenkst in Freude vergangener Personen und Ereignisse.

Worin siehst du das Optimum einer Freundschaft oder auch einer Beziehung? Wie würdest du eine solche anlegen?

Der beste Zugang zu einer Freundschaft, zu einer Beziehung ist der, in welchem jeder Partner den anderen mehr liebt als braucht. Nicht die Symbiosen, in welchen Abhängigkeiten unterschiedlichster Natur gelebt werden, sind der Grundstock für lang anhaltende, wertvolle, harmonische und persönlichkeitsentwickelnde Freundschaften und Beziehungen. Der wahre Ansatz zu einer freien, reifen und dauerhaften Verbindung ist die offene, ehrliche Liebe. Lerne auf deine Freunde, auf deinen Partner mit offenen Armen zuzugehen, begegne ihnen täglich neu mit großer Aufmerksamkeit und ehrlicher Liebe. Es soll eine offene, vertrauensvolle Begegnung ohne Schranken sein.

Und wenn es dann doch einmal zu Meinungsverschiedenheiten kommen sollte?

Schweigen ist manchmal die beste Antwort und verhindert sinnlose Auseinandersetzungen um nichts. Allein durch das Schweigen bringst du Energie zum Schwingen und du wirst sehen, der Grund der Aufregung neutralisiert sich von selbst. Nicht alles scheinbar Besprechenswerte ist tatsächlich besprechenswert. Du kannst deinen prinzipiellen Standpunkt kundtun, es heißt nicht, dass du dich gänzlich zurücknimmst. Aber Schweigen im richtigen Moment hilft dir zu erkennen und schützt dich vor sinnlosen Auseinandersetzungen, die dich nur Energie kosten. Wenn sich die Wogen geglättet haben, besprecht fair und in Ruhe eure Probleme. Lasst Vorwürfe weg und geht von euch aus, nicht von eventuellen Fehlern des Partners.

Raphael, du gibst uns eingangs durch, dass wir Teil eines Kollektivs, eines Ganzen sind. Überantworten wir dabei nicht sehr viel den anderen? Dann hätte der sehr irdische Ausspruch „Die anderen werden es schon richten!" ja doch seine Gültigkeit. Wozu soll ich mich anstrengen, wenn alles in der Masse verschwindet und ich vielleicht irgendwann von einem Kollektiv aufgesogen werde? Passiert da nicht eine Stagnation in der persönlichen Entwicklung.

So ist es nicht zu verstehen. Das Kollektiv sagt nur aus, dass es eine stärkere Gemeinsamkeit gibt. Es heißt nicht, dass die Mehrstimmigkeit verloren geht und die Individualität stirbt. Jeder hat in diesem Kollektiv seine Aufgabe, und die hängt wiederum sehr stark davon ab, welche Fortschritte er in seiner persönlichen Entwicklung gemacht hat. Dieses kollektive Selbstbewusstsein wird nach und nach auf Erden stärker. In den von mir erwähnten drei hoch entwickelten Kulturen auf Erden war in der zweiten davon ebenfalls bereits so etwas wie ein kollektives Bewusstsein vorhanden. DRÜBEN ist das kollektive ICH über dem ICH des Einzelnen angesetzt. Und ich betone es nochmals, es heißt nicht, dass der Einzelne absorbiert wird und verschwindet. Es heißt vielmehr, dass die einzelnen Energieebenen miteinander verbunden werden und somit ein höheres Maß an Einstimmigkeit erzielen.

Das heißt, die Verantwortung jedes Einzelnen geht nicht verloren.

Jeder Einzelne von uns hat nach wie vor ein großes Maß an Verantwortung. Jeder Einzelne von uns hat seine Aufgaben zu erfüllen und seinen persönlichen Weg zu gehen. Die persönliche Entwicklung ist notwendig, um die Erde in ihrer Gesamtheit in eine höhere Dimension zu hieven. Auch wenn wir nach und nach ein Teil eines Kollektivs werden, versuche jeden Tag eine gewisse Zeit allein zu verbringen. Halte inne und konzentriere dich auf dein Inneres. Mache dich dir selbst bewusst. Widme dich dir selbst, widme dich Dingen, die dir gut tun, die dir neue Energie geben, und genieße von ganzem Herzen, was du tust.

Raphael, glaubst du, ist es möglich, ohne den Zugang zur Spiritualität ein zufriedenes, glückliches und erfülltes Leben zu leben?

Durchaus, Rosalinde! Nicht jeder Mensch befindet sich auf einer hohen spirituellen Stufe. Viele sind von ihrer diesbezüglichen Entwicklung wie unschuldige kleine Kinder. Sie beschäftigen sich auch zeit ihres Lebens nicht mit hohen spirituellen Aufgaben. Das ist zu akzeptieren. – Auch ein kleines Kind auf einer niedrigen Schulstufe kann ein glückliches Jahr, ein glückliches Dasein leben, warum soll es einem großen Kind nicht genauso möglich sein. Es befindet sich allerdings erst am Beginn der Sprossen auf der Lebensleiter.

5. Liebe und Sexualität

Die Liebe scheint ein wichtiger Motor des menschlichen Lebens zu sein. Wie ein biologischer Klebstoff, der Zwischenmenschliches verbindet und in der Familie, der Partnerschaft, im Freundeskreis oder vielleicht auch in der Arbeit Zusammenhalt fördert und die Basis für ein gedeihliches Miteinander bildet. Die Liebe ist ein dehnbarer Begriff. Sie beginnt bei wohlwollender Zuneigung und endet bei bedingungsloser Aufopferung für die Geliebte oder den Geliebten. Oft verbunden mit einer ordentlichen Blockade im Gehirn, die es verhindert, in „normalen" Ebenen zu denken. Liebe hat es immer gegeben, und sie wurde selten so zensuriert und tabuisiert wie die Sexualität. Somit war Liebe vermutlich immer schon ein wenig mehr akzeptiert, weil vom Herzen kommend, offener und damit vielleicht auch Schranken brechender als die Sexualität, die erst Stück für Stück in der Gesellschaft ihren Weg der unvoreingenommenen Akzeptanz zu finden hatte.

Es gab Zeiten, in welchen die Sexualität ein wesentlich wichtigerer Bestandteil der persönlichen Identifikation war als heute. In den 68ern zum Beispiel wurde großzügig und erstmals öffentlich gelebte Sexualität als Befreiungsschlag gegen das konservative Establishment probiert. Was wäre Woodstock ohne Sex gewesen? Heute erregt Sexualität als Provokation kaum mehr. Zu offen wird darüber gesprochen. Zu oft wurden in der Vergangenheit Details daraus abgebildet. Die einzigen Aufreger unserer Zeit sind so genannte abnorme Sexualverhalten wie Pädophilie, Sodomie und vieles mehr.

Es stellt sich die Frage, würde Sexualität großzügiger und vor allem freizügiger gelebt, gäbe es dann vielleicht keine Kriege, keine Konflikte mehr? Offensichtlich, denn die Natur zeigt es uns vor. Die Bonobos, eine durchaus intelligente Affenart, pflegt sämtliche Konflikte mit ihrer Sexualität zu lösen. Jeder unter ihnen verkehrt mit jedem. Bevor gestritten wird, wird zunächst einmal mit vollem Körpereinsatz geliebt. Danach ist in der Regel vom Konflikt nichts mehr übrig und man geht beruhigt zur Tagesordnung über.

In zwischenmenschlichen Beziehungen, in welchen es mit der Sexualität klappt, wird weniger gestritten. – Also doch ein Ansatz wie bei den Bonobos? Lebt Sexualität und werdet friedfertiger, lautet also ein möglicher Ansatz. – Die kommenden Sitzungen mit Rosalinde Haller und Raphael von Singen werden sich nicht nur der Liebe, sondern auch dem durchaus pikanten Thema „Sexualität“ widmen. Wer Rosalinde Haller näher kennt, weiß, dass sie es versteht, die Dinge beim Namen zu nennen. Wir dürfen auf spannende und offen geführte Gespräche neugierig sein.

*

Raphael, guten Abend! Peter erwartet sich offensichtlich heute sehr viel von uns. Er meinte, er sei es von mir gewöhnt, dass ich die Dinge direkt anspreche. – Es geht heute um Liebe und Sexualität. Bist du gewappnet?
(Rosalinde muss herzhaft lachen.)

Guten Abend, Rosalinde! Na ja, über das schüchterne Alter sind wir ja bereits hinaus. Ich freue mich, dich zu hören. – Lass uns gleich beginnen!

Liebe beflügelt, macht stark und glücklich, überspringt tausend Grenzen und sie ist es einfach wert erlebt zu werden. – Mein Gott, Raphael, wie gerne bin ich verliebt und wie gerne habe ich geliebt. – Ich stelle nur fest, dass ich die Bürde einer reifen Dame zu tragen habe und immer wählerischer werde. Was in jungen Jahren an unkonventionellen Begegnungen möglich war, ist mir jetzt gänzlich versagt und interessiert mich auch nicht mehr. Mein Zugang zur Liebe hat sich überdies sehr verändert. Heute lebe ich sehr viel meiner Liebe in der Familie aus und speziell meine Enkelkinder erhalten sehr viel davon. Es ist auch sehr richtig so. – Es muss schon etwas Besonderes sein, wenn man in reiferen Jahren noch „in Versuchung“ kommt.

Es würde mich sehr interessieren, was du zum Thema Liebe zu erzählen hast. Wie definierst du von da oben die wahre Liebe zwischen zwei Menschen? Wenn sich zwei Menschen wirklich von ganzem Herzen lieben, dann tun sich ja ungeahnte Energielinien auf. Man spricht ja nicht umsonst von „Gemeinsam sind wir stark".

Wahre Liebe ist wohl das höchste Gut auf Erden. Wo wahre, reine Liebe herrscht, existiert das Böse nicht. Wenn zwei Menschen Liebe zueinander empfinden, haken zwei Seelen ineinander ein und es entstehen wundervolle Energien, die anders nur über die Meditation reproduzierbar sind. Denn die Meditation könnte ein weiterer Weg sein, um diesen Energiefluss auch alleine zu erzeugen.

Wer liebt, schwebt und verliert den Kontakt zur Erde. Wahre Liebe ist wie ein Losgelöstsein von seinem Körper. Alles wird leicht und mühelos. Es gibt kein noch so großes Problem, das nicht vor der Liebe kapitulieren würde. Der einzige Feind der Liebe ist die Ratio. Es ist manchmal gut, den Kopf in Liebesdingen nicht einfließen zu lassen. Er zieht Energie ab und reduziert den Gefühlshaushalt auf Normalität. Wenn du wahre Liebe zu deinem Partner empfindest, leiste dir den Luxus und lasse deine Ratio in den Minuten und Stunden des Zusammenseins vor der Türe. Du musst sie nicht immer bei dir haben. Genieße dein Tun und schwebe ruhig ein bisschen. Hebe ab in die Dimension der Farben, der Sterne und Galaxien. Durch wahre Liebe wird die Erde in die nächsthöhere Dimension aufsteigen.

Nun ist die Liebe ja ein Zustand, der sich in jede Richtung entwickeln, höhere Ebenen erreichen oder aber auch schwächer werden und unvermittelt versiegen kann. – Hast du einen Tipp, sozusagen einen Nährstoff für Liebende? Wie ist es möglich, dieses Feuer erfolgreich in Gang zu halten?

Absolute Aufrichtigkeit, Offenheit, Ehrlichkeit, ohne jemandem damit weh zu tun, das wird dir so etwas wie eine Leiter in höhere Dimensionen der Liebe sein können. Wenn du das Feuer der Liebe bei Zeiten zu nähren verstehst, wird es auch nicht verlöschen. Bleibe verspielt wie in der Zeit des Beginns. Lass den Alltag so gut wie möglich draußen und mach Dinge, die dich und deinen Partner erfreuen. Liebe lebt vom Ungewöhnlichen. Alltag kann sie reduzieren. Und selbst wenn ihr Alltag lebt, lasst ihn etwas Besonderes sein. Herzliche Überraschungen sind gut. Liebesbekundungen zwischen den Zeiten. Wenn ein Paar bewusst liebt, wird das Feuer lodern. Wenn es die Liebe aus den Augen verliert, wird es vielleicht für immer erlöschen. Nach etwa zwei Jahren wissen die meisten Menschen, ob sie den Sprung von der Verliebtheit in die Liebe schaffen. Achtet auf diese Zeit, wenn ihr eure Beziehung erhalten wollt.

Ich merke schon, Raphael, du bist ein aufmerksamer Liebhaber! Wann warst du das letzte Mal verliebt? Gibt es eigentlich drüben auch noch ein Verliebtsein im klassischen Sinn?

Dass ich auf Erden verliebt war, ist lange Zeit her. Aber natürlich war ich es in allen meinen Leben. Und würde ich auf Dauer in eurer Dimension sein, trauerte ich meinen Lieben nach.
Hier bei uns gibt es die Liebe im klassischen Sinn, zwischen zwei Menschen, nicht mehr. Hier herrscht hohe Harmonie und Liebe, beides überzieht alles und jeden. Wir sind nicht darauf ausgelegt, Pärchen zu bilden, wir leben im Kollektiv. Die Liebe überstrahlt alles. Am besten kannst du dir unsere Gefühle vorstellen, wie du sie für deine Kinder empfindest.

„Jeder Topf findet seinen Deckel!“, diesen Ausspruch könnte man auch mit einer gewissen Seelenverwandtschaft gleichsetzen. Stimmt es, dass es für jeden Menschen auf dieser Welt einen Seelenverwandten gibt, den man finden sollte, um erfüllte, wahre Liebe zu erreichen?

Es gibt in der Tat für jeden Menschen mindestens einen Seelenverwandten. Meist sind es mehrere. Dual-Seele gibt es allerdings nur eine, es ist ein spiritueller Zwilling. Es ist sozusagen die zweite Hälfte von dir selbst. Sie kann sich zum Zeitpunkt deines Erdendaseins in einer anderen Dimension befinden, sie kann auch genauso

gut zur gleichen Zeit hier weilen wie du, und wenn du sie findest, lebst du eine große Liebe.
Es lohnt sich durchaus, die Augen nach Seelenverwandten offen zu halten. Allerdings lohnt es sich nicht, aktiv zu suchen. Oft vergeht ein ganzes Leben und man trifft nicht auf einen einzigen. Kannst du dir das Unglück vorstellen, welches sich in dem Menschen ansammeln würde, wenn er sein Leben lang auf der Suche nach seinem Lebensmenschen ist? Daher ist es vollkommen abzuraten, sich darauf zu spezialisieren. Bleibe jedem Menschen gegenüber geöffnet und warte ab, vielleicht ist es ja dein Seelenmensch. – Auch mit einer Seele, die du noch nicht aus einem Vorleben kennst, kannst du ein interessantes, gutes Leben führen. Du hast es dir ja vor der Geburt selbst so ausgesucht.

Raphael, die Liebe auf den ersten Blick. – Gibt es sie aus deiner Sicht tatsächlich?

Durchaus, Rosalinde! Es können sich zwei Seelen begegnen und durch die Aura ihrer Körper sofort ertasten, dass es für sie optimal passt. Es könnte auch ein Wesen sein, mit dem du in einem Vorleben bekannt warst. Es verfangen sich sozusagen zwei passende Schwingungen ineinander. Das passiert innerhalb von Sekunden. Weltlich gesehen ist es auch der Geruch, die Optik. Speziell im Geruch liegt ein sehr starker Schlüssel persönlicher Akzeptanz. Nicht umsonst kann innerhalb kürzester Zeit von dir festgestellt werden, ob du jemanden riechen kannst oder nicht. Das sind sehr schnelle Entscheidungen, die sich oft innerhalb von wenigen Sekunden oder Minuten abspielen.

Es ist allerdings eine Momentaufnahme und keine Auslese, aufgebaut auf die Ewigkeit.

Manche Menschen behaupten, sie können mehr als einen Menschen lieben. Wie siehst du das, hat diese Feststellung ihre Berechtigung?

Sehr fortschrittliche Seelen können das durchaus. Das Geschlechtliche, Körperliche spielt in höheren Dimensionen keine Rolle mehr. Die Liebe spielt sich im rein geistigen Bereich ab. Auf Erden ist eine gleichwertige Liebe über mehrere Menschen verteilt nur dann möglich, wenn es sich um eine aufrichtige platonische Liebe handelt und die Sexualität ausgeklammert bleibt.
Meist wird dieser Zugang, mehrere Menschen auf einmal lieben zu können, aus profanen Gründen benützt, um Untreue möglichst plausibel erklären zu können. Es geht ausschließlich um eine Aufrechterhaltung von Besitzansprüchen, die erst recht durch gelebte Sexualität erwachen und die über mehrere Menschen gleichmäßig verteilt werden. – Oft ist es auch ein Versuch, Minderwertigkeitsgefühle abzudecken, denn wenn mich zwei lieben, dann bin ich doch wer ...

Manche Menschen lieben nur sich selbst. – Bis zu welchem Grad ist eine Liebe zu sich selbst für ein erfülltes Leben notwendig?

Wenn du dich selbst nicht lieben kannst, wird dich ein anderer nicht lieben können. So wie du die eigene Liebe zu dir abwehrst, wirst du auch die fremde Liebe nicht zulassen können. Eigenliebe ist notwendig, um sich seiner selbst bewusst zu sein. Du musst dir etwas wert sein, wenn ein anderer dich lieben soll.
Nur wer im Stande ist, sich selbst zu lieben, schöpft Kraft, um auch andere lieben zu können. – Unterscheide aber klar zwischen Liebe zu dir selbst und purem Egoismus. Er wirft dich in deiner persönlichen Entwicklung zurück, von ihm ist absolut abzuraten. Nach einem Selbstfindungsseminar den Partner mit Kindern zurückzulassen, um sich selbst zu verwirklichen, kann wohl auch nicht der richtige Weg sein.

Raphael, es gibt Lieben und Beziehungen, in denen man mitunter zweifelt, ob es „das Richtige" ist, ob es nicht irgendwo einen besseren Partner gibt und man nicht doch besser weitersuchen soll. Ab welchem Zeitpunkt weiß man es, ob sich diese Verbindung lohnt und ob es die richtige ist?

Sobald du solche Gedanken hegst, passt es nicht mehr wirklich. Das soll nicht heißen, dass man ab dem Zeitpunkt der Zweifel weggehen soll. Jede Beziehung muss ausgelebt werden. Wie oft passiert es, dass sich nach einem sperrigen Weg plötzlich ein Tor öffnet und die Verbindung wieder wunderbar harmoniert. Wenn du abgesprungen wärst, hättest du diese Chance verpasst. Lebst du eine Beziehung nicht aus, lebst du auch dein Karma nicht aus. Eine Aufgabe bei der geringsten Krise ist falsch. Du musst es lernen, deine Beziehungsprobleme mit dem Partner zu lösen, denn dann löst du auch dein Karma auf.

Wenn du das Gefühl hast, nicht zum Ziel zu kommen, und in deiner Beziehung eine gewisse Leere empfindest, dann hast du nach einer Zeit der Prüfung und des Abwägens das Anrecht loszulassen. Das Karma zu erfüllen muss nicht heißen, eine Beziehung ohne Sinn zu leben.

Ein Auseinandergehen soll auf jeden Fall ohne Hass, ohne Kränkungen geschehen. Ein Belasten des Partners ist nicht rechtens. Es soll eine Chance für beide sein, neue Wege zu beschreiten, um sich anderen gegenüber wieder öffnen zu können. Trennt euch in Frieden und in Freundschaft, denn ein Dem-anderen-Schuld-Zuschieben lässt dich selbst schuldig sein.

Es ist nicht gesagt, dass alle Verbindungen ewig währen. Manchmal ist es auch vom Karma gewünscht und notwendig, eine Trennung zu leben. Das sollte aber, wie schon gesagt, möglichst positiv und mit viel Verständnis geschehen.

Fallweise verdirbt der Materialismus dieser Zeit eure Beziehungskraft. Nicht umsonst gibt es in wirtschaftlich schwierigeren Zeiten weniger Trennungen, denn der Zusammenhalt ist ein wesentlich größerer.

Und wenn das Loslassen schmerzt? War es dann vielleicht doch ein Fehler, sich von seinem Partner zu trennen?

Diese Schmerzen gehören zum Loslassen und zum Lernprozess, den du mit der Trennung zu absolvieren hast. Es ist eine Art der spirituellen Reinigung, um deine Seele für ein Leben danach vorzubereiten. Ist dieser Prozess nicht richtig abgeschlossen worden, weil es zum Beispiel nie zu einer ausdrücklichen Trennung kam, ist es möglich, dass du auf längere Zeit für eine neue Beziehung blockiert und nicht zugänglich sein wirst. Loszulassen ist eine der wichtigsten Lernaufgaben. Verwechsle Liebe und Beziehung nicht mit Besitz.

Die Liebe ist schließlich auch der Klebstoff einer Familie. Nur wo es liebevoll zugeht, wird es Harmonie, Verständnis und Entwicklung geben. An und für sich ein optimaler Zustand für die Erziehung der Kinder. – Es wird gespielt, musiziert, gewandert, gekocht, verreist, gemeinsam im wahrsten Sinne gelebt. – Weißt du, Raphael, warum es verhältnismäßig wenige Familien gibt, die diesem optimalen Zustand entsprechen? Wie viele Familien kenne ich, die zerstritten sind. Die sich untereinander nichts mehr zu sagen haben. Die Klagen gegeneinander führen, Kleinkriege. Was würdest du diesen Familien empfehlen?

Lebt bewusst miteinander. Wählt bewusst die Worte, mit denen ihr euch bedenkt. Wenn euch einmal ein unbedachtes Wort entschlüpft, scheut nicht davor zurück, es zurückzunehmen und euch dafür zu entschuldigen.

Familien, die in eurem Sinn perfekt sind, bestehen aus Menschen, die spirituell weit sind. Sie wissen um die Macht der Liebe und sie wissen um die Macht des Wortes. Es ist nicht schwer, eine Familie in positive Grundschwingungen auszulegen. Es ist ein Vorgang, der bewusst zu erzeugen ist. Sobald sie positiv schwingt, ist es einem Perpetuum Mobile gleich. Es muss nur darauf geachtet werden, dass aus schlechten Stimmungen oder Gedanken kein Gift eingebracht wird. Wenn es jemandem an einem Tag weniger gut geht, ist es besser, er nimmt sich etwas aus dem Mittelpunkt, als dass er mit einer Tageslaune die Schwingungen der Familie aus dem Lot bringt. Und selbst dies wird kurzfristig kein Problem darstellen. Eine normale Familie wird es aushalten. Das Konzept der positiven Schwingungen zieht sich für gewöhnlich nicht nur durch die gesamte Familie,

sondern auch durch die Wohnung und die gesamte Betätigung der Familienmitglieder.
Familien mit zerstrittenen Partnern oder zerstrittenen Kindern empfehle ich ein klärendes und offenes Gespräch mit dem Fokus auf einem Neubeginn. Schafft eine Basis der Ruhe und inneren Gelassenheit. Nur dann werdet ihr auch miteinander ein positives Gespräch finden können. Wenn im Kern einer Familie Zwietracht, Hass und Wut herrschen, ist es schwierig und oft unmöglich, zu einer sachlichen und in weiterer Folge liebevollen Basis zurückzukehren. Alle Beteiligten müssen in friedlichster Absicht ihre Seelen öffnen und im Gespräch ruhen. Rückt alle von euren ursprünglichen Standpunkten ab und sucht euch gemeinsam eine Mitte, mit der jeder in Zukunft gut leben kann. Sucht generell gemeinsame Zeiten bei Tisch und besprecht dabei alles Nennenswerte.

Weißt du, Raphael, Liebe beginnt für mich oft im Kleinen. Unlängst war ich mit meiner Enkelin am Meer. Als ich so im Wasser trieb, sah ich neben mir eine kleine Biene, die zu ertrinken drohte. Ich nahm dieses kleine Ding und brachte es ans Ufer, setzte es auf meinen Liegestuhl und sah dem Tier zu, wie es sich putzte und wie wieder Leben in seinen Körper einzog. Währendessen begleitete ich es mit liebevollen Gedanken und sah ihm schlussendlich zu, wie es wegflog. Auch die Augen meiner Enkelin strahlten vor Liebe zu mir und zur geretteten Biene. – Eine vermeintlich unbedeutende Sache, an die ich aber heute noch, Wochen nach dem Urlaub, denken muss. – Mit anderen Worten, wenn es mehr Aufmerksamkeit rundherum geben würde, wäre es vermutlich noch lebenswerter hier auf Erden.
Aber kommen wir zur Sexualität, Raphael. Sexualität ist vielen von uns an und für sich sehr wichtig. Klappt es damit in einer Partnerschaft, ist diese „rund" und wird meist gut funktionieren. Fehlt sie gänzlich, wird es häufig über kurz oder lang zu Spannungen und Problemen in der Partnerschaft kommen. Selbstgelebte Sexualität und ein gewisses Maß an Autoerotik sind genauso wichtig wie die

Sexualität in einer funktionierenden Partnerschaft. Keinen Partner zu haben soll ja nicht heißen, auf Sexualität zu verzichten. Die Autoerotik ist zum Beispiel ein guter und wichtiger Ersatz in partnerlosen Zeiten. Was kannst du uns vorab einmal über Sexualität im spirituellen Sinn sagen?

Eine Menge, Rosalinde! Die größte Glückseligkeit und Zufriedenheit können wir den Menschen verschaffen, wenn es uns gelingt, sie aus den Zwängen rund um die Sexualität zu befreien. Jahrhunderte hat man die Sexualität verteufelt. Noch immer sind mit gelebter Sexualität viele Schuldgefühle, Komplexe und Probleme verbunden. – An der Oberfläche haben es viele Menschen im Griff, aber wie unmöglich ist es vielen, ihre Sexualität offen und lustvoll zu leben. Mit ihren Kindern offen darüber zu sprechen. Eltern sollten doch unbefangen und unkompliziert mit ihren Kindern über Sexualität sprechen können. Was soll schon daraus entstehen, wenn ich mich diesem Thema verweigere und nicht darauf eingehen kann? Sexualität nicht einmal existent mache?
Wie kann ich ein freier und offener Mensch sein, wenn ich mit Teilen von mir, mit meiner Sexualität auf Kriegsfuß stehe? Wie kann ich Energie frei in mir schwingen lassen, wenn ich mich meiner körpereigenen Funktionen verweigere und nicht zu meiner Sexualität stehe? Mit sich im Einklang zu sein heißt auch, seine Sexualität zu akzeptieren. Ich denke, ein unbeschwerter, offener Zugang zur eigenen Sexualität und zu der seines Partners ist der richtige Zugang zur Zufriedenheit.

Was passiert eigentlich bei der Sexualität, außer dass sie wahnsinnig gut tut und befreiend wirkt? Hat es einen spirituellen Hintergrund, mit einem Menschen Sex zu haben, oder ist sie nur einer der Ur-Triebe und dient in Wirklichkeit ausschließlich der Arterhaltung?

Wenn wir in unserer Sexualität total sein können, verschwindet am höchsten Gipfel des Liebesaktes das EGO. Das Denken funktioniert nicht mehr. Sexualität ist ein Teil der wahren Liebe. Wenn ich einen Menschen rundum liebe, er mein Partner ist, dann erreiche ich in der gelebten Sexualität den partnerschaftlichen Zenit. So eng bin ich nie mit meinem Partner zusammen wie in diesen Augenblicken. – Und das ist natürlich nicht nur körperlich gemeint. Die beiden Seelen verschmelzen kurz vor dem sexuellen Höhepunkt miteinander und das ist eben nur möglich, wenn wahre Liebe mit im Spiel ist. Richtig gelebte Sexualität kommt Spiritualität gleich. Du bist in liebevoller sexueller Vereinigung der göttlichen Kraft näher als in jedem anderen Geisteszustand. Du bist mit dem Universum vereinigt und der Zustand der Trennung ist aufgehoben.

Und wenn die Liebe ausgeklammert ist? Wenn ich Sexualität mit einem Menschen lebe, den ich nicht liebe?

Natürlich kann Sexualität wesentlich oberflächlicher gelebt werden. Ohne Herz und Gefühl, ohne Liebe. Der Ur-Trieb steht uns viele Male im Weg und blockiert uns in unserer Entwicklung unendlich. Oft passiert es dann, dass wir gerade in der Sexualität Dinge leben, die wir später bereuen. Das ist eben ein Relikt von früher, mit dem wir umzugehen haben. Wenn dich nur die Triebe leiten, kannst du dich verirren und darunter sehr leiden. Lerne deine Triebe zu steuern und es wird dir besser gehen.

Das heißt, es steckt schon ein Körnchen Wahrheit hinter dem allseits bekannten Spruch, dass, wenn man sexuell erregt ist, der Verstand quasi in der Hose ist? Ist somit auch jeder Fehltritt meines Partners oder jeder Fehltritt von mir entschuldigt? Weil es sind offensichtlich nur die unkontrollierbaren Ur-Triebe, für die ich ja nichts kann ...

Eigentlich hat diese Ansicht durchaus etwas Berechtigung. Es erfasst uns eine große Welle von Energie, der Verstand verliert seine Kontrolle und kommt zum Stillstand. In Verbindung mit inniger Liebe erreichen wir solcherart einen Idealzustand. Was kann Schöneres passieren, als erfüllende Sexualität zu leben und gleichzeitig innigst zu lieben. Absolutes Loslassen, um für Momente in den Weiten des Kosmos aufzugehen.

Inwieweit ich diesen Zustand missbrauche, meinen Partner betrüge und mich damit entschuldigend auf den Ur-Trieb ausrede, obliegt jedem Einzelnen selbst. Letztendlich muss jeder über sein Tun Verantwortung ablegen und kann mit seiner Sexualität nicht verantwortungslos in den Tag oder in die Nacht hineinleben. Fehler können passieren, aber es sollte daraus gelernt werden. Es würde von persönlicher Unreife zeugen, wenn man über Jahrzehnte die gleichen Fehler machte und aus seinen Handlungen nicht zu lernen im Stande wäre. Persönlich zu reifen bedeutet auch, aus seinen Fehlern zu lernen. – Generell ist noch zu sagen, solange du mit deiner gelebten Sexualität niemanden verletzt, es also allen Beteiligten gefällt, ist es in Ordnung. Sobald die Situation kippt und jemand unglücklich wird und zu leiden beginnt, gilt es sie zu überdenken.

Weißt du Raphael, ich bin der Meinung, dass Untreue wie Sand ist, den man zwischen die Zahnräder einer Uhr schüttet. Es kann gut gehen und die Uhr läuft weiter, es kann aber auch ein einzelnes Sandkorn das gesamte Uhrwerk zum Stehen bringen. Leider weiß ich aber, dass es Menschen gibt, die es noch nie geschafft haben, über eine längere Distanz treu zu sein. Irgendwo müssen hier Anlagen gelegt sein, die eben von diesen Menschen nicht kontrollierbar zu sein scheinen.
Eine neue Frage: Findest du, dass zu Sexualität generell Liebe gehören muss oder hälst du Sex, zum Beispiel aus einem „One Night Stand", für in Ordnung, bei dem Liebe ja noch überhaupt keine Rolle spielen kann und einfach nur den Trieben nachgegeben wird? – Ich habe zum Beispiel eine Bekannte, die meinte, wenn es im Bett nicht klappt, wird es in der Liebe auch nicht klappen, und deshalb wartet sie nicht lange und springt mit ihrer neuen Eroberung gleich einmal ins Bett.

Das halte ich grundsätzlich für einen etwas oberflächlichen Ansatz einer Prüfung. Wenn sich zwei Menschen von Herzen lieben, wird es in der Regel auch mit der Sexualität gut klappen. Natürlich verändert sich die Sexualität im Verlauf einer Beziehung, sie wird ruhiger, vielleicht weniger wichtig, besonnener, aber deshalb nicht weniger lustvoll. Wer glaubt, abhängig von den Feuerwerken des Beginns zu sein, wird von einer Beziehung in die nächste fallen und aus den Belastungen der Trennungen Unglück schöpfen. Es wird ihn nicht weiterbringen.

Menschen, die permanent Liebe suchen und diese in promiskuitiver Sexualität zu finden glauben, haben ein Defizit und vermutlich auch ein Suchtproblem. Sie müssen lernen, von der Sexualität Abstand zu nehmen, um in anderen Parametern zu denken als in solchen der Sexualität. Erst wenn es ihnen gelingt, einen klaren Blick auf ihr Tun zu werfen, werden sie es Schritt für Schritt analysieren und es sich bewusst machen können. Wenn das geschehen ist, werden auch sie allmählich bereit für eine Beziehung sein.

Und um deine Frage grundsätzlich zu beantworten: Natürlich kann Sexualität außerhalb der Liebe existieren. Sie wird aber nur ein Abklatsch dessen sein, was du zu erleben im Stande bist, wenn du beides auf einmal findest. Wenn zwei Menschen sich vereinigen, ist es immer auch ein Suchen nach Einheit und ein Wegschieben des Getrenntseins.

Sexualität und Jugendliche? Es fällt ja vielen Eltern offensichtlich wirklich schwer, die Dinge beim Namen zu nennen und offen, unverklemmt damit umzugehen. Wie oft kommt es vor, dass man sein eigenes Kind bei seiner gelebten Autoerotik überrascht und nicht weiß, wie man jetzt damit umgehen soll. Ich habe zum Beispiel mit meinen Kindern sehr offen darüber gesprochen und sie wussten immer, woran sie waren. In den ersten Schritten ihrer Sexualität war ich sehr oft ihre engste Freundin und vertraute Beraterin. Sie haben es einfach geschätzt, mit mir offen über ihre Erfahrungen, Befürchtungen oder Vorhaben sprechen zu können.

Das Entdecken des eigenen Körpers, der eigenen Lustgefühle ist ein Quantensprung in der Entwicklung unserer Kinder. Die Jugendlichen werde positiv vitalisiert. Wenn wir unseren Kindern diese Liebesfähigkeit auf ihren Weg mitgeben können, leisten wir ihnen

wohl den besten Dienst. Ich empfehle Offenheit im Gespräch. Die körperliche Liebe ist eine Quelle, aus der man einen Schimmer Göttlichkeit erahnen kann. – Es ist genau wie im Tiefschlaf. – Auf den Höhen deiner gelebten Sexualität bist du bewusst, aber ganz ohne Verstand. Beim Liebesakt kann sich ein Fenster zum Universum öffnen. Niemand steht zwischen den Liebenden und dem Universum. Denn wahre Liebe ist allmächtig. Der Schöpfungsakt ist allmächtig. Lust ist allmächtig. – Vermitteln wir das unseren Kindern und nehmen wir ihnen die aufgebürdete Erbschuld ab. Früher wurde die Erbschuld von den Priestern unter das Volk gebracht, heute oftmals von der Wissenschaft, sozusagen der neuen Obrigkeit der Menschen. Die Priester des Mittelalters durchbrachen die direkte Verbindung vom Menschen zum Göttlichen. Sie haben die inneren Quellen versiegelt, Schuldgefühle verbreitet und wurden übermächtig. – Ich meine nicht im Sinne des Glaubens. Viele dieser Anlagen, die damals gelegt wurden, standen uns bis vor kurzem noch sehr im Wege.
Eltern, die sich dem Gespräch mit ihren Jugendlichen verweigern und die Sexualität verleugnen, legen einen Grundstock zu komplexbeladenen Erwachsenen. Viele Jugendliche werden später in diesen Bereichen Spannungen erleben und erst mühsam abzubauen haben.

Um auf die Priester des Mittelalters zurückzukommen. Hätte ich damals gelebt, wäre ich wohl ob meiner Fähigkeiten als Hexe auf dem Scheiterhaufen gelandet oder ertränkt worden. Ein schauderhafter Gedanke, wenn ich mich gedanklich in diese Zeit fallen lasse.

Wie du medial schon gesehen hast, ist dir das vor langer Zeit passiert. Du warst ein männlicher Priester, der den Sonnengott anbetete, und wurdest von „Erneuerern“ verbrannt, weil du deinem alten Glauben nicht abschwören wolltest. Es liegt aber viele Leben zurück, daher hast du auch keine Scheu mehr vor dem Feuer. Aber grundsätzlich hast du Recht. Das Mittelalter, um wieder darauf zurückzukommen, war eine schreckliche Zeit. Das Volk war sehr arm. Eine kleine Schicht hatte das Geld und das Land. Die Kirche war mächtig, verbündete sich mit den Machthabern dieser Zeit und verlor nach und nach den Kontakt zum wahren Glauben. Sie lud damals sehr viel Schuld auf sich. Schuld, die ihr heute mitunter noch anhaftet. Es werden noch viele Jahre vergehen, um diese damals angehäufte Schuld abgedient zu haben. Große Teile der Kirche waren vom Bösen beherrscht. Große Teile der Kirche waren der Macht, dem Mammon und der Gier verschrieben. Viele unschuldige Menschen verloren damals ihr Leben, weil es die Kirche so wollte. – Das Wort Hexe ist ja heute noch bei euch etwas negativ besetzt. Dabei waren es nur wissende sehende Frauen, Frauen mit einem Blick in andere Dimensionen.

Ich frage mich immer wieder, wie es zu diesen Fehlentwicklungen kommen kann. Aber die Erde war damals in einer spirituell gesehen unreifen Zeit. Heute sind wir reifer, die Erde hat sich weiterentwickelt. Daher scheinen uns die damalige Zeit und die Taten daraus auch so fern und unwirklich.
Aber kommen wir wieder zu unserem Thema der heutigen Sitzung zurück – der Sexualität. Weißt du, Raphael, die wahre Kraft der Sexualität liegt ja in wenigen Momenten. Ich erlebte in diesen Momenten, in diesem Zustand Geburten von Planeten im Universum. – Ich sah sie!!! Ich konnte mich in Dimensionen heben, in die ich mit keiner Spiritualität gekommen wäre. – Damals zumindest. Mit meiner heutigen Erfahrung sieht es auch schon wieder anders aus. Heute ist mein spiritueller Zustand wesentlich weiter entwickelt und ich bin natürlich auch ohne Sexualität in der Lage, wahre Quantensprünge zu erleben.

Ich weiß, Rosalinde, dass du heute schon wieder viel weiter bist als noch vor wenigen Jahren. Wir hätten den Kontakt zueinander sonst auch nie gefunden.
Nicht umsonst liegt in der gelebten Sexualität so viel Kraft. – Das spürt jeder, auch Menschen, die mit Spiritualität ohne Erfahrung sind. Sie spüren die unheimliche Kraft, die davon ausgeht. Natürlich sehen sie nicht den wahren Ursprung und für viele von ihnen ist es

nur ein purer Akt, an dem sie sich erfreuen. Die anhaltende Spiritualisierung der Welt wird dazu führen, dass auch diese Menschen, die heute noch keine Ahnung haben, nach und nach in die Welt des Erfassens, in die Welt des Verstehens eintauchen werden und die Spiritualität auch in ihnen Einzug halten wird. Dann werden auch diese Menschen den wahren spirituellen Hintergrund der Sexualität fassen können. Es besteht nämlich ein enormer Zusammenhang zwischen Sexualität und Spiritualität.

Gibt es die wahre Sexualität? Kann sie so etwas wie ein heiliger Akt sein?

Natürlich, Rosalinde! Wenn Menschen sich lieben, sollte das Schlafzimmer wieder zum heiligen Ort werden. Sex sollte nicht eilig sein. Lass dir ruhig Zeit dabei und hole dir nicht nur eine Primärbefriedigung. Je mehr du Sexualität zelebrierst, umso tiefer kommst du in wunderbare energetische Sphären. Sexualität sollte wieder zum heilen Ritual werden. Und wenn wir unseren Kindern dies erklären und in unserer Partnerschaft vorleben können, dann werden auch sie in der Lage sein, eine schöne und funktionierende, erfüllende Beziehung zu leben.
Was wir am Höhepunkt der Liebe erleben, könnten wir innerlich anstreben und als Lebensmotto sehen. Zu blühen wie die schönsten Blumen, eins werden mit Bäumen, dem Sternenhimmel, dem Mond, der Natur im Allgemeinen. Eins werden mit Menschen, die du liebst, die dir nahe stehen. Lass dich einfach ein auf Dinge, die dir gut tun, und teile dir deine Zeit so ein, dass du oft genug an diese Kraftquellen kommst. Verschiebe diese Begegnungen nicht auf morgen. Lebe sie im HEUTE.

Du hast mir auch einmal gesagt, bevor man zum Sex kommt, sollte man lange vorher sehen und spüren. Was meinst du konkret damit?

Ich meinte, wie ich es schon vorher sagte, man sollte sich für Sexualität Zeit nehmen. Wenn ich sie in einem oberflächlichen Akt begehe, werde ich keine besonderen Höhen und Tiefen leben, ich werde eine gerade Linie der Gefühle und der Lust mit einem kurzen Ausschlag nach oben erleben. Mehr nicht. – Nehmt euch also Zeit und ladet euch vorher mit Energie auf, um später noch mehr daraus zu machen! Wenn man sich für die Sexualität Zeit nimmt, beginnen die Körper der Liebenden im Einklang zu schwingen und reichern sich gegenseitig und miteinander mit Energie an. Energie, die du noch lange danach spüren und weit in den nächsten Tag mitnehmen kannst.

Wie stellst du dir konkret das Zeitnehmen vor?

Bevor ihr miteinander schlaft, setzt ihr euch für mindestens zehn Minuten zusammen, besser wären natürlich zwanzig Minuten, aber ich möchte euch nicht überfordern. Fasst euch an den Händen. Wenn es dunkel ist, lasst euch einfach nur auf eure Gefühle ein. Bei schwacher Beleuchtung seht ihr euch in die Augen. Blickt euch ganz weich an. Berührt euch, atmet miteinander, fühlt und seht miteinander. Nehmt euch Zeit. Fühlt, wie die Energieströme durch eure Körper gehen und verschiedenste Reize auslösen. Fühlt, wie ein Verlangen zur Vereinigung in euch aufsteigt. Ein wohliges Feuer steigt in euch auf und breitet sich aus. Es zirkuliert über eure Hände von einem Partner zum anderen. Wenn ihr eure Hände so fühlt, kreist mit den Fingern in der Innenhand des Partners. Wechselt euch damit ab und fühlt. Lasst dieses Kreisen, dieses Fühlen tief in euren Körper gleiten. Es wird hohe Gefühlswellen auslösen.

Wenn ihr jetzt bereit seid, eure Körper endgültig zu vereinen, dann tut es. Eure Liebe wird sehr tief gehen. Das Gefühl lässt sich am ehesten damit vergleichen, als würdet ihr tief im Ozean dahintreiben. Von Strömungen und Wellen hin und her geschaukelt.

Aber wartet auf den richtigen Augenblick. Er ist nicht zu erzwingen. Vereinigt euch nicht an Tagen, an denen ihr es eigentlich nicht wollt und keine Lust verspürt, nur um einen ritualisierten Abschluss des Tages zu begehen. Akzeptiert, wenn es nicht sein soll. Zwingt euch nicht. Besprecht es offen miteinander, so kommen keine Missverständnisse auf. – Und vergesst nicht: Die Liebe ist ein heiliger Akt. Nehmt euch genügend Zeit dafür!

Gleichgeschlechtliche Sexualität ist heute weitgehend anerkannt. Natürlich gibt es nach wie vor Länder auf dieser Welt, wo es nur im Verborgenen passieren darf, aber bei uns, und überhaupt in den spirituell höher entwickelten Ländern, ist Homosexualität bereits eine absolut normale Sache und gibt kaum noch Anlass zur Diskussion. Wie viele anerkannte Politiker, Wissenschaftler, Künstler leben in einer gleichgeschlechtlichen Beziehung. Ich alleine kenne einige und ich würde mir wünschen, es wären noch mehr, damit es noch viel selbstverständlicher wird. Es sollte über das Sexualverhalten gleichgeschlechtlich veranlagter Menschen genauso wenig gesprochen werden müssen wie über heterosexuell veranlagte.

Hätte Gott nicht gewollt, dass es gleichgeschlechtlich veranlagte Menschen gibt, hätte er es nicht geschehen lassen. Bedeutende Frauen und Männer der Vergangenheit waren schon homosexuell. Du würdest dich wundern, wie viele es sind. Andersdenkende sollen prinzipiell akzeptiert werden. Wenn zwei Personen sich in großer Harmonie lieben, soll sich ein Dritter nicht einmischen, denn dann ist es auf jeden Fall richtig.

Manches Mal würde ich mir wünschen, dass es mehr Menschen gäbe, die zu ihrem Leben stehen. Aber sie werden von Teilen der Gesellschaft in die Lüge getrieben. Um ein hohes politisches Amt zu erlangen, müssen sie heiraten. Sie müssen vorübergehend den Konventionen entsprechen. Und wenn sie einmal das Amt haben, ist es vollkommen unwichtig, ob sie die Ehe leben oder auch nicht.

Ich möchte den Menschen nicht auf die Ebene des Tieres stellen. Aber wäre Homosexualität nicht gewollt, gäbe es diese auch im Tierreich nicht. Wie wunderbar selbstverständlich leben verschiedene Tiere ihre Gleichgeschlechtlichkeit. Ich wünsche mir, dass die Spiritualität der Erde und seiner Menschen zunimmt. Dass die Intoleranz gegenüber anderen mehr und mehr abnimmt und jeder so leben kann, wie er es sich wünscht.

In den arabischen und islamischen Ländern wird größter Wert darauf gelegt, dass die Frau als Jungfrau in die Ehe kommt. – Bei den Christen war es früher ja auch nicht anders. Diese Gesetze dienen viel eher zum Wohle und Besitz des Mannes als zu dem der Frau. – Und dem Ganzen wird dann noch die Krone aufgesetzt, wenn von den Familien der Mann bestimmt wird, der die Frau heiraten soll und den sie noch nie zuvor zu Gesicht bekommen hat.

Wenn es von der Frau gewollt ist, als Jungfrau in die Ehe einzutreten, dann soll sie es tun. Sie soll allerdings nicht von der Gesellschaft und der Familie gegen ihren Willen dazu gezwungen werden. Jeder Zwang ist nicht richtig, auch dieser nicht. Manche Völker könnten wesentlich freier leben, wenn sie sich nicht dem Diktat ihrer Kirchenmänner hingeben würden.

Eine Frau ihren Mann nicht selbst wählen zu lassen ist überhaupt größter Unfug. Versetze dich in diese Situation. Dir wird von der Familie ein Mann präsentiert und du hast ihn innerhalb kürzester Zeit zu heiraten, ob es dir passt oder nicht. Von Liebesverbindung kann keine Rede sein. Mit viel Glück könnte daraus eine entstehen. In der Regel sind es aber absolut geknechtete und untergeordnete Frauen, die ihres Lebens nicht mehr glücklich sind. Das lehnen wir absolut ab. Es sind gesellschaftliche Irrwege, die von den Religionen festgelegt wurden. – Jeder Zwang im Namen der Liebe ist verwerflich. Diesen Zwängen werden sich islamische Frauen nicht mehr lange beugen. Ich sehe eine Entwicklung wie im früheren Christentum. Die Frauen werden aufstehen und den Glauben von innen her aufweichen.

Ein Thema, das von uns noch tabuisiert wird, ist Sexualität im Alter. Alten Menschen wird in der Gesellschaft sozusagen das Recht auf Sexualität genommen. Es wird interessanterweise auch von den Medien beinahe zur Gänze negiert. Dabei sind aktive Alte, die auch ihre Sexualität leben, richtige Vorbilder. So möchte ich alt werden. Aktiv, voller Elan und Optimismus.

Dieses Thema totzuschweigen ist ein Relikt aus der Vergangenheit. Sobald Frauen in den Wechsel kamen, wurden sie von der Gesellschaft zu asexuellen Wesen abgestempelt. Ihnen wurde fortan jedes Recht auf Sexualität abgesprochen. Eine Frau, die nach dem Wechsel Sex hatte, war verrucht. Männer wiederum galten als draufgängerisch und „ewig jung". Allerdings wurde auch ihnen ab einem bestimmten Alter das Anrecht auf gelebte Sexualität abgesprochen.

Auch hier würde ich mir, wie vorhin in unserem Gespräch über Homosexualität, mehr Großzügigkeit von Seiten der Gesellschaft wünschen. Grenzt nicht aus, lebt anerkennend und in Freiheit. Jeder soll so leben, wie es ihn am glücklichsten macht. Denkt an die positiven Schwingungen, die sich durch glückliche Menschen verbreiten. – Die Menschen werden in naher Zukunft häufig mehr als hundert Jahre alt werden und im Alter noch immer sehr aktiv sein. Selbstverständlich werden sie auch ihre Sexualität wesentlich aktiver leben als heute, und das wird eurer Gesellschaft gut tun.

Raphael, gibt es aus deiner Sicht „richtig gelebte Sexualität"? – Oder soll es jeder machen, wie, wann, wo und wie oft auch immer er es braucht?

Sexualität soll nicht zerstört, sondern gebändigt werden. Bändigen heißt aber nicht unterdrücken. Wenn du dir deiner Triebe bewusst wirst, wirst du der Herr im Hause sein. Deine Leidenschaften werden fortan deine Sklaven sein. Wenn Sex nur ein unbewusster, mechanischer, niederer Trieb ist, ist es verkehrt. Nicht der Sex ist verkehrt, sondern das Mechanische am Sex ist es. Lebe deine Sexualität bewusst und mit Intelligenz, dann ist es richtig.

6. Das Glück und Unglück

Beim Thema Glück und Unglück setzt der Aberglauben wohl am leichtesten an. Wer hat nicht schon ein Cent-Stück auf der Straße gefunden und beim Aufheben der Münze an sein damit gewonnenes Glück gedacht, das anschließend mit dem Fund schmunzelnd in die Tasche gesteckt wurde. Oder, alle finden den Schornsteinfeger sympathisch, der des Weges kommt, den man freundlichst anlächelt, um anschließend eventuell nach einem Knopf fassend den nächsten Briefkasten zu suchen, damit das Glücksspiel auch wirklich aufgeht, und ähnliche Spielereien. Umgekehrt funktioniert es natürlich auch. Geh nicht unter einer Leiter durch. Beachte schon gar nicht eine schwarze Katze, die von links kommt. – Es könnte dir Unglück bringen!

Eines sei vorweg verraten. Auch spirituell begabte Menschen wie Rosalinde Haller sind nicht vor etwaigem Unglück gefeit. Auch ihr begegnen Menschen, die sie zum Beispiel nachhaltig beschäftigen und auch nicht immer zum Guten. Teils ist es als spezielles Programm für medial begabte Menschen zu sehen, um zum Beispiel einen umfassenderen Prozess der Reife zu durchlaufen. – Das heißt, Glück und Unglück wird für jeden annähernd zu gleichen Teilen verteilt und es wird sich ungefähr die Waage halten, wer wie viel von dem einen oder dem anderen abbekommt.

Ein Teil der kommenden Sitzung wird der Ergründung von „Glück und Unglück“ dienen. Wir werden von Raphael von Singen erfahren, wie wir am besten mit den negativen Ausschlägen in unserem Leben umzugehen haben. Wie wir eine Phase des Unglücks brechen können, um wieder Glück in unser Leben einkehren zu lassen. – Und ob zum Beispiel hinter erlebtem Unglück auch ein Sinn stecken kann.

*

Raphael, das Glück ist ein Vogerl..., wie es so schön heißt, umgekehrt kommt uns das Unglück vor wie ein paar Schuhe aus Blei, die wir manchmal angezogen bekommen und die uns Tage, Wochen und sogar Monate „hinunterziehen". Das habe ich ja auch schon am eigenen Leib erfahren müssen. – Wer auch nicht? Kann das der Sinn des Lebens sein? Steckt nicht im Lachen und im Frohmut die Energie, die uns im Leben weiterbringt und die uns das Leben so richtig lebenswert erscheinen lässt?

Rosalinde, man muss es ganz nüchtern sehen, um es zu verstehen. Natürlich hätte gerne jeder Mensch immer nur Glück. Natürlich kann man auf Pechsträhnen und auf Unglück verzichten. Es gibt Menschen, die zeit ihres Lebens beinahe nur Glück hatten. Es sind aber oft sehr oberflächliche Personen geworden. Weißt du, man kommt persönlich nicht weiter, wenn man immer nur Glück hat, es ist das wie ein persönlicher Stillstand. – Entwicklung hat es meist nur gegeben, wenn es einem schlecht ging. Dann denkt man wesentlich intensiver, analytischer darüber nach, was denn plötzlich los ist und wie man da wieder rauskommt. – Wieso soll man denn über sich nachdenken, wenn es einem gut geht? Wenn es einem gut geht, lebt man zwar gut, aber man steht still, denn man verweigert sich dem Zukunftsgedanken, es soll ja so bleiben, wie es ist. Die wenigsten Menschen verstehen es, sich in solch einem Zustand weiterzuentwickeln. Wenn es einem gut geht, wird man bequem und man sieht sich nicht aufgefordert aktiv zu sein.

Es bedarf unbequemer Zeiten, um persönlich weiterzukommen?

Denke doch selbst nach. Die wahren Fortschritte in deinem Leben entwickeln sich aus Ereignissen, die unangenehm sind oder die vielleicht sogar weh tun. So entstehen aus dem Unglück wieder Glück und Bewegung und bringen dich in den Dimensionen wieder ein Stück weiter. Vielleicht dauert es ein bisschen, bis du den Blick gehoben hast und wieder geradeaus gehen kannst. – Aber wichtig ist, dass du ganz stark daran glaubst, dass das, was jetzt passiert, einen Grund, einen Sinn hat und dir weiterhilft.

Denn, so sei dir gesagt, AUS DEN GRÖSSTEN FEHLERN LERNT MAN AM MEISTEN! Es klingt vielleicht auf den ersten Blick erschreckend, aber aus Unglück entsteht Produktivität, die dich weiterbringt. – Und wie lange du im Unglück verharrst, das obliegt dir selbst. Du kannst dich darin wälzen und jedem erzählen, wie entsetzlich schlecht es dir ergeht. Du kannst dich aber auch auf dein Inneres konzentrieren und mit all deiner Stärke, die du vielleicht von neuem entdecken musst, mit dieser Stärke kannst du jedes Unglück verkürzen. Blicke geradeaus und gehe auf dein von dir verinnerlichtes Ziel los, werde produktiv!

„Ach, ich habe ja immer nur Pech!“ Den Satz haben wir doch von Menschen in unserer Umgebung immer wieder gehört. Raphael, gibt es Menschen, die so ein schlechtes, sagen wir mal „Karma“ haben, dass sie immer nur Unglück erleben? Wie oft höre ich das in meinen Beratungen. Der erfolgreichste Manager kommt zu mir und glaubt, er sei unentwegt vom Pech verfolgt, und kann mir das in kleinen Dingen auch beweisen. – Dabei geht es ihm im Vergleich zu vielen anderen Menschen hervorragend und es fehlt ihm in Wahrheit an nichts.

Wenn man die Wahrheit des SEINS erkennt und positiv gestimmt ist, kann jeder der absolute Beherrscher seines eigenen Lebens sein. Denn jeder von uns hat die Macht der Gedanken. Mit deinen eigenen Gedanken kannst du nachweislich positive Kurven innerhalb deines Schicksals gehen. DU LEBST, WIE DU DENKST. Himmel und Hölle erschaffst du dir mit deinen eigenen Gedanken.

Deinem Manager geht es zwar objektiv gut, aber er glaubt ganz fest daran, dass er vom Unglück verfolgt ist. Er glaubt so sehr daran, dass es sich in Teilen zu erfüllen scheint. Würde er sein Denken umkehren, wäre sein Leben aus seiner Sicht vermutlich sehr plötzlich ein erfülltes und positives. Das ihn seiner Meinung nach permanent verfolgende Unglück wäre auf einmal wie weggeblasen. Lernt zu sehen, was ihr habt, und spezialisiert euch nicht darauf, was ihr nicht habt.

Das heißt weg vom pessimistischen Denken!

So sehe ich es. Vielleicht hast du es schon beobachtet. Optimisten unter uns lächeln nicht nur öfter, es geht ihnen auch wesentlich besser, denn sie haben die Wahrheit des SEINS erkannt. Optimist zu sein bedeutet kräftig zu sein. Versuche es und verbanne schlechte Gedanken aus deinem Inneren, denke in guten Ansätzen. Du wirst merken, wie wohl du dich fühlst, auf wie viel Gegenliebe du plötzlich stößt und um wie viel lebenswerter dein Leben wird. – Versuche es zum Beispiel an deinen Pflanzen. Sieh sie an und sende ihnen positive und liebevolle Gedanken. Streichle sie mit deinen Blicken. Du wirst verwundert sein, was du von ihnen zurückbekommst. Die Energie, die du ihnen schickst, wird verdoppelt und verdreifacht und kommt wieder zu dir zurück und stärkt dich.

Ich muss also nicht warten, bis eine Pechsträhne vorbei ist, ich kann ihr Ende beschleunigen, indem ich sozusagen positive Gedankenarbeit leiste?

Glück kannst du produzieren. Du musst dich nur darauf konzentrieren, was du erreichen willst, um auf diese Art in kleinen Schritten den schlechten Sequenzen deines Lebens zu entkommen. Die Macht liegt in dir selbst. Du musst nur daran glauben. Stelle es dir so vor, du hast in deinem Inneren ein Kraftwerk. Es wird ausschließlich mit positiver Energie betrieben, um wiederum positive Energie zu erzeugen. Wenn du Positives tust, denkst und sprichst, wird Positives zurückkommen und es wird das Kraftwerk in dir zur Höchstform treiben. Und plötzlich wirst du merken, wie einfach es ist, gut zu leben. Es wohnt dir eine Stärke inne, die befreiend wirkt und unabhängig macht.

Und wenn es dir gelingt, dieses innere Kraftwerk der positiven Energie in Betrieb zu halten, dann kann dich kein Unglück der Welt mehr brechen, denn deine glücklichen Gedanken ziehen Glück an. Keine Pechsträhne kann unendlich dauern, du musst nur vielleicht etwas Geduld haben. – Das Glück steht auf deiner Seite, du musst es nur entfachen.

Bei Glück denkt jeder automatisch auch an „Glück im Spiel". Raphael, ich werde beinahe täglich in meinen Beratungen gefragt, ob ich nicht dem Glück ein bisschen nachhelfen könnte. Werde nach den „richtigen" Lottozahlen gefragt, nach dem besten Tag für das Casino und vieles mehr.

Wenn es einem bestimmt ist, einen Gewinn zu erhalten, wird er auch kommen. – Du musst den Gewinn aber auch ermöglichen. Das heißt, wenn du nie spielst, kannst du auch nicht gewinnen. Und wenn es nicht vorgesehen ist, kannst du mit hohen Einsätzen spielen und du wirst nur verlieren. Wenn es dir bestimmt ist, reicht ein Euro als Einsatz für ein Los und du wirst hoch gewinnen.
Erzwungenes Glücksspiel hat noch nie jemanden reich gemacht. Wenn es sein soll, dass du gewinnst, dann wird deine innere Stimme es dir mitteilen. Aber Vorsicht! – Unterscheide zwischen Selbstsuggestion und der tatsächlichen inneren Stimme. Nicht alles, was du hörst, ist auch wahr. Das Wunschdenken ist in diesem Fall trügerisch. Dies gilt in diesem Bereich auch für das Pendeln.
Wenn sich ein spirituell Begabter in die Tiefen der Voraussagen dieser Art begibt, wird er über kurz oder lang seine magischen Kräfte verlieren. Es ist nicht vorgesehen, weltlichen Hokuspokus damit zu veranstalten. Spiritualität ist nicht dazu geeignet, um Zirkus-Veranstaltungen dieser Art zu bestreiten. Spirituelle Kräfte sollen ausschließlich dazu dienen, Hilfe Suchenden einen möglichen Weg aufzuzeigen. Diese Kräfte sind dazu da, um anderen Menschen behilflich zu sein, damit diese ein zufriedenes und erfülltes Hier erleben und sich mit deiner Hilfe weiterentwickeln können. Du bist der Brückenschlag zwischen der spirituellen Welt und den Menschen, die unseren Rat und unsere Hilfe benötigen. Es ist dir zwar erlaubt, gelegentlich etwas zu demonstrativen Zwecken zu veranstalten, damit die Menschen wieder lernen daran zu glauben, aber übertreibe damit nicht.

Na ja, ich wollte dazu deine Meinung hören. Aber ich gebe schon zu, dass ich sie wusste und sie sich mit meinen Erfahrungen und mit meinem Wissen deckt. – Ich persönlich sage natürlich niemandem die Lotto-Zahlen. Ich sage höchstens jemandem seine persönlichen Glückszahlen, mit denen er sich wohl fühlt. Und wenn er die dann setzen will, kann er das tun. Aber ich persönlich lehne es ab, Lotto-Zahlen zu nennen. Weil ich von OBEN weiß, man soll es nicht, man darf es nicht tun. Es ist nicht gerade schwarze Magie, aber schon sehr viel graue Magie.

So ist es, Rosalinde. Würdest du jemandem die Lotto-Zahlen nennen und er würde damit gewinnen, dann würde man im Gegenzug dem, der unter regulären Umständen gewonnen hätte, den Gewinn wegnehmen. Das ist eine Form von Diebstahl und natürlich von uns nicht gewünscht. Es würde vermutlich dem Gewinner auch nicht die Entlastung bringen, die man sich von einem Geldregen allgemein erhofft.

Läuft es mit der Börse ebenso?

Mit der Börse ist es etwas anders. Börse ist wie Arbeit. Hier kann man es mit guten Tipps versuchen. Wenn es jemandem nicht bestimmt ist, wird er mit den besten Tipps auch nichts gewinnen, und ihm wird die Spekulation nicht aufgehen. Beratung in Sachen Börse ist in Ordnung, das werten wir nicht als Glücksspiel. Es ist in diesem Metier vom Zeit-Faktor her auch sehr schwierig, Vorhersagen zu treffen, und daher regelt das Schicksal wieder einiges.

„Wo Tauben sind, fliegen Tauben zu!" heißt es ja schließlich auch beim Geld. Steckt da aus deiner Sicht ein erklärbares System dahinter? Sind das ausschließlich wirtschaftliche Mechanismen, die hier wirken, oder gibt es auch einen spirituellen Zugang?

Den spirituellen Zugang gibt es sehr wohl. Die Denkungsweise des Geldes hat sich manifestiert. Dadurch zieht Gleiches Gleiches an. Es ist eine Frage der Anziehung. Wenn es läuft, läuft es weiter, und da müsste viel passieren, dass dieser Fluss unterbrochen wird. Das Prinzip der Vermehrung lässt sich nicht nur auf das Geld, sondern auch auf alle anderen Dinge im Leben anwenden, auf das

Selbstbewusstsein zum Beispiel. Der Grundstock für gute Schwingungen wird gelegt und eine gute Schwingung verbreitet eine starke Energie und Ausstrahlung. Das ist deutlich spürbar. Und wenn Stärke aufgebaut ist, wird dadurch noch mehr Stärke angezogen. Erzähle Gutes, und es wird durch das Weitererzählen vermehrt.
So ist es auch mit dem persönlichen Erfolg. Ist einmal der Grundstock dazu gelegt und gehe ich verantwortungsvoll mit meinem Erfolg um, wird er sich mehren. Wichtig ist die Verantwortung im Umgang mit dem Erfolg. Wichtig ist, dass ich mit meinem Namen und mit der Kraft, die mir durch den Erfolg gegeben wird, Gutes tue und ihn nicht ausschließlich zur egoistischen Selbstinszenierung nütze. Nur wenn ich in der Lage bin, mit meinem Erfolg auch Gutes zu tun, wird er mir dauerhaft erhalten bleiben.

7. Das Geld und Vermögen

Dass Geld nicht glücklich machen soll, ist wohl ein Gerücht von Menschen, die Besagtes im Überfluss genießen und sich damit nur vor eventuellen Neidern schützen wollen. Vielleicht ist es auch eine Aussage, mit der sich Besitzlose etwas Trost verschaffen möchten. Wie auch immer, natürlich ist es angenehm, nicht überlegen zu müssen, ob man sich einen neuen PC leisten kann oder ob es finanziell gesehen überhaupt sinnvoll wäre, den großen und sündhaft teuren Plasma-Fernseher für die Wohnzimmerwand zu erstehen und es nicht besser wäre, sich für ein wesentlich günstigeres Teil zu entscheiden. Und klar ist es komfortabel, für jede Wetter- und Straßenlage das geeignete Auto in der Garage stehen zu haben. – Von mehreren schönen Urlauben im Jahr ganz zu schweigen, die man genießen könnte, wenn der finanzielle Background stimmt.

Im nachfolgenden Kapitel gehen wir mit Raphael von Singen der Frage nach, wie es eigentlich zur großen Geldverteilung kommt. Wieso es Menschen gibt, die im Überfluss leben, und ob es jedem von uns gelingen kann, reich zu werden. Wir fragen nach, ob man mit reiner Gedankenkraft und positiver Energie zu Vermögen kommt oder ob finanzielle Quantensprünge nach oben nur „Glücksfälle" sind, die von uns grundsätzlich nicht beeinflussbar sind. Wir wollen von ihm aber auch wissen, wie wichtig Geld tatsächlich ist und welchen Stellenwert er ihm zugesteht.

*

Guten Abend, Raphael! Gestern machte ich mit meiner Familie einen wunderschönen Ausflug und musste dabei öfter an dich denken. Ich dachte mir, es wäre schön, wenn du auch dabei gewesen wärst. – Übrigens, als ich so an dich dachte, hatte ich eine unglaublich energetische Verbindung zu dir.

Guten Abend! Wir hatten gestern einen sehr starken Kontakt zueinander. Den ganzen Ausflug begleitete ich dich nicht, aber einen guten Teil davon. Es war wirklich wunderschön, ich habe es sehr genossen. – Aber lass uns mit dem heutigen Thema beginnen, stell mir deine erste Frage.

Raphael, dir ging es hier auf Erden ja sehr gut. Du wurdest in ein wohlhabendes Elternhaus geboren und warst nie in der Situation, auf Dinge, die dir wichtig schienen, verzichten zu müssen. Deine Eltern wirtschafteten sehr umsichtig und auch du selbst hast es verstanden den Besitz zu vermehren.

Rosalinde, das Glück zu etwas Vermögen zu kommen war mir in meinem letzten Leben beschieden. Davor hatte ich einige Leben, die von größter Armut und Besitzlosigkeit gekennzeichnet waren. Grundsätzlich ist es so, wie ich es schon einige Male gesagt habe, man muss beide Seiten im Verlaufe seiner Leben kennen lernen. Es gibt nicht nur Sonne, es muss auch Schatten geben und umgekehrt. Und dass Geld allein nicht glücklich macht, ist wohl zu bedenken. Das Vermögen in meinem letzten Leben hier auf Erden ermöglichte mir mich auszuruhen und Energie für die nächsten wichtigen Etappen zu sammeln. Meine Aufgabe war übrigens auch, viel Gutes und Soziales zu vollbringen. Geld ausschließlich für sich zu verwenden wäre ein Rückschritt, dann wäre ich jetzt nicht hier, sondern hätte vermutlich dieses Leben wiederholen müssen, und das mit Sicherheit ohne Vermögen.

Ich sehe ja im Geld durchaus etwas Energetisches. Teilst du mit mir diese Ansicht?

Sicherlich, Rosalinde, das sehe ich wie du! Geld ist Energie, hat Schwingungen, und Energie muss fließen. Lässt du diese Energie nicht fließen, schaffst du einen Stau und der bricht sie, es könnte geschehen, dass du alles wieder verlierst. Du siehst, es ist doch nicht so einfach, wie es scheint, einen gefüllten Geldschrank zu besitzen. – Denn viele sitzen auf ihrem Geld und ängstigen sich, davon etwas zu verlieren oder nicht ausschließlich für sich nützen zu können. Ein verheerender Ansatz. So schafft man kein bleibendes Vermögen. So wird man nach und nach alles wieder verlieren. – Und wenn es nur der Umstand ist, dass sie es horten und bis zu ihrem Tod nicht für sich verwenden, es wird nutzlos sein, als wäre es nie da gewesen.

Geld fließen zu lassen heißt, es für sich zu verbrauchen, also in Form von Konsum auszugeben oder zu spenden? Was verstehst du konkret darunter?

Auch in Form von Konsum! Geld kann man ruhig auch für sich ausgeben. Es ist kein Fehler, sich schöne Dinge zu kaufen. Ausgaben halten die Wirtschaft in Schwung, eine starke Wirtschaft hält Arbeitsplätze und durch Arbeitsplätze kommen wiederum viele Menschen zu einem Verdienst. Geldspenden sind heikel, besser wäre Hilfe zur Selbsthilfe. Das Schaffen von Investitionsgütern oder dergleichen. Wenn man Geld spendet und damit ausschließlich Lebensmittel besorgt werden, dann löst das nur in primitivsten Ansätzen das Problem. Wichtig wären, wie gesagt, Investitionsgüter, die allmählich eine Selbstständigkeit und Unabhängigkeit ermöglichen. Wie ich es schon öfter sagte, man sollte genau wissen, wohin seine Spende fließt und was damit geschieht. Sinnvoll spenden hilft! Arme und hilflose Menschen mit Lebensmitteln zu versorgen ist zu wenig. Das kann nur ein Beginn sein.

Das heißt also, Wohlstand muss nicht unbedingt verderben, wenn ich mit dem Geld zum Wohle anderer „arbeite".

Stimmt, aber wie gesagt, ich denke in diesem Zusammenhang nicht an Spenden im üblichen Sinn. Ich denke an einen Grundbesitzer, zum Beispiel in Lateinamerika, der ein Stück seines Landes an Arme abgibt, damit diese sich dort etwas schaffen können. Das ist unmittelbare Hilfe. Und es gibt auch hier in unserem Land Organisationen, die solcherart direkt am Menschen tätig sind und ihm mit dem Bau von Brunnen, mit dem Anbau von fruchtbarem Land unmittelbar helfen und ein eigenständiges, Gewinn bringendes Leben ermöglichen. Hier werden Selbstständigkeiten aufgebaut und gefördert, die sinnvoll sind. Was nützt es, wenn ich immer nur gebe, aber nicht nach Entwicklung trachte? Dadurch schaffe ich Abhängigkeiten, aber ich verändere mit meinen Spenden nichts. Spenden sollen nicht Abhängigkeiten schaffen, sondern Arbeit und eine Brücke zur Selbstständigkeit darstellen. Du gehst durchaus mit deinen Spenden Verantwortung ein und musst wissen, was damit passiert.

Wir kennen ja verschiedene Formen von Stiftungen. Die eine, die ihr Geld anlegen, um sich und die Familie zu versorgen. Die andere, in der ebenso Geld angelegt wird, die allerdings einem sozialen Zweck gewidmet ist und regelmäßig Geld ausschüttet, um Menschen zu fördern und zu unterstützen. Siehst du einen Unterschied in diesen Beispielen?

Das zweite Beispiel ist mit Sicherheit eine Einrichtung von spirituell sehr weit gediehenen Menschen. Sie haben erkannt, dass es darauf ankommt, mit ihrem Geld Gutes zu tun. – Es soll aber nicht heißen, dass die Stiftung für sich und zur Absicherung der Familie viel weniger bringt. Wenn damit Steuern gespart werden und mit diesem Geld wiederum Gutes getan wird, hat auch diese Form der Anlage seinen Sinn erfüllt. Grundsätzlich zeugt es von großer spiritueller und sozialer Reife, wenn ich in philanthropischen Maßstäben denke und zum Wohle anderer Gelder veranlage. Ich wünschte mir, es würde bereits mehr von diesen Menschen geben. Es würde dem Schicksal der Erde und seinen Menschen positiv dienlich sein. Philanthropen setzen sagenhafte Schwingungen in Gang, es macht mir wahre Freude sie wahrzunehmen.

Umgekehrt gibt es Menschen, die ihre Erträge in Fußballvereinen und monströsen Pferderennbahnen anlegen. Sie lassen ihr Geld also auf diese Art und Weise im Bereich des Sports zirkulieren.

Ich glaube zu wissen, auf wen du anspielst. Wenn man einmal diese finanziellen Dimensionen erreicht hat, hat man auch die Verpflichtung mit seinem Geld Gutes zu tun. Zum Beispiel die Finanzierung eines Projekts zur Förderung von Kindern einkommensschwacher Eltern oder sinnvolle Projekte in Dritte-Welt-Ländern.

Die Finanzierung eines extrem konservativen Lehrstuhles in der katholischen Kirche zähle ich übrigens nicht zu den besonders förderungswürdigen Objekten. Aber wenn es den Betreffenden glücklich macht, ist es auch gut.
Wenn jungen Menschen eine Fußballkarriere in Form eines professionellen Trainings ermöglicht wird, dann handelt es sich durchaus wieder um eine gute Sache. Also der Grad zwischen förderlichen positiven Ansätzen und Projekten, die nicht viel bringen, ist ein geringer. Viele verdienen durch die Zuwendungen des Mäzenatentums ihren Lebensunterhalt. Extreme Geldflüsse für Siege finden wir allerdings übertrieben. Es ist sozusagen eine pure Energieverschwendung. Dasselbe gilt auch für übertrieben hohe Gagen von Schauspielern oder Politikern, die ich aber ohnehin häufig als Schauspieler einstufe.

Es gibt Menschen, die in eine arme Familie geboren wurden und es zeit ihres Lebens nicht schaffen, aus diesem oft negativen Kreislauf herauszufinden. Personen, die mittellos sind, nicht wissen, wie sie die nächsten fälligen Rechnungen zahlen sollen, das Geld sogar vom Essen absparen, die müde und ausgepowert sind.
Was kannst du diesen Personen empfehlen? Gäbe es aus spiritueller Sicht Wege, um der Spirale der Armut zu entkommen?

Bis zu einem gewissen Grad gibt es Wege zur „Verbesserung“. Diese Menschen werden, wenn es das Schicksal ist, ihr aktuelles Leben in relativer Armut zu verbringen haben, sie werden also nie zu großem Reichtum kommen. Aber es könnte mit genügend seelisch-geistiger Energie eine Verbesserung zu finden sein, damit sie ein menschenwürdiges Dasein führen können. Diese Chance bekommen übrigens viele. Sie sind aber oft geistig nicht in der Lage, ein entsprechendes Angebot anzunehmen beziehungsweise zu erkennen, wenn es da ist, weil sie nicht über ihre selbst angenommene innere Grenze hinausgehen.
Wenige haben aus einem Vorleben heraus absolut keine Chance auf Verbesserung ihres Lebensstandards. Sie müssen dieses kärgliche

Leben bei vollem Bewusstsein durchschreiten und werden erst im nächsten Leben auf eine bessere Ebene gelangen können.

Wie kann man solchen Menschen empfehlen, überhaupt zu Kräften zu kommen? Wenn man, wie es vermutlich viele tun werden, 14 Stunden und noch länger schwer arbeitet, um seinen Unterhalt zu verdienen, dann fällt es einem vermutlich sehr schwer, noch an das Gute auf der Welt zu glauben oder sinnvolle spirituelle Arbeit zu leisten, um sich weiterzubringen.

In der westlichen Welt sehen wir wenige, die, wenn sie arbeiten wollen, in einer kargen Situation zu leben haben. Auch wenn es vielleicht einfache Arbeiten sind, hier ist das wirtschaftliche Gefüge noch immer so gestärkt, dass es aus Arbeitsmangel kaum mehr bittere Armut geben muss. Allerdings werdet ihr in den nächsten Jahren extrem in eurem Lebensstandard zurückfallen. Es wird wieder Arme geben. Schuld daran ist eine Zentralisierung mit viel Lüge und der Versuch der Zerstörung des Mittelstandes. Es wird versucht, die Macht oben zu konzentrieren. Der Staat wird, in Manier von bereits zerfallenen Großreichen, Geld von seinen Bürgern holen wollen. Sie wollen den gläsernen Menschen unter Totalkontrolle. Wir lehnen das vollkommen ab und ihr werdet aufstehen und euch wehren. Dies ist dann das letzte Aufflackern der alten Energie. Ein Umdenken wird beginnen und eine Verbesserung wird einsetzen.

In wesentlich ärmeren Ländern sind die Menschen, die in Armut leben, derzeit auch chancenlos. Selbst wenn sie arbeiten wollen, haben sie oft keine Möglichkeit, zu Arbeit zu kommen. Das ist wie ein kollektives Unterbewusstsein, das existiert, und dadurch ist es beinahe unmöglich, aus dieser Spirale auszubrechen. Nur wenige schaffen es. Diese sind mental stark und haben es geschafft, sich dem sie beherrschenden Unterbewusstsein erfolgreich zu entziehen.

Und der Zustand in diesen Ländern bleibt so? Siehst du keine fortschreitende, globale wirtschaftliche Entwicklung?

Die Erde ist nun mal nach wie vor ein niederer Planet, auf welchem noch vieles nicht in Ordnung ist, wo ihr aber geistig bereits

sehr viel angenommen habt. Daher kommt es auch zu den großen wirtschaftlichen Unterschieden zwischen den einzelnen Ländern. Es gibt Erdteile, die sich rascher wirtschaftlich und spirituell positionieren konnten. Es ist eine Entwicklung, die sehr rasch fortschreitet, wenn sie erst einmal begonnen hat.
Glücklicherweise sehen wir aber, dass ihr von Jahr zu Jahr stärker werdet und dass die Chancen auf Verbesserung in den ärmlichen Ländern wesentlich steigen. Es ist ein Umdenken bereits eingeleitet und die Frequenz auf Erden ist dabei sich zu verändern. Ganz alleine schafft ihr es allerdings nicht. Es wird eine Lichtfrequenz von OBEN kommen, durch welche sich der geistige Zugang ändern wird. Es wird viele Menschen, die heute an der Macht sind, dann nicht mehr geben. Eine langsame spirituelle Revolution zur Reife findet statt, die bisherigen Machtzentren auf Erden werden genauer betrachtet werden und viele werden sich mit dem jetzigen Unfug vor ihren Völkern nicht mehr halten können. Ihr Tun wird vom Volk kritisch hinterfragt werden.
Und noch einmal: In der ganzen Welt müsste niemand hungern. Es wird in Zukunft zu einer Umverteilung kommen. Die reichen Staaten dieser Welt werden etwas abgeben müssen, andere werden ebenbürtig werden. So wird nach und nach ein wirtschaftlicher Ausgleich zwischen den Ländern dieser Erde eingeleitet werden. Ihr werdet reifen und mit mehr Gleichheit glücklicher sein.

Was würdest du jemandem sagen wollen, der sich in einem anstrengenden, fordernden und kargen Leben befindet? – Wäre vielleicht Meditation ein erster Ansatz, um sich etwas herauszuheben?

Meditation in der Natur ist gut. Finde Ruhe und Frieden. Tanze unter dem blauen Himmel. So holst du dir Energie und wirst dir Schwingungen aneignen, die nachhaltig sind und dich in deinem nicht einfachen Leben positiv unterstützen können. Es ist wie eine Kette von guten Dominosteinen, du musst nur den ersten antippen. Die anderen fallen sodann von allein um und bringen dir wertvolle Energie für dein nicht ganz einfaches Leben. Arm zu sein bedeutet nicht ohne Visionen

zu leben. Schaffe dir klare Vorstellungen von deiner Zukunft und du wirst vieles davon erreichen können. Aber vergiss nicht im JETZT zu leben und dafür zu sorgen, dass vieles in der Zukunft so passiert, wie du es dir vorstellst. Visionen allein, ohne entsprechende Aktivitäten, werden im Sand verlaufen und nicht aufgehen.
Mit der Meditation und mit den Visionen schaffst du es, dich aus den Nebeln des Alltags zu heben, um klarer nach vorn zu sehen.

Und würdest du diesen Menschen das Glücksspiel als Problemlösung empfehlen? Manches Mal scheint es ja so, als würde das Schicksal doch noch gerecht sein und der Geldsegen den richtigen treffen.

Glückspiel im kleinen Rahmen kann sich lohnen. Denn wem das Glück bestimmt ist, der wird auch gewinnen. Dazu sind aber keine großen Summen nötig, und wenn nicht gespielt wird, kann natürlich auch nicht gewonnen werden, selbst wenn es einem beschieden wäre. Wenn ich nicht die Hand ausstrecke, wird das Glück nicht auf ihr landen können.

Könnte man in diesem Fall im Glücksspiel ein wenig nachhelfen, indem zum Beispiel doch öfter gespielt wird?

Nein, zwanghaftes Spielen ist ein absoluter Fehler. Du wirst verlieren und nie gewinnen. Gewinnen wird nur der, dem es von OBEN bestimmt ist. Lass es laufen, spiele geringe Summen, spiele im Kleinen. Im Glücksspiel soll nicht das Letzte riskiert werden, es soll gerade so viel sein, dass ich es nicht spüre. Und wenn jemand eines Gewinnes bedarf und es ihm beschieden ist, dann wird er ihn auch erhalten.

Würdest Du es gut finden, spirituelles Potenzial in Lotto-Zahlen für besonders Arme zu investieren, damit sie auf diese Art und Weise zu etwas Vermögen gelangen?

Nein, das ist, wie ich schon oft gesagt habe, absolut unzulässig. Du nimmst mit diesem Engagement und mit eventuellen Gewinnen den rechtmäßigen Gewinnern ihr Geld ab. Das ist nicht rechtens. Gewinne müssen von allein passieren. Du darfst selbst bei notleidenden Menschen nicht nachhelfen. Wenn es ihnen beschieden ist zu Geld zu kommen, wird es auch passieren. Wenn es ihnen nicht beschieden ist und sie gewinnen trotzdem, wird das Glück von nur kurzer Dauer sein. Denn das Universum bestimmt deine Glücks-Chance und nicht ein Medium. Es funktioniert nicht.

Raphael, ich habe manchmal den Eindruck, dass der größte Gauner am besten wirtschaftet und dass man nicht zart besaitet sein darf, um finanziellen Erfolg zu haben. Ist das nicht etwas ungerecht den Menschen gegenüber, die es nicht verstehen, in den Grauzonen der Machbarkeiten zu wirtschaften, sich dem auch bewusst aus moralischen Gründen verweigern, die zum Beispiel oft schon unter größten Belastungen regelmäßig ihre Steuern an das Finanzamt abführen?

Durch gewöhnliche Arbeit wird man auf dieser Erde nur mehr selten zu Reichtum kommen. Ein gutes Erbe, ein hohes politisches Amt, oder wie du es in deiner Frage formulierst, geschicktes Manövrieren in den wirtschaftlichen Graubereichen des gerade noch zulässigen bringt noch große Erträge. Es zählt immer weniger das Prinzip der Leistung. Das ist derart nicht von OBEN gewollt. Diese Entwicklung geschah durch das Anbeten der modernen Götzen Materialismus, Gold und Geld. Dadurch wird den großen Manipulatoren der Wirtschaft Tür und Tor geöffnet und sie bereichern sich oft auf Kosten anderer.

Eine Zentralisierung wird nicht mehr haltbar sein. Das Zeitalter der Zusammenschlüsse ist längst vorbei. Länder, die Eigenständigkeit, Unabhängigkeit und Individualismus bewahren, werden den Zusammenbruch eurer westlichen Wohlstandskultur besser durchstehen. Unsere Faustregel wäre, vom Bürger nicht mehr als zwanzig Prozent Steuern zu fordern. Alles andere fällt bei uns unter Bereicherung, auch wenn es unter dem Deckmantel des Gesetzes geschieht. Staatsmänner, die diese Regel missachten, haben sich einem falschen Programm verschrieben. Es ist ein humaner Weg für alle nötig. Bürger dürfen nicht von der Steuer erdrückt werden. Diese Staatensysteme brechen und zwar bald. Die Mittelschicht bricht durch zu hohe Belastungen und mit ihr der Staat. In zehn Jahren haben diese Staaten mit hohem Druck von unten gegen oben zu rechnen. Wir denken, diese Entwicklung ist kaum mehr aufzuhalten, daher wird der Materialismus brechen. Neue, kostenlose Energien werden aus dem Kosmos kommen. Sie werden in Kristallen gespeichert. Die Zwischenstufe werden Sonnen- und Windenergie sein. Reiche Lobbys werden das Aufkommen dieser Energien zu verhindern versuchen, es wird ihnen allerdings nicht gelingen. Mit den neuen Entwicklungen bricht ein goldenes und friedliches Zeitalter an. Ihr werdet euch zuvor noch gewaltsam von den Vertretern der alten Systeme gelöst haben. Es ist der Beginn eines Erkennens und von hoher Menschlichkeit. Die wirtschaftliche Ethik wird wieder gefragt sein. Es wird wieder zu einer gewissen Chancengleichheit und wirtschaftlichen Anpassung zwischen den Menschen kommen.

Ich denke es mir ab und zu, mit welcher Skrupellosigkeit oft auf dieser Welt Geschäfte gemacht werden. Spontan fällt mir Kinderarbeit ein, erzwungene Prostitution von Kindern und Jugendlichen oder diverse Betrügereien. Wie können solche Menschen Erfolg haben und von dem Geld auch noch gut leben?

Diese Machenschaften gehen bei euch auf Erden bis in höchste Kreise. Es gibt sehr viele abhängige Politiker, die ausschließlich von Geld dirigiert werden, das ihnen nicht zusteht. Die nicht den Interessen des Volkes dienen, sondern ihren eigenen und denjenigen der Wirtschaft. Aber diese Macht wird zerbrechen. Ihre Machenschaften werden nach und nach aufgedeckt und der Ruf nach einem ehrbaren Leben wird lauter werden. Auch in der Politik werden ethische Grundsätze gefragt sein. Die Lüge in diesen Bereichen erreicht in den kommenden Jahren eine Spitze, die allerdings dann bricht.

Und die Menschen, die in unmoralischen Wirtschaftszweigen tätig sind?

Diese Menschen belasten sich für das nächste Leben und können in sehr armen Bereichen eines nächsten Lebens geboren werden, in welchem sie nichts mehr besitzen werden. Im nächsten Leben haben sie somit die Möglichkeit nachzulernen. Wer durch unmoralische Geschäfte und auf dem Rücken anderer zu Erträgen kommt, wird sich seines Geldes nicht erfreuen können. Wer aus eigenen und wirtschaftlichen Interessen anderen schadet, ist auf einer sehr niederen spirituellen Entwicklung und wird sehr bald untergehen. – Als unmoralisch sehen wir viele Politiker, die bereits sehen, dass sie das Volk falsch führen und ihr Geld ins Ausland transferieren, um selbst in Reichtum weiterzuleben, nachdem sie alles verdorben haben. Aber diese Machenschaften haben sehr bald ein Ende.

8. Drogen und Suchtmittel

Manchmal ist der Grad zwischen Drogen und Suchtmitteln ein sehr schmaler und kaum beschreibbarer. Vermutlich würde ein militanter Nichtraucher bereits Nikotin zu den Drogen zählen. Und wenn man das Abhängigkeitsverhalten so mancher Raucher aufmerksam betrachtet, findet man sich nur zu leicht auch darin bestätigt. (Verzeihen Sie bitte, falls Sie rauchen, aber die Autoren sind natürlich Nichtraucher, wie käme es sonst auch zu diesem Text. – Allerdings nicht militante und schon gar nicht ausgrenzende Nichtraucher.)

Verlockungen diverser Abhängigkeiten gibt es viele. – Alkohol, eine von der Gesellschaft respektierte Alltagsdroge. Tabletten, die jedem von uns nur zu leicht zugänglich gemacht und oft gedankenlos verschrieben und ebenso gedankenlos eingenommen werden. Bis hin zu den harten Drogen und deren erbärmlichen Auswirkungen, die man als Stadtmensch beinahe täglich und hautnah in seinem Umfeld erlebt und zu Gesicht bekommt.

Im folgenden Gespräch beschäftigen sich Rosalinde Haller und Raphael von Singen unter anderem mit dem spirituellen Hintergrund von Suchtmitteln und Drogen und hinterfragen die Folgen der Abhängigkeiten abseits des Körpers.

*

Guten Abend, Raphael! Peter und ich sitzen soeben zusammen und trinken ein Glas Wein, plaudern über unsere Projekte, über das Leben, unsere Erlebnisse und vieles mehr.
(Wie typisch für Rosalinde. Sie ist ja überzeugt davon, dass man im Genuss die Seele wohltuend schwingen lassen kann. – Genieße und lebe!)

Guten Abend. In guten Gesprächen verweilen, gutes Essen, guter Wein und Kerzenschein – Herz, was willst du mehr. Rosalinde, du empfiehlst vollkommen richtig in deinen Beratungen den Genuss,

verbunden mit einem Die-Seele-baumeln-Lassen. Und in einem genussvollen Leben muss nicht automatisch ein Leben voller Süchte liegen. Man muss auch ohne schlechtes Gewissen in der Lage sein zu genießen und auf solche Weise genossen ist es gesund für Körper und Seele.
Es gibt Menschen, die der Meinung sind, nur mit Suchtmitteln richtig entspannen zu können. Dazu zähle ich durchaus auch den Alkohol. Aber das sind Menschen, die bereits krank sind. Gelegentlich ein Glas Wein zu trinken, dagegen ist nichts zu sagen. Eine Gefahr sehe ich im Trost- oder Entspannungstrinken, aber gelegentlich ein paar Gläser in Gesellschaft genossen machen kaum süchtig.

Ab wann beginnt bei dir das Suchtverhalten zum Alkohol? Gehst du hier mit den Medizinern gleich, die meinen, wenn man es so richtig braucht, dann ist man abhängig?

Das sehe ich auch so. Sobald man Alkohol braucht, ist man davon abhängig. Wenn kein Tag vergeht, ohne dass Alkohol getrunken wird, ist es bereits bedenklich, im wahrsten Sinne des Wortes. Es sollte überdacht werden. Diese Menschen sollten ihre Entspannung und Ruhe in der Meditation oder im Gespräch mit Freunden, mit der Familie finden. Nicht beim täglichen Glas Alkohol. Damit machen sie nicht nur sich selbst unglücklich, sondern auch die Menschen, von denen sie umgeben sind. Gerade Angehörige leiden oft enorm, sie sind in ihrem Verhalten co-abhängig und sollten sich dem entziehen.

Manche Religionen, wie zum Beispiel auch der Buddhismus, lehnen Alkohol überhaupt ab. Sie meinen, der Geist, die Seele wird benebelt, und das sollte nicht passieren.

Das Verbot resultiert aus der Suchtgefahr. Aber wenn man bedenkt, wie viele Menschen in den Ländern des Buddhismus Opium rauchen, so ist es vermutlich eine große kulturelle Streitfrage, was den Geist weniger nachhaltig beeinflusst. Wir sind der Ansicht, dass

alles in geringen Maßen Genossene in Ordnung ist. Übermaß ist generell in jeder Hinsicht abzulehnen.
Übermaß, egal wovon, hat noch nie jemandem gut getan.

Naturvölker bedienen sich auch heute noch der Drogen, um sich leichter in Trance-Zustände versetzen zu können. Auch Schamanen werden oft mit Drogen in Zusammenhang gebracht.

Es sind natürliche Drogen, keine chemischen, denn die chemischen Drogen sind verwerflich. Gerade bei den chemischen Drogen sind die Langzeitwirkungen zu wenig erforscht. Konsumenten, die sie missbraucht haben, werden sich noch wundern, was auf sie zukommt. Sie werden es hundertfach bedauern, synthetische Drogen zu sich genommen zu haben. Jeder exzessive Missbrauch wird sich fürchterlich rächen.
Wenn Schamanen Drogen zur Bewusstseinsveränderung verwenden, tun sie dies gemäßigt und gezielt. Schamanen verwenden die natürlichen Drogen zu Zwecken der geistigen Meditation und um die Götter zu rufen. Wobei vor langer Zeit eine Betäubung der Sinne nicht notwendig war, weil die Menschen den Kontakt auch so herzustellen vermochten. Das war mit Sicherheit der bessere Weg. Aber in Zeiten, in denen alles perfekter und rascher zu geschehen hat, stiegen sie auf diverse Hilfsmittel um. – Rosalinde, du verwendest ja bei deinen Sitzungen auch keinerlei Drogen und wie du mir erzählt hast, genießt du spätabends, bei Freunden gelegentlich ein Glas Sekt, weil du dann noch viel besser siehst und es dich völlig entspannt.

Das bekannte Orakel von Delphi funktionierte ja auch auf Grund von „Drogen", indem es Dämpfe aus einer Erdspalte einatmete.

Es waren etwas betäubende Dämpfe. Ein Hilfsmittel, weil sich das Orakel nur mehr auf diesem Weg den Zugang zum göttlichen Gedankengang und zur göttlichen Sprache erschließen konnte. Allerdings, richtig ist, wenn man es schafft, die göttliche Stimme von höheren Wesen im direkten Zugang zu erhalten, ganz ohne Be-

täubungsmittel. Es ist nicht gewollt, dass ein Seher zu Schaden kommt. Natürlich war das Einatmen der Dämpfe nicht gesund.
Wir sagen, es ist nicht nötig, sich zu betäuben. Es ist wieder erlernbar, auch ohne diese Mittel den Zugang des Lichts zu finden. Wenn es dir gelingt, deinen Lebensfluss oder deine Hektik und Ungeduld etwas zurückzunehmen, wenn es dir gelingt, dich mit dem Kosmos zu verlinken, dann bist du dem Sehen sehr nahe.

Kommen wir nochmals zum Alkohol. Wenn man etwas mehr getrunken hat, träumt man nichts und schläft meist traumlos und sehr tief. Die Nacht vergeht wie im Flug und wenn man am nächsten Tag aufwacht, ist es weniger ein gewohntes Aufwachen als vielmehr ein Aufwachen wie aus einer tiefen Betäubung. – Ist man betrunken dem Tod im Schlaf näher als sonst?

Nein, man ist dem Tod nicht näher. Manches aus dem Unterbewusstein ist durch den Alkohol ausgeschaltet. Dadurch werdet ihr keine richtigen und keine positiven Träume haben, weil ihr das Erwachen auf der anderen Seite durch den Alkohol vermeidet. Ihr könnt im Traum nicht erwachen, weil ihr betäubt seid. Das Traumbewusstsein ist durch den Alkohol blockiert. Eine durch Alkohol beeinflusste Seele ist ungefähr genauso negativ beeinflusst wie ein durch Alkohol beeinflusster Mensch. Sie wird orientierungslos und faul sein. Es ist also kein Wunder, wenn du am nächsten Morgen aufwachst und glaubst, du warst wie tot. Deine Seele wurde in ihren Ausflügen gehemmt und hat vermutlich die ganze Nacht geruht, gefangen in deinem Körper. Es ist auch kein Zufall, dass nach übermäßigem Alkoholgenuss dein körperliches Innenleben eine Zeit benötigt, um wieder so richtig in Schwung zu kommen. Du erschaffst im Traum deine weitere Erd-Entwicklung und befindest dich in ihm in der vierten Dimension. Behalte und lebe deine Träume und blockiere sie nicht durch übermäßigen Alkohol.
Normalerweise gewinnst du durch eine gute Nacht eine Menge an Energie. In den eben beschriebenen Nächten wird dir erbarmungslos noch der letzte Rest an Energie genommen. Dadurch, dass Kör-

per und Seele so sehr betäubt wurden, fehlt das positive Nachterlebnis, aus welchem der energetische Nachschub für den kommenden Tag resultiert. Ein Grund mehr, warum du dich nach solchen Nächten so kaputt fühlst.

Absinth war ja bereits zu deinen Zeiten ein sehr populäres Getränk. Heute scheint es innerhalb der Disco- und Partyjugend Ecstasy abzulösen. Absinth ist ja auch wesentlich billiger und vor allem offiziell an der Bar zu bestellen. Ein kurzes Statement dazu? Sollen wir zusehen, wie sich die Jugendlichen die Ohren abschneiden, so wie anno dazumal van Gogh in seinem berühmten und oft zitierten Absinth-Rausch?

Van Gogh war ein guter Künstler. Durch seine geistige Eingebung war er ein starker Grenzgänger zwischen herüben und drüben. Bei ihm war das Suchtverhalten natürlich genauso verwerflich wie bei jedem anderen auch.
(Raphael von Singen amüsiert sich hörbar über seine Ausführungen. Er scheint van Gogh gut zu kennen, will aber trotz Nachfrage nicht näher darauf eingehen.)
Viele Künstler sind übrigens Grenzgänger. Das wird auch akzeptiert. Aber ein Suchtverhalten wird nicht besser, auch wenn es sich um einen talentierten Künstler handelt.
Alles die Sinne Betäubende ist grundsätzlich abzulehnen. Der Genuss in geringen Mengen ist gestattet, sei es um in eine gute Schwingung zu kommen, sei es zum Malen, sei es zum Meditieren. Aber höchstens so wie es früher die Naturvölker taten oder es zum Teil noch immer tun. Es liegt jedoch für viele Menschen eine gewisse Gefahr darin, wir würden es im Allgemeinen nicht empfehlen, weil viele geistig schwach sind und aus dem bisschen eine Sucht entsteht, die unkontrollierbar wird und viel zu zerstören droht. Denke nur an die Auswüchse, die passierten, als die Indianer von den Weißen mit Alkohol betäubt wurden.
Wenn ihr das richtige Denken habt, ist es nicht notwendig, euch zu betäuben!

Wie kommentierst du Nikotin?

Nikotin ist eine weit unterschätzte Sucht, die natürlich den Körper auch sehr schädigt. Ich wundere mich, dass Raucher im Allgemeinen überhaupt nicht mit Konsequenzen rechnen. Wenn jemand täglich Alkohol zu sich nimmt und dabei ein Suchtverhalten zeigt, fällt es auf. Raucher hingegen, die dasselbe tun, werden toleriert. Rauchen schädigt eindeutig, es ist wie wenn du mit kleinen, äußerst feinen Nadeln in Permanenz auf deinen Körper einstechen würdest. Du spürst es nicht, aber es schadet deiner allgemeinen Lebenskraft.
Wobei das Rauchen ein Laster ist, das ihr seit Jahrhunderten oder seit Jahrtausenden toleriert. Ein Verbot ist nicht richtig. Für uns beginnt ein klares Rauchverbot, wenn ihr kleine Kinder in Rauchschwaden leben lässt und Nichtraucher mit eurem Rauch behelligt und schädigt.
Wenn du gegenüber deinem Körper achtsam lebst, rauchst du lieber nicht.

Wie siehst du die Entwicklung in den USA, wo Raucher aus den Restaurants, Bars etc. gedrängt werden?

Diese Entwicklung ist als absolut übertrieben zu betrachten, denn man sollte die Willensfreiheit der Menschen beachten. Menschen, die absolut rauchfrei leben wollen, sollen verrauchte Lokale meiden. Für diese sollten rauchfreie Lokale zur Verfügung stehen. Es ist allerdings als Auswuchs zu betrachten, wenn man Raucher von allen öffentlichen Plätzen sperren möchte. So eine Sache muss sich durch Rücksichtnahme von allein regeln. Durch Verbote hat sich in diesen Belangen noch nie etwas gebessert. Im Gegenteil, es wurde dadurch für die Jugend wesentlich interessanter. Denke nur an die Auswüchse während des Alkoholverbotes in Amerika. Ich sehe die Europäer in ihren Entscheidungsfindungen diesbezüglich wesentlich fortschrittlicher als die Amerikaner.

Also ist es wie eine Art moderne Prohibition!

In der Tat, und sie wird sich wieder verlieren. So wie sie sich damals auch verloren hat. Ähnlich wie damals eine Scheinwirtschaft entstand, wird das Problem von den Rauchern heute gelöst. Raucher in den Untergrund zu drängen bringt niemandem etwas. Davon abgesehen ist es eine halbherzige Entscheidung, solange es noch immer Länder auf dieser Erde gibt, die staatliche Beteiligungen und Monopole auf die Tabakindustrie halten. Das heißt, die Erträge aus Verkauf und Steuern sind durchaus erwünscht, aber die Raucher nicht. – Das kann so nicht ernst gemeint sein, eine Gier nach Geld, auf Kosten der Gesundheit der Bürger.

Tabletten, Schmerzmittel, Psychopharmaka?

Tabletten in geringem Maß zur Schmerzbekämpfung sind als Heilmittel für die Menschen wichtig und richtig, zum Beispiel auch Morphium für schwer kranke und leidende Menschen. Es ist nicht gewollt, dass Menschen so extrem leiden. Dafür wurde die Medizin mit entsprechenden Fortschritten ausgestattet, um diese Leiden zu dämpfen.

Psychopharmaka sind eine sehr differenziert zu sehende Angelegenheit. In äußerst seltenen Fällen sind sie aber hilfreich. So zum Beispiel bei schwerer Schizophrenie oder Ähnlichem. Wenn Psychopharmaka allerdings übertrieben genommen oder gegeben werden, dann ist es so, dass der Geist verfälscht und daran gehindert wird, neue Erkenntnisse zu gewinnen. Diesen Menschen wird eine Chance genommen, die sie sonst vielleicht hätten. Hier sehe ich in der heutigen Zeit große Übertreibungen, die von uns nicht als sinnvoll eingestuft werden. Der Mensch hat nicht das Recht, den anderen über ungerechte Zeiten zu betäuben. Damit lädt er Schuld auf sich, die er später nicht wird erklären können.

Hütet euch vor den Auswüchsen des Tablettenmissbrauchs! Ihr verliert den Zugang zu eurer Seele. Denn eine gewisse Form von Schmerz ist Erkenntnis und auch eine gewisse Form von Verrücktheit in der Psyche, also ein Weggerücktsein von der Norm eines allgemeinen Durchschnittsmenschen, wäre als normal zu betrachten. Nicht jeder Mensch, der von dieser Norm abweicht, muss mit Medikamenten behandelt werden. Es ist darauf zu achten, dass er sich selbst und andere nicht verletzt. Wenn er harmlos verrückt ist, dann soll er so leben, wie es ihm gegeben wurde. Es steht niemandem zu, ihn zwangsweise mit Psychopharmaka zu manipulieren oder zu regulieren.

Immer mehr junge Menschen rauchen „Gras“, also Marihuana, und sind felsenfest davon überzeugt, dass es harmlos ist. Siehst du das auch so oder hast du dazu eine andere, eine kritischere Meinung? Mir erscheint es so, als ob es keine eindeutige, felsenfeste und geradlinige wissenschaftliche Erklärung zu diesem Thema gäbe.

In sehr geringen Dosen ist Marihuana sehr harmlos. Das ist richtig. Wer es nicht verträgt, weil sich bei ihm Türen öffnen, die er nie hätte geöffnet haben wollen, der wird sowieso ganz allein von dieser Sache lassen.

Aber wie bei allem besteht die Gefahr, Erlebtes ausbauen zu wollen. Auf der Woge der Ruhe und des Wohlbefindens dauerhaft schweben zu wollen, vielleicht täglich und in weiterer Folge vielleicht mehrmals täglich. Und dann erfolgen eventuell die Versuche, dies mit härteren Drogen zu erreichen. Ich sehe die Gefahr, dass einer vom Genuss in den höheren Genuss kommen will. Es wird nicht zu Unrecht gelegentlich behauptet, Marihuana wäre eine Einstiegsdroge. Grundsätzlich würde ich dies verneinen, aber wenn es um besonders labile Menschen geht, trifft es zu. Sie übersehen die negativen Herausforderungen, welche auf sie zukommen, und ehe sie sich versehen, sind sie inmitten einer ausgewachsenen Drogensucht. Hütet euch also lieber vor „harmlosen“ Einstiegen.

Der Alkoholkranke begann auch bei gelegentlichen Achteln und stürzte dann, unbemerkt von ihm und seiner Umwelt, in seine Krankheit ab. Ähnliches Gefahrenpozential sehe ich bei Marihuana auch. Das Verlangen nach immer wiederkehrender geistiger Weite durch exzessiven Genuss von Marihuana kann durchaus zu unkontrollierter Sucht führen.

Wenn ich mir so manchen Drogenabhängigen auf der Straße ansehe, frage ich mich oft, wie konnte es überhaupt so weit mit diesem

Menschen kommen. Wie kann man so etwas seinem Körper und seiner Seele antun? Und vor allem: Wie wenige kommen aus diesem Kreislauf auf Dauer wieder heraus? Ihr ganzes Leben dreht sich Tag für Tag nur mehr um die Drogen und die Beschaffung derselben. – Vom finanziellen Problem ganz abgesehen, das mit der Drogensucht verbunden ist. Wie analysierst du diese schwere Sucht?

Wie jede andere schwere Sucht auch, durch welche der Verstand ausgeschaltet wird. Das einzige Denken ist wie ein Kanal nur noch auf ein Thema geschaltet, nämlich auf diese Droge und auf deren Beschaffung. Diese Menschen können nicht mehr normal denken, sie leben wie in einem Sog. Es ist, als ob man ihnen wichtigste Teile des Gehirns einfach weggenommen hätte.

An und für sich sind das Seelen, die jede Freude verloren haben. Versucht diese Menschen von ihrer Sucht zu befreien. Reicht ihnen die Hand und helft ihnen. – Manchmal wird es gelingen. – Sehr oft aber auch nicht. Sie sind fern jeder Vernunft, und daher ist es nicht einfach, einen „Gesprächskanal" zu ihnen zu schaffen. Es können kleine Fenster der Vernunft sein, die es gelegentlich gibt und durch die man zu ihnen durchdringen kann. – Jeder, der schon einmal mit schwer Drogenkranken zu tun hatte, wird wissen, was ich damit meine.

Ich sehe das Bild vom verlorenen Schaf, das zur Herde zurückgebracht wird. Man muss sich über jede einzelne Seele freuen, die man zu retten vermag. Es ist leider ein Zeichen eurer Zeit, dass viele seelisch nicht mehr mit dem Leben und dem Materialismus fertig werden. Sie suchen ihr Heil in den verschiedensten Süchten und Drogen, stürzen bei anfänglich kleinen Fluchtversuchen bitter ab und kommen nicht mehr hoch in ein geregeltes Leben.

Was kannst du Angehörigen von schwer Drogenabhängigen im spirituellen Sinn raten?

Weltlich gesehen kann ich ihnen nur dringend raten, Selbsthilfegruppen für Angehörige aufzusuchen. Gespräche mit Menschen, die die Problematik verstehen, helfen oft mehr als alle anderen gut ge-

meinten Stützen. Kein Angehöriger eines Drogenabhängigen kann und soll allein damit fertig werden. Dazu ist diese Angelegenheit zu kompakt und mit viel zu vielen Problemen verbunden. Verständnis in der Gruppe kann Kraft geben.
Aus spiritueller Sicht ist zu sagen, dass die Angehörigen von Drogenabhängigen von drüben Unterstützung bekommen, dass sie sich keiner Schuld bewusst sein sollen. Sondern ihren kranken Angehörigen Hilfestellung bieten, soweit es möglich ist. Angehörige von Drogenabhängigen sind bis zu einem gewissen Grad geistig co-abhängig, durch die außerordentliche Belastung sind sie große Energieschlucker und bedürfen daher der Hilfe, auch im energetischen Sinn, um alles zu schaffen. Auch für sie ist es eine Prüfung und man sollte diesen Menschen unbedingt beistehen. Notfalls dürfen sich diese Angehörigen zurückziehen, um vom Süchtigen nicht „benutzt“ zu werden.

Raphael, was meinst du denn konkret mit „Sie sind große Energieschlucker“?

Ganz einfach, Rosalinde. Wenn du große Probleme hast und ihrer nicht Herr wirst, dann kostet es dich eine Unmenge an Energie. Daher spreche ich in diesem Zusammenhang gerne von Energieschluckern. Diese Menschen benötigen mehr Energie, als ihnen in der Regel zugeführt wird. Darum ist der Beistand von außen auch so wichtig. Wenn du jemanden kennst, der ein großes Problem hat und dadurch sehr viel Energie verliert, dem kannst du durch spirituellen Beistand Energie schicken und es wird ihm sehr bald wesentlich besser gehen. Er wird durch seine höheren Energiereserven seine Sichtweise auf das Problem verändern können. Ein Mehr an Energie wird ihm helfen, besser mit dem Problem umzugehen, um es einer Lösung zuzuführen. Wenn jemand aber zu viel Energie von dir zieht, wirst du leer. Mach denjenigen daher darauf aufmerksam, dass er sich auch aus dem Kosmos, von der Sonne, der Erde, den Bäumen Energie holen könne und nicht nur von Menschen, die ihn umgeben. Diese werden sich ab einem bestimmten Zeitpunkt zu-

rückziehen, weil sie es nicht mehr ertragen, und der Energieschlucker weiß nicht, warum er plötzlich allein ist.
Davon abgesehen, wenn du permanent ohne Energie bist, weil sie dir von einem riesigen Problem abgezogen wird, läufst du Gefahr deine natürliche Schutzhülle zu verlieren. Nicht umsonst werden Menschen, die über längere Zeit großen Problemen ausgesetzt sind, krank und wundern sich in Unkenntnis der Dinge auch noch über den Ursprung ihrer Krankheit.
Daher ist wichtig: Wenn du ein Problem hast, das dich viel Kraft und Energie kostet, musst du unbedingt zwischendurch abschalten können. Das Problem eine Zeit lang von dir wegschieben. Auch wenn es dadurch nicht gelöst sein wird, hast du wenigstens zwischendurch eine kurze Verschnaufpause, in der du Energie tankst. Beschäftige dich in dieser Pause mit Dingen, die dich erfüllen, die dir Kraft geben. Mach einen Spaziergang in der Natur, gönne dir ein gutes Essen, lebe einfach! Reichere dich mit positiven Schwingungen an! Es wird nicht einfach sein, von einem markanten Problem Abstand zu nehmen, aber wenn es dir gelingt, wirst du sehen, wie günstig diese Ruhephasen für die Bewältigung deines Problems sind. Betrachte es als kleinen Anlauf, der dich immer wieder ein Stückchen weiterbringt.

Kommen wir noch einmal zurück zu den Drogenabhängigen. Ich nehme ja an, dass nicht nur die Körper dieser Menschen schwer geschädigt werden, sondern auch ihre Seelen? Können sich ehemals schwer Drogenabhängige in ihrem Leben noch mal gut genug regenerieren, sodass sie in brauchbare und vor allem energetische Ebenen gelangen? Ist ihnen nach der Sucht noch ein erfülltes und vor allem zufriedenes und glückliches Leben möglich?

Wenn diese Menschen sich in einer schweren Sucht befinden, sind es nur mehr zwischen fünf und zehn Prozent, die diese wahre Chance auf Regeneration haben. Der Rest wird dem furchtbaren körperlichen Verfall preisgegeben sein und den geschundenen Körper hier zurücklassen. Es ist ein Selbstmord auf Raten. Die Seele

und der Geist wird drüben so weit wie möglich gereinigt, um dann mit einer neuen Chance in einen neuen Körper einzuziehen. Es folgt sozusagen ein Repetieren des Lebens. Der neugeborene ehemalige Drogenkranke muss alles wieder gutmachen, was in seinem letzten Leben daneben gegangen ist. Diese Wiedergeburt ist mit großen Lasten verbunden. Aber sie wird zu meistern sein, dies sei auch Angehörigen zum Trost gesagt.
Den Reinigungsvorgang drüben musst du dir wie einen Entzug auf Erden vorstellen. Es ist nichts anderes. Das heißt also, der Drogenkranke erspart sich seinen schmerzhaften Entzug nie. Entflieht er ihm zu Lebzeiten, wird er ihn zwischen seinen Leben machen müssen.

Wie groß ist die Gefahr, dass diese Seelen im neuen Körper, im neuen Leben noch ein Restsuchtverlangen spüren und rückfällig werden?

Das ist nicht gegeben. Diese Erfahrung wird drüben geläutert und erkannt. Kaum jemand, der eine Sucht hatte, wird im nächsten Leben eine Wiederholung erfahren. Das ist eine schwere seelische Prüfung, die spätestens drüben erkannt wird, und kaum eine Seele wird sich eine Wiederholung wünschen, um nochmals so ein Leben durchmachen zu müssen. Aber nachdem es doch eine Form des Selbstmordes war, gibt es im nächsten Leben die oben beschriebenen Lasten und Prüfungen. Aber es wird, wie gesagt, zu meistern sein. Niemand wird dadurch auf ewig belastet sein.

9. Die Farbenpsychologie

Sie betreten eine Wohnung zum ersten Mal und stehen in einem Vorraum in Zitronengelb. Gehen in die Küche, ein außergewöhnlich roter Raum tut sich auf, das Schlafzimmer ist in einem dunklen Braun, das Wohnzimmer weiß. Vermutlich würde es Ihnen auch so gehen, dass Sie, beeindruckt durch die Farbenvielfalt der Räume ihres Gastgebers, in der eigenen Fantasie schon mal damit beginnen, die Räume ihrer Wohnung in den erdenklichsten Farben auszumalen. In der Regel kann man sich generell bei jeder Farbauswahl auf seine Intuition verlassen und wird die für sich richtigen Farben wählen. – Und sollte man sich doch bei der Auswahl geirrt haben, wird man es ohnehin sehr rasch merken. Mit einer farbigen Wohnung bleibt jedenfalls im wahren Sinne des Wortes nichts mehr beim Alten.

In den Geschichtsbüchern sind Hexen und Zauberer übrigens in Schwarz gekleidet. Wer Rosalinde Haller jemals persönlich erlebt hat, wird in Erinnerung haben, dass sie nicht in Schwarz auftritt, also bereits optisch eine andere Art „Hexe" darstellt. Ihr Kleidungsstil ist nicht das Ergebnis eines „Stylingberaters", sondern vielmehr der, den sie sich im Laufe der Jahre über ihre spirituelle Arbeit angeeignet hat. Ein Einkaufsbummel mit ihr vermittelt einem das Gefühl, als könnte sie mit verbundenen Augen, allein durch die für sie wahrnehmbaren Schwingungen der Farben, zielsicher das Passendste aus den Regalen angeln. – Ihr Büro ist übrigens in Weiß ausgemalt. Reines göttliches Licht sozusagen, mit den Farben Gelb und Blau in der Einrichtung.

Farben schwingen und haben Frequenzen, die einen beeinflussen. Sie kühlen ab, heizen auf, stimulieren, beruhigen und machen einen ausgeglichen. In diesem Kapitel möchten wir der spirituellen Wirkung der Farben auf den Grund gehen.

*

Wunderschönen guten Abend, Raphael! Passend zum Thema, war ich heute ein bisschen einkaufen. Einerseits erfreue ich mich an neuen Dingen, andererseits finde ich es allerdings auch wahnsinnig anstrengend. Ich fand einen wunderschönen Kerzenständer und ein extrem schönes Seidentuch.

Klingt gut, Rosalinde. – Auch dir einen wunderschönen guten Abend! Ich konnte es nie sonderlich ausstehen, geplant einkaufen zu gehen. In Spontankäufen war ich wesentlich besser. Ich freue mich, dass du schöne Dinge gefunden hast. Du schwingst auch außerordentlich zufrieden. Bist du bereit? Dann beginn ruhig mit der ersten Frage, ich glaube, heute wird es wieder sehr interessant.

Raphael, wie eingangs von Peter beschrieben, wirken Farben unmittelbar auf uns. Was kannst du uns darüber Näheres sagen?

Sie wirken sehr unmittelbar auf jeden von uns, Rosalinde. Du siehst übrigens heute bezaubernd aus. Deine kräftigen und leuchtenden Farben wirken, als hättest du dich heute extra für dieses Kapitel vorbereitet, ich vergaß es vorhin zu erwähnen.

Charmeur! Es freut mich immer wieder, auch von dir Komplimente zu bekommen. Wie freundlich von dir. Aber es ist ein Zufall oder vielleicht auch wieder nicht, dass ich mich für dieses Outfit heute entschieden habe. Ich habe heute Morgen nicht darüber nachgedacht. Mein Ankleiden funktionierte sehr automatisch. – Aber kehren wir doch wieder zu unserem Thema zurück.

Du hast Recht, wir haben heute noch viel vor uns. Beginnen wir also von vorn. Das Sonnenlicht besteht, wie du weißt, aus sieben Hauptspektralfarben. Diese Farben wirken unbewusst auf den Körper, den Geist und die Seele. Jede Form von Leben hängt mit diesem Licht und den Farben zusammen. Übrigens ist auch jeder Mensch von einer farbigen Aura-Hülle umgeben, die aus drei Farben besteht. Man kann diese Hülle durch die so genannte Kirlianfotografie sichtbar machen.

Lass dir nun die Farben im Detail erläutern. – Du wirst sehen, es wird sehr interessant werden. – Stelle dich auf einen kleinen Vortrag von mir ein.

Rot

Merke, die Farbe Rot ist dem Chakra 1, dem Geschlechts-Chakra zugeordnet. Rot steht auch für den Planeten Mars. Es ist dem Kriegsgott, dem Feuer, dem cholerischen Temperament und dem Sternzeichen Widder zugeordnet.

Diese Farbe steht auch für Lebenskraft und Liebe – denke an die roten Rosen. Rot steht ferner für Leistungsfähigkeit, Mut und Entschlossenheit, Emotion, Selbstbewusstsein – rote Fingernägel signalisieren zum Beispiel eine starke und selbstbewusste Frau, und Rot ist sehr appetitanregend.

Vorsicht bei zu viel Rot und bei zu großen Flächen, die rot sind. Es kommt zu einer Überreizung. Durch zu viel Rot können Aggression entstehen, Wut, Eifersucht oder Hass. Rot stärkt aber auch die Atmung, den Stoffwechsel und regt den Kreislauf an. Du siehst, man kann mit Rot einiges anstellen, im Positiven wie auch im Negativen.

*

Eine wunderbare und kraftvolle Farbe. Sie pulsiert und lebt!

Nicht umsonst fallen rot gekleidete Frauen sofort auf. Sie vibrieren nahezu bei jedem Schritt, den sie tun. Sie müssen nur auf einen gebührenden Ausgleich achten, sonst kommt ihnen die oben angesprochene Flut an Aggression und Eifersucht entgegen. – Ein andersfarbiges Seidentuch zum Beispiel wäre empfehlenswert.

Rosa

Spirituell gesehen ist Rosa die sanfte Seite von Rot. Rosa ist die Herzfarbe und sie sorgt für eine harmonische Grundstimmung. Rosa steht für sanfte Lebensfreude, idealistische Liebe, Zärtlichkeit und Hingabebereitschaft, es ist eine weibliche Farbe.

Rosa ist eine ausgezeichnete Farbe gegen Depressionen. Als Raumfarbe gut geeignet. Vorsicht, Rosa macht Appetit auf Süßes, es ist nicht umsonst eine Konditorfarbe.

*

Wieso wird diese Farbe bei uns als eher aufdringlich empfunden, obwohl sie doch eine sehr zärtliche Farbe ist und wirklich keinerlei Aggressionen auszustrahlen vermag?

Weißt du, Rosalinde, die Farbe wird ja nur von Männern als aufdringlich empfunden. Sie ist eine sehr weibliche Farbe, und damit können Männer eben nicht immer umgehen, das ist zu viel Weiblichkeit auf einmal. Wenn die Kleidung sportlich ist, können die Männer mit Rosa wesentlich besser umgehen, als wenn es sich um ein rosa Kostüm handelt, welches die weibliche Note unterstreicht. In Amerika kommt Rosa zum Beispiel auch wesentlich besser an als in Europa.

Orange

Orange entspricht dem Milz-Chakra. Die Farbe steht für Energie, Lebendigkeit, Lebensfreude, Heiterkeit, Selbstsicherheit, für kreativen Ausdruck und Leistungsfähigkeit. Menschen, die in Orange gekleidet sind, haben den Hang, in kürzester Zeit viel schaffen zu müssen. Sie leiden unter Rastlosigkeit, sind aber ausgesprochen gesellig. – Orange bringt Wärme für das Auge und belebt Körper und Geist.

Übrigens sah ich erst heute auf der Straße einen jungen Mann mit einer orangefarbenen Hose. Er sah übrigens sehr gut aus. Eine tolle Farbe an einem sexy Mann. Kann man also sagen, dass Orange eine belebende und gute Farbe ist, vielleicht sogar ähnlich dem Rot?

Das kann man so nicht pauschalieren, Rosalinde. Viele Menschen vertragen Orange als Anblick nur begrenzt. Wenn man im Moment einen niederen Energiespiegel hat, wird Orange als zu aggressiv oder

schrill empfunden. Das heißt, du wirst angefeindet werden. Menschen, die in Orange gekleidet sind, wirken dominant, stolz und etwas unbeherrscht. Andererseits, und das klingt beinahe wie ein Widerspruch, ist Orange aber auch die Farbe der Hilfsbereitschaft. Buddhistische Mönche sind in Orange gekleidet, viele Hilfsorganisationen haben orange Elemente in ihren Logos.
Um noch einmal auf den jungen Mann zurückzukommen: Er hätte vermutlich auch eine grüne Hose anhaben können und wäre dir aufgefallen.

Aber geh, ich, Rosalinde Haller, die Lusthexe auf der Jagd nach Männern? Dass ich nicht lache.
(Rosalinde lacht tatsächlich schallend. – Und Raphael mit ihr. Es scheint eine heitere Sitzung zu werden.)

Aber nein, so meinte ich das doch nicht, Rosalinde. – Gut aussehende Menschen können beinahe alles tragen und sie werden auffallen. – Es hängt aber nicht ausschließlich mit ihrem guten Aussehen zusammen, sondern sogar hauptsächlich mit den positiven Schwingungen, die sie vor sich hertragen. Dass gut aussehende Menschen leichter durchs Leben flattern, kommt daher, weil sie aus Sympathie von ihrer Umwelt mit positiver Energie angestrahlt werden. Diese Energie wird von ihnen angenommen und lässt sie wesentlich problemloser durch das Leben kommen als andere.

Und die Neider?

Die kosten wesentlich weniger Energie, als die „Anhimmler" bringen. In der Regel sind die positiven Kontakte in der Überzahl, und das zählt. – So ist es schließlich auch bei bekannten und berühmten Menschen. Auch sie sind oft von Neidern umgeben, aber diese können nicht aufsaugen, was Anhänger an Energie abladen. In diesem Fall wiegt die positive Energie schwerer als die negative aus eventuellen Anfeindungen. Übrigens gilt in Europa Neid als die höchste Form von Anerkennung. Aber bleiben wir beim Thema unserer Sitzung und kommen wir zur nächsten Farbe!

Gelb

Gelb ist das Chakra 3 und spricht das Sonnengeflecht an. Gelb steht natürlich für die Sonne und wird dem Merkur und dem Sternzeichen Zwilling zugeordnet. Gelb steht für Intellekt, Bewegung, Reisen und Ungebundenheit. Gelb ist auch die Farbe der Journalisten, gelb lässt die Kommunikation fließen. Diese Farbe fördert das logische Denken, die Spontaneität und eine gewisse Gewandtheit. Schulräume müsste man zum Beispiel teilweise gelb ausmalen, es würde die Lernfähigkeit um ein Vielfaches heben. Die Schule würde den Schülern somit auch wesentlich mehr Spaß machen als bisher.

*

Raphael, kann man davon ausgehen, dass die Farben generell auf jeden Menschen gleich wirken? Ich kenne Menschen, die mögen bestimmte Farben sehr, und andere mögen diese Farben überhaupt nicht. Außerdem wären wir doch alle in den gleichen Farben gekleidet, wenn der Geschmack absolut ident und auch das Farbempfinden gleich wäre.

Natürlich haben Farben bestimmte Schwingungen. Bei den Menschen verhält es sich genauso. Jeder Mensch schwingt anders. Kommen zwei gleich schwingende Menschen zusammen, werden sie eine Grundvertrautheit verspüren und irgendwie eins werden.

Es wird dir sicherlich auch schon passiert sein. Du triffst einen Menschen zum ersten Mal und findest ihn von Anbeginn an äußerst sympathisch. Es ist so, als würdest du ihn schon Jahre kennen, als hättest du ihm bereits all deine intimsten Geheimnisse anvertraut. Dieser Mensch ist dir in den Schwingungen sehr ähnlich bis ident. Du kannst dir das wie mit Kettengliedern vorstellen, die genau ineinander passen. – Als wären sie füreinander gemacht worden.

Genauso ist es mit den Farben. Jeder von uns hat seine Grundfarben, mit denen er sich am wohlsten fühlt und von denen man in der eigenen Garderobe wohl auch am meisten finden wird. Diese Farben haben die Schwingung des jeweiligen Menschen, der sie trägt.

Daher fühlt er sich zu diesen Farben hingezogen und wird sie liebend gerne tragen.

Bleiben die Schwingungen der Menschen immer gleich oder verändern sie sich von Zeit zu Zeit?

Die Schwingungen bleiben keinesfalls immer gleich. Sie können sich tatsächlich durch unterschiedliche Stimmungen verändern. Genauso kann sich mit den veränderten Schwingungen das Farbempfinden ändern. Meist verstärkt man mit der gewählten Farbe jeweils die augenblickliche Grundstimmung, also die Hauptschwingung. Das heißt auch, wenn du dir einen Menschen ansiehst und seine Farben analysierst, dann wirst du wissen, was du in ihm heute zu erwarten hast.

Kehren wir nochmals zu Gelb zurück. Hat Gelb ausschließlich positive Seiten oder kannst du uns auch über negative berichten?

Natürlich hat die Farbe Gelb auch ihre negativen Seiten. Sie steht für Unruhe, ist belehrend, kritisch und manchmal nervig. – Darum sollte man ja auch nur Teile in Schulklassen mit der Farbe Gelb ausmalen. Sonst könnte man vor lauter Unruhe die Schüler nicht mehr bändigen.

Gelbe Rosen geschenkt zu bekommen bedeutet Eifersucht und Neid. – Trotzdem ist Gelb die leuchtendste Farbe und eine Farbe zum Glücklichsein. Sie motiviert das Nervensystem, versorgt Muskeln mit Energie, nicht umsonst gibt es das gelbe Trikot bei den Profi-Radfahrern. Gelb hat auch eine Filterwirkung auf das Blut und regt Galle, Leber und Verdauung an. – Du siehst, es überwiegen bei weitem die positiven Eigenschaften.

Grün

Raphael, kommen wir zur Farbe der Natur, zu Grün. In einer großen Stadt hat man ja nicht so viel davon. Auf dem Land ist man mit Grün verwöhnt, so sehr, dass die Farbe eigentlich aus dem eigenen Wahrnehmungsbereich verschwindet. Letztendlich holt man sich überall auf der Welt mit Pflanzen sehr viel von dieser Farbe in seinen Wohnbereich. Ich bin schon neugierig, was du uns über Grün sagen kannst.

Grün gehört zum Herzchakra 4 und zum Planeten Venus, vor allem ein helles Grün. Es gehört auch zum Element Wasser. Grün ist die Farbe des phlegmatischen Temperaments. Grün ist dem Sternzeichen Stier zugeordnet.

Grün steht für Liebe, Sympathie und ergibt mit Rosa einen guten Mix. Grün ist die Farbe des Vertrauens, der Ausgewogenheit und des Wachstums. Harmonie, Anpassungsfähigkeit, Verlässlichkeit und Sympathie strahlt die Farbe Grün ebenso aus.

Bei einer Diät empfiehlt es sich den Tisch in Blau-Grün-Tönen zu decken. Man wird durch diese Farbwahl früher satt. Wähle zum Beispiel ein grünes Tischtuch und blaues Geschirr oder umgekehrt und du wirst merken, dein Sättigungsgefühl ist rascher erreicht und du isst dadurch natürlich wesentlich weniger als üblich.

Grün ist, wie bereits angesprochen, die Farbe der Natur, sie wirkt beruhigend und entspannt das Auge. – Sie lässt innehalten. Grüne Wiesen laden zum Ausruhen, Träumen, Entspannen ein, andererseits aber auch zum Spielen, Herumtollen und Ausgelassensein.

Wie bei den meisten anderen Farben gibt es bei Grün auch unterschiedliche Nuancen. Spielen diese eigentlich eine Rolle oder beeinflusst das die Schwingung der Farbe nicht oder nur unwesentlich? Wird mit der Stärke der Farbe an deren Schwingungsintensität gedreht?

Das ist eine interessante Frage, Rosalinde. Man kann tatsächlich mit der Nuancierung an den Schwingungen drehen und zum Beispiel bei einem Abschwächen der Farbe den Wirkungsgrad etwas zurücknehmen. Das heißt konkret, wenn du Orange etwas weicher machst, werden die negativen Eigenschaften zurückgedrängt. Die positiven Eigenschaften der Farbe bleiben allerdings zur Gänze erhalten. Es ist sozusagen wie ein Negativfilter, nur das Positive bleibt übrig.

Bei Grün haben wir zum Beispiel mit Olivgrün andere Werte. Olivgrün steht für Beharrlichkeit, Zielstrebigkeit, es ist die Farbe des Steinbocks. Es ist die Farbe der Unversöhnlichkeit und steht für einen Mangel an Kompromissbereitschaft. Das Militär hat nicht umsonst meist olivgrüne Uniformen.

Hast du zu Olivgrün auch etwas Positiveres zu berichten?

Aber ja, natürlich! Olivgrün steht auch für Regeneration und ist eine machtvolle Energie. Diese Farbe beruhigt Herz, Nerven, Augen und senkt den Blutdruck, ist heilsam und erfrischend. Entzündungen oder Vergiftungen heilen schneller aus. Olivgrün ist auch für die Bronchien gut, günstig bei Asthma, Husten oder Verbrennungen.

Interessant, wie man mit diversesten Farben die unterschiedlichsten Dinge beeinflussen kann. Das heißt ja auch, dass ich mir täglich überlegen muss, was ich am jeweiligen Tag vorhabe und wem ich begegnen werde. Habe ich zum Beispiel ein wichtiges Gespräch, ein wichtiges Treffen, müsste ich mich demnach „wirkungsvoll" kleiden.

Das stimmt, Rosalinde. Die meisten wählen ihre Kleidung auch ohne einen spirituellen Zugang richtig aus. Sie überlegen am Morgen bewusst, was sie sich zum wichtigen Termin anziehen. Und sie werden intuitiv vielleicht auch zu den richtigen Farben greifen. Aber natürlich ist es leichter, wenn man über die Wirkungsgrade der einzelnen Farben Bescheid weiß und sie gezielt auswählen kann. Grundsätzlich ist es schon so, dass ich meine Persönlichkeit mit Farben forcieren kann und mit entscheide, ob ich auf den ersten Blick ankomme oder nicht. – Aber es geht hier auch nur um den ersten Blick. Später, bei einem näheren Kennenlernen, ist die Person entscheidend, die hinter der Farbe steht. – Aber kommen wir zur nächsten Farbe.

Blau

Blau ist die Farbe des Kehlkopfchakra 5 und wird dem Planeten Jupiter zugeschrieben. Es gehört zu den Elementen Feuer und Wasser und zum Sternzeichen Schütze.

Blau steht für Treue, Frieden und für innere Ruhe. Es ist die Farbe der Sprache und, ähnlich wie Gelb, die Farbe der Kommunikation und Kreativität. Blau steht auch für Wahrheit, gefestigte Gefühle und Glauben. Selbstdarstellung, Charme und Mut wird Blau ebenso zugesprochen. Blau ist ein bisschen Künstlerfarbe, es entzieht einen der Realität und lässt leichter abheben und fantasieren.

Blau steht für Ordnung, Anpassungsfähigkeit, Entspannung und Geduld, für Aufrichtigkeit und Gelassenheit. – Es macht zum Beispiel durchaus Sinn, Tobsüchtige in blauen Räumen unterzubringen. Sie werden sehr rasch geerdet und verlieren ihre Tobsucht, sie werden ruhig und entspannen sich.

Blau steht aber auch für Teilnahmslosigkeit, Aberglauben und Überheblichkeit.

Düsteres Blau steht für konservatives Denken und für gewaltsame Anpassung. Nicht umsonst sind Matrosenanzüge oder auch Schuluniformen in dieser Farbe gehalten. Schulkinder sollen sich an herrschende Systeme anpassen, und damit wird mit dem dunklen Blau der Schuluniform dezent und vermeintlich unauffällig nachgeholfen. Würden die Uniformen fröhlichere Farben haben, wäre der Druck, der in den Schulen herrscht, etwas zurückgenommen. Man könnte mit Farben wunderbaren Ausgleich schaffen, den Stress reduzieren und das Lernen forcieren.

*

Wenn ich das von dir höre, Raphael, dann wundert es mich umso mehr, dass es noch keiner Schulbehörde aufgefallen ist, dass man mit Farben etwas Positives ausrichten könnte. So gibt es wahre Schulkasernen, mit Einheitsklassenzimmern, in welchen sich Schüler auch noch wohl fühlen sollen.

Du hast natürlich Recht, Rosalinde. Aber mit dem Fortschreiten der Spiritualität wird es auch hier ein breites Umdenken geben.

Zuerst jedoch muss es noch zu einem Generationenwechsel in den Ministerien und Ämtern kommen. Von den jetzt Verantwortlichen wird kein Umschwung zu erwarten sein. Aber ich sehe veränderte Lehrpläne, eine Entrümpelung veralteten Lehrstoffes, eine Befreiung von unnötigem Ballast und vor allem auch lernunterstützende Klassenräume durch Farbe, mehr Licht und vor allem auch durch Pflanzen.

Aber kehren wir zur Farbe Blau zurück. Ich habe dazu noch ein bisschen was zu erzählen!

Blau ist die kühlste aller Farben und sie verströmt angenehme Frische. – Wenn es im Sommer sehr heiß ist, verschaffen dir Blautöne eine angenehme Frische. Diese Farbe steht auch für das Meer, für den Himmel, für die Unendlichkeit. Blau zieht den Blick in die Ferne.

Hat Blau medizinisch gesehen einen sinnvollen Nutzen?

Durchaus! Blau lindert Überreizung, dämmt Nervosität ein und hilft bei Schlafstörungen. Wenn du unter Schlafstörungen leidest, dann kann ein in Blautönen gehaltenes Schlafzimmer wahre Wunder wirken. Und wenn es dir widerstrebt, dein gesamtes Zimmer in Blau auszumalen, dann nützt es auch, wenn du es stattdessen auf blaue Bettwäsche reduzierst oder ein blaues Tuch an die Wand oder Decke hängst. Diese Farbe wirkt auch harmonisierend in den Wechseljahren und lindert unter anderem Entzündungen im Bereich Hals, Nase und Augen.

Bei Blau haben wir ja wieder einige Möglichkeiten der Nuancen!

Stimmt, Rosalinde. Indigoblau ist zum Beispiel einem eigenen Chakra zugeordnet. In diesem Fall ist es eine eigenständige Farbe und keine Nuancierung. Daher habe ich dazu noch einiges zu erzählen.

Indigoblau

Man nennt es auch Königsblau oder Mitternachtsblau. Es gehört dem Chakra 6, dem dritten Auge und dem Kopf an. Indigoblau ist dem Planet Neptun zugeordnet, also dem Meeresgott, dem Wasser und damit dem Sternzeichen Fisch.

Diese Farbe steht für Intuition, sie kräftigt außersinnliche Wahrnehmungen und stärkt den Sinn für Mystik. Indigoblau ist auch deine Farbe, Rosalinde, es ist die Farbe der Hexen. Sie steht für Individualismus, Toleranz, Angstlosigkeit, für eine Ganzheit an Körper, Geist und Seele.

*

Gibt es auch negative Dinge, die dieser Farbe zugeordnet werden müssen?

Die gibt es allerdings. Indigoblau ist auch die Farbe der Depression und der Voreingenommenheit. Wenn du also zu Depressionen neigst, solltest du dich von Indigoblau fern halten. Diese Farbe wird dich nur noch mehr belasten und in ungeahnte Tiefen reißen. Bei Depressionen solltest du dich den Energie bringenden Farben zuwenden, um deine energetischen Schwingungen wieder in Ordnung zu bringen.

Gibt es ansonsten bei Indigoblau einen medizinischen Nutzen?

Indigoblau wirkt harmonisierend, regt die Schilddrüse an und ist gegen Krämpfe, es kühlt und beruhigt Schmerzen. Indigoblau ist gut für die Nerven und die Lymphe.

Raphael, wie verhält es sich denn mit den „Edelfarben" Silber und Gold? Farben, die ja schon auf Grund des Schmucks sehr beliebt sind.

Silber ist eine nützliche Farbe. Ein anpassungsfähiges „quecksilbriges" Temperament kann immer viel erreichen. Silber bekämpft

Müdigkeit und Schlaffheit. Gold schwingt wie Silber und wirkt niemals negativ. Gold öffnet dir vielfach goldene Qualitäten und es sollte in keiner Wohnung ein Tupfer Gold fehlen. Aber du merkst bereits aus meinen kurzen Antworten: Gold und Silber sind niemals negativ, aber auch nicht wichtig. Es gibt wesentlich stärkere Farben, die uns mit ihren Schwingungen mehr berühren als diese beiden.

Violett, die nächste Farbe, wird sehr spannend. Sie ist ja auch eine sehr mystische Farbe, die sehr viel vermag. Ich liebe Violett und habe auch zu Hause einiges in dieser Farbe gehalten.

Stimmt, Violett ist eine extravagante Farbe, mit der man viel bewegen kann, im Positiven wie im Negativen. – Aber beginnen wir von Anfang an.

Violett

Violett steht für das Scheitelchakra 7 und für die Planeten Neptun und Pluto. Es steht zum Neptun wegen seiner Verwandtheit zum Blau. – Daher wird diese Farbe sowohl den Fischen wie auch dem Skorpion zugedacht.

Violett steht für Spiritualität und Weisheit. Es ist die Farbe der Selbstaufopferung, der Nächstenliebe, Buße und Läuterung. Es ist also nicht von ungefähr auch die Fastenfarbe der katholischen Kirche.

Violett fördert Einsicht und die Rückbesinnung auf das Wesentliche. Mit dieser Farbe beeinflusst du deine geistigen Fähigkeiten und du kannst, wenn du gut genug geschult bist, intuitiv viele Probleme klären. Diese Farbe fördert ungemein die Sensibilität, das Hellsehen, Hellhören und unterstützt Meditation und Konzentration.

*

Das klingt bis jetzt alles angenehm positiv. Du hast aber auch negative Auswirkungen angesprochen. Die gibt es offensichtlich?

Rosalinde, es wäre zu schön, wenn wir dieser wunderbaren Farbe ausschließlich Positives zuordnen könnten. Leider ist dem nicht so. Violett kann auch die Betäubung der Sinne fördern sowie Sucht, Kriminalität und Machtmissbrauch. Nicht umsonst bedient sich die Schwarze Magie liebend gern dieser Farbe.
Achte bei Kindern und in ihren Zimmern darauf, dass nicht zu viel Violett dauerhaft in ihrer Nähe ist. Sie bekommen zu starke negative Fantasien, die sich sogar bis zu Angstzuständen entwickeln können.
Generell ist bei größeren violetten Flächen zu einer Aufhellung mit Weiß zu raten. Diese Farbe ist zu stark, als dass man sich ihr den ganzen Tag aussetzen sollte. Ein auf homöopathische Dosen reduziertes Violett ist aber durchaus gut und nützlich.
Leonardo da Vinci meditierte übrigens vor seinen Arbeiten über Violett. Richard Wagner umgab sich beim Komponieren mit dieser Farbe. Beiden war es möglich, sich über einen geübten spirituellen Weg von OBEN wertvolle Informationen zu ihren Arbeiten zu holen. Daher war vor allem bei den Arbeiten von Leonardo da Vinci ein ungeheurer Quantensprung zu bemerken. Ein Sprung, der ohne die Verbindung nach OBEN so stark hätte nie und nimmer ausfallen können. Er wusste sehr genau um die energetischen Flüsse zwischen Erde und Kosmos und machte diese für sich und seine Arbeiten nutzbar. Nur wenigen gelang es auf diese Art und Weise kreativ tätig zu sein, aber diejenigen, die den Zugang schafften, wurden große Meister ihres Faches. – Auch Richard Wagner hätte keine Werke dieser Dimension und Dichte schaffen können, wäre er nicht für seine Arbeiten die meditative Verbindung nach OBEN eingegangen.

Wirklich außerordentlich interessant, sie hatten also Kontakt zur sechsten Dimension.
– Psychologen nützen übrigens Violett auch sehr gerne. Nicht umsonst steht Violett für das Scheitelchakra.

Das stimmt! Das fliederfarbene Violett macht offen für die Probleme anderer und ist ein wirksames Mittel, um in die Tiefen der anderen Seelen einzusteigen. Sigmund Freud zum Beispiel hypnotisierte seine Patienten bei fliederfarbenem Licht. – Violett ist die Farbe der Psychologen.

Raphael, somit sind wir beinahe am Ende unserer kurzen Farbenlehre angelangt. Es gibt nun auch, wie ich sie zu nennen pflege, zwei „Nicht-Farben": Schwarz und Weiß. Diese müssen wir noch besprechen.

Ja, das wird noch ein interessanter Abschluss. Aber lass mich noch sagen, dass ich es für wichtig halte, nicht zu geschult oder kopflastig zum Kleiderschrank zu gehen. Vertraue zu großen Teilen auf deine Intuition, sie soll dir die wichtigste Beraterin bei der Auswahl deiner Farben sein. Die Intuition erfasst ohnehin deinen augenblicklichen Gemütszustand und sucht sich meist passend dazu die richtige Farbe aus.

So funktioniert es bei mir auch. Ich überlege es mir vorher nicht großartig, was ich heute anziehe. Manchmal verläuft es so automatisch, dass ich dann plötzlich vor dem Spiegel stehe und mich wundere, was ich mir ausgesucht habe. – Und ich war bis auf wenige Ausnahmen mit den intuitiven Vorschlägen immer zufrieden.

Kommen wir zu Schwarz!

Schwarz

Schwarz steht in unserer Kultur für Tod und Trauer, für Festlichkeit, Würde und hohes Ansehen. Nicht umsonst trägt der Richter Schwarz, nicht umsonst sind Limousinen in Schwarz gehalten. Schwarz sorgt für Distanz zwischen dem, der es trägt, und seinem Gegenüber. Es sorgt für Distanz, wenn jemand mit einem schwarzen Auto fährt.

Diese Farbe macht undurchschaubar, du zeigst nicht, wer du bist, du verbarrikadierst dich. Schwarz absorbiert alle Farben, es fördert Depression und Neurosen und ist eine Farbe mit einem Hang zur Dramatik. – Viele Künstler bedienen sich dieser Farbe, um sich gebührend zu inszenieren.

Weiß

Weiß ist das pure Licht und die Reflexion aller Farben. Weiß hat die hellste Farbschwingung, kann belebend bis lähmend wirken. Es hängt von deinem augenblicklichen Zustand ab, wie Weiß auf dich wirkt.

Reinweiß wirkt edel, rein und unschuldig, der grobstoffliche Bereich wird durch diese Farbe aufgelöst. Weiß symbolisiert den Zustand vollkommener Erlösung. Nicht umsonst tragen Menschen, die sich nach einer besseren Welt sehnen, nach Erlösung sehnen, liebend gern weiße Kleidung.

Weiß ist auch die Farbe der Kapitulation, denk an die weiße Flagge. Weiß zu wohnen deutet auf Perfektion, auf abstrakte Ideen oder aufgeschlossene Persönlichkeiten hin. Es handelt sich um Personen, die dennoch oft kühl und distanziert sein können. Menschen, die diese Farbe lieben, sind große Planer – auch für eine weite Zukunft. Sie sind große Denker, wahrheitsliebend, aufrichtig, manchmal vielleicht zu sehr auf Perfektion achtend.

Weiß steht auch für einen Überlegenheitsanspruch. Denke an den Arzt, den Gott in Weiß. Durch die reinweiße Kleidung wird der Arzt in den menschlichen Olymp gehoben. Er weiß alles und ist somit unantastbar, er ist dem Patienten mit seinem Wissen und mit seinem Status überlegen.

10. Die Natur und ihre Kraft

Wer ein Wochenende im Grünen verbracht hat, weiß den Titel dieses Kapitels selbst sehr gut zu interpretieren. Eine Wanderung oder auch nur ein Spaziergang inmitten der Natur lädt die menschlichen Batterien auf und gibt der Seele Nahrung. Ein Aufenthalt an einem Wasserfall bleibt auf lange Zeit unvergesslich und selbst ein Waten in einem kleinen Bach scheint über den Spaß hinaus noch wesentlich mehr zu bringen. Wer sich auf einem Berggipfel niedergelassen hat und seinen Blick in die weite Umgebung schweifen ließ, hat mit Sicherheit schon die massive Kraft gespürt, welche in solchen Augenblicken von der Natur auf den eigenen Körper, oft direkt in die Seele, übertragen wird. – Nicht umsonst sind also naturverbundene Menschen und solche, die sich mit ganzer Seele auf die Natur einlassen, in der Regel kraftvolle, gesunde und sehr positiv schwingende Personen.

*

Schönen Nachmittag, Raphael! Anlässlich des Kapitels „Die Natur und ihre Kraft" befinden wir uns heute in Wien auf der Himmelwiese, im so genannten Baumkreis. Ich spüre kaum einen Unterschied zu unseren vorhergehenden Sitzungen. Unsere Verbindung ist auch hier sehr gut. – Wie schätzt du die Situation ein?

Es könnte eventuell etwas anstrengender werden, die Verbindung aufrechtzuerhalten. Aber wir werden es ja sehen.

Vor kurzem saß ich im Wiener Rathauspark an einem der wunderschönen Springbrunnen und beobachtete einen Mann, er war so um die vierzig, wie er zielstrebig auf einen der hundertjährigen Bäume zuging und ihn sehr lange umarmte. – Er wusste offensichtlich um die Energiefelder dieser alten Riesen. Kannst du uns Näheres darüber erzählen? Was würden wir spüren oder was würde passieren, wenn wir plötzlich Bäume umarmten? – Und gibt es dafür besser geeignete Bäume oder sind alle gleich?

Große starke Bäume mit einer großen Krone, gesunde Bäume, mächtige Bäume geben viel Kraft. Denn sie ragen wie Antennen in den Kosmos, zur göttlichen Energie und führen eine große Menge an Energie von oben herab. Diese kannst du in der Nähe dieser Baumriesen nutzvoll in dir aufnehmen.

Ist dazu ein Umarmen des Baumes notwendig, so wie ich es im Park bei diesem Mann beobachtet habe, oder reicht es bereits aus, in der Nähe des Baumes zu sein?

Es reicht bereits ein Anlehnen am Baum. Aber ein Umarmen verstärkt den Energiefluss natürlich um ein Vielfaches. Du verstärkst die Energieaufnahme mit deinen Handflächen, mit der Stirn und deinem dritten Auge, dem Bauch, dem Solarplexus. Berühre mit allem, was dir wichtig erscheint, den Baum und spüre, wie die Energie zu fließen beginnt. Es ist ein wundervolles Gefühl.

Jetzt ist es aber nicht jedermanns Sache, in einem Park zu stehen, um einen Baum zu umarmen. Es kann einem ja durchaus unangenehm sein, dabei beobachtet zu werden. Hast du keine andere Idee, wie die Schüchternen unter uns das lösen könnten?

Ich kann es gut nachvollziehen, dass es nicht jedermanns Sache ist, öffentlich Bäume zu umarmen. – Wenn du das dezenter machen möchtest, ist ein Anlehnen mit dem Rücken oder auch ein Sitzen in unmittelbarer Nähe nützlich. Auch so wirst du genug Kraft vom Baum erhalten.

Wenn du zum Beispiel nur ganz nah sitzt und deine Augen schließt und dich auf den Baum konzentrierst, dann wirst du auch auf diese nach außen hin absolut unauffällige Art seine Energie gut empfangen können. Damit du aber sein Bild nicht verlierst, betrachte ihn anfangs sehr genau, von der Krone bis zu seinem Stamm, und präge dir sein Bild ein.

Sehr gut ist die kosmische Kraft der Bäume auch für Menschen, die leichte Sexualprobleme haben und sich ausgelaugt fühlen. Diesen empfehlen wir, sich auf einen Baumstumpf zu setzen, denn sehr lange strahlt der gefällte Baum noch Energie aus der Wurzel über den Stumpf und die Schnittfläche ab. Er schickt seine restliche Kraft zurück in den Kosmos, die kann der Mensch für sich nützen.

Wie lange ist es sinnvoll, sich im Energiestrom eines Baumes aufzuhalten um zu „tanken"?

Es kommt ganz darauf an, wie leer oder wie voll deine Batterien sind. Wenn du in dich hineinhörst, wirst du es spüren. Es kann sein, dass es anfangs nur kurz ist und du dem Energiekreis des Baumes bald weichen musst. Aber je mehr Harmonie du bekommst, umso stärker kannst du auf einmal tanken. Höre in dich hinein, es kann dir nicht schaden, es kann länger und kürzer sein, du wirst es fühlen. Wenn deine persönlichen Batterien aufgeladen sind, wird dich ohnehin ein Gefühl der Langeweile überkommen und du weißt, dass die Zeit reif ist, sich vom Baum zu verabschieden.

Ein Schaden oder ein energetisches Verbrennen kann nicht passieren? Ich stelle mir in meiner Fantasie gerade vor, wie die Menschen reihenweise umkippen, nur weil sie von den Bäumen überladen werden und diesen Überfluss an Energie so rasch nicht verarbeiten können.

Aber nein, es wird nie ein Schaden passieren. Eine Überladung kann nicht eintreten. Es ist nicht notwendig, diese Sitzungen in Überlänge auszudehnen. Aber, wie ich schon sagte, höre in dich hinein und du wirst spüren, ab wann es genug ist. Dein Körper, dein Geist gibt dir Signale. Auch wenn es nur Ungeduld ist, dann sind deine Batterien voll und du kannst bereits gehen.

Spüren wir eigentlich etwas während dieses Ladevorgangs? Und wie fühlen wir uns, wenn wir dann aufgetankt sind?

Manche spüren Wärme, manche spüren ein wohliges Rieseln, manche spüren wiederum eine große innere Ruhe. Der Ladevorgang wird sich von Mensch zu Mensch unterschiedlich äußern, aber auf jeden Fall sehr wohltuend.

Und wenn deine Energiereserven wieder ausgeglichen sind und du den Baum verlässt, wirst du ganz einfach merken, wie kraftvoll, wie wohl du dich fühlst und wie gut es dir geht. Energetisch aufgeladenen Menschen merkt man allein an ihrem Gang an, wie gut es ihnen geht: kraftvoll und voller Schwung. Beobachte dich einfach. Wie bist du zum Baum gekommen, wie bist du von dort wieder gegangen? Du wirst einen wesentlichen Unterschied registrieren.

Raphael, es gibt auch sehr alte, hohe Bäume, die am Absterben sind. Leiten diese auch noch Energie aus dem Kosmos zur Erde?

So wie ein abgeschnittener Baum über seinen Stumpf noch Energie leitet, gibt es auch bei den absterbenden Bäumen starke Restenergien. Aber besser ist es natürlich, sich einen gesunden Baum zu wählen, denn er wird dir mehr Energie geben können als ein sich zurückziehender Baum, der sozusagen mit diesem Leben abgeschlossen hat.

Spaziergänge und Wanderungen laden uns energetisch wunderbar auf und geben uns viel Kraft. – Ist es nur das beruhigende Grün oder ist es wesentlich mehr?

Geht hinaus aus den von euch errichteten Mauern und ihr werdet die reine Energie des Kosmos spüren. Sobald du im Freien bist, ist jede Schwingung, jede Energie höher. So wie du den Sonnenstrahlen näher bist und die Luft klarer zu spüren ist, genauso bist du uns bezüglich der Schwingung wesentlich näher. Die Aufladung ist stärker, als wenn Mauern zwischen dir und der kosmischen Energie sind.

Gibt es für dich besondere Plätze in der Natur, an denen es, im spirituellen Sinn, mehr zu holen gibt als sonstwo?

Gut zu spüren sind besondere Kraftplätze wie Wasseradern, Wackelsteine (die weiblichen, liegenden Dolmen und die männlichen, stehenden Menhire) und vieles mehr. Rosalinde, lege doch einmal deine Hände auf altes Urgestein und du wirst die Energie spüren, die davon ausgeht. – Bäume, Steine, Bäche, Flüsse, überall

dort fließt Energie, sie wird dich reinigen und in gute Schwingungen versetzen. Du musst sie nur in dich aufnehmen können.
Wenn du loslassen möchtest, ist es gut, an einem Bach zu spazieren, wate im Sommer auch ruhig mal durch. Du wirst sehen, das tut dir ausnehmend gut. In der Stadt hilft dir, mangels Bach, eine Dusche. Auch damit leitest du angespannte Negativenergie ab. Probiere es einfach aus. Wenn du dich abgespannt und negativ geladen fühlst, dann stelle dich einfach für einige Minuten unter die Dusche und lass alles vom belastenden Tag mit dem Wasser abfließen. Schicke bewusst deine Abgespanntheit mit dem Wasser mit. Wasser ist ein traumhafter Energieträger. Es ist dir auch möglich, ein Glas reines Wasser zu besprechen. Quellwasser wäre am besten. Etwaige „Formeln" wären zum Beispiel „Mache mich stark", „Heile meine Blumen" usw. – die geistige Energie wird über das Wasser wirken.
Du wirst dich wundern, wie einfach das funktioniert. Du musst es dir nur bewusst machen. Erst mit dem bewussten Vorgang wirst du dir dieses Wissen zugänglich machen können und wird es dir angenehme Erfüllung bringen.

Kommen wir noch einmal zu den Spaziergängen und Wanderungen. Sie sind ja auch extrem meditative Vorgänge! Findest du nicht?

Das sind sie in der Tat, Rosalinde. Du bist dem Baum, dem Firmament, dem Himmel nahe. Du wirst energetisch geladen, bist in Bewegung und kannst bei frischer Luft gut geistig entspannen. Diese Entspannung ist an sich bereits ein wichtiger meditativer Vorgang und stärkt dich für die kommenden Anforderungen des Alltags.
Es ist ja kein Zufall, dass spirituelle Menschen einen ausgeprägten Hang zur Natur haben. Sei es, dass sie einen Garten bewirtschaften, dass sie sich gerne in der Natur bewegen oder oft auch sehr reduziert direkt in der Natur leben. Im Sommer auf der Alm oder im Blockhaus auf der Heide.

Daher kommt es vermutlich auch, dass man von ausgedehnten Wanderungen oft sehr müde nach Hause kommt, aber sich umso rascher wieder erholt. Man ist in Wirklichkeit angereichert mit positiver Energie, die man sich aus der Natur mitgenommen hat.

Hättest du diese Energiezufuhr nicht, würde es einen ganzen Tag dauern, bis du dich wieder von den Anstrengungen erholt hast. So gleichen die aufgenommene Energie und die positiven Eindrücke der Wanderung die Anstrengungen innerhalb kürzester Zeit aus. – Das ist doch wunderbar!

Weißt du, Raphael, wann immer ich zu einem Wasserfall komme, berührt mich ein starker Fluss an Energie. Allein das Geräusch des fallenden Wassers, die Gischt, die gelegentlich rüberkommt, und diese Kraft, die von den Wassermassen ausgeht. Wirklich beeindruckend! Bin nur ich von Wasserfällen so fasziniert oder spürt das jeder Mensch, der für diese Energieaufnahme empfänglich ist?

Oh, Rosalinde, es geht nicht nur dir so. Wasserfälle sind tatsächlich wunderbare Energieschleudern. Die Energie des Wassers, speziell des Wasserfalles, kann jeder Mensch spüren. Das Spüren beginnt bereits beim Anblick der Wassermassen, die von hoch oben hinunterstürzen. Spirituell wenig Begabte sind über den Wasserfall oft erstmals in der Lage, die Energie des Kosmos bewusst zu spüren. Sie werden die Vorgänge vermutlich nur nicht in dieser Form zuordnen können. Aber sie werden auf jeden Fall die ausströmende Energie gut spüren.

Viele Reisen führen zu den größten Wasserfällen dieser Erde. Das ist kein Zufall. Durch die mechanischen Vorgänge, durch das Getöse werden die Energien sichtbar und dadurch auch ohne großartiges Wissen und ohne Konzentration auf die Natur spürbar. Der Wasserfall könnte sozusagen der Blindenstock zur Spiritualität sein, vorausgesetzt man lässt sich darauf ein. – Wir haben vorhin die Bäume und deren Energiebahnen erwähnt. Beim Wasserfall geschieht dieser Energietransfer wesentlich augenfälliger. Hier muss nicht viel erklärt werden, es passiert genug und wenn man nur im Mindesten achtsam ist, wird man die energetischen Vorgänge verstehen und vor allem zu spüren bekommen.

Wasser und der Wasserfall ist für den Menschen von so großer Anziehung, denn der menschliche Körper besteht doch zu einem großen Anteil aus Wasser. Schon allein dadurch besteht eine Art Seelenverwandtschaft zwischen dem Wasser und dem menschlichen Körper. – Hast du schon einmal darüber nachgedacht, warum der Binnenländer so gern an das Meer fährt? Oder warum Seen und große Flüsse so begehrte Ausflugsziele sind? – In Kanada und den USA besuchen junge Hochzeitspaare sehr gerne die Niagara Fälle. Sie tanken dort Energie!

Siehst du, das habe nicht einmal ich so gesehen, dass es zum Wasser eine Art Seelenverwandtschaft gibt. – Aber es würde die beinahe magische Anziehungskraft großer Gewässer gut erklären.
(Raphael lacht!)

Ich kann mich noch gut an einige meiner Leben erinnern und ich war beinahe in jedem an einem See oder am Meer auf Urlaub. Und dieses Urlaubsverhalten der Menschen hat sich, selbst nach so langer Zeit, bis heute nicht verändert.

Kommen wir noch einmal zum Wasserfall. Ist er der Beginn oder das Ende eines Energieflusses?

Weder noch, es ist kein Anfang und kein Ende. Es ist ein Energiefluss, der plötzlich durch den Wasserfall sehr stark wird und dann, nach dem Fall, wieder abgeschwächt wird. Hier wird nichts begonnen und nichts beendet. Stelle dir einfach einen Energiefluss vor, der von einer Sekunde auf die andere stark energetisch aufgewertet wird, wo sehr starke Energien freigesetzt werden, welche in die unmittelbare Umwelt eingehen, um in weiterer Folge wieder in weit reduzierterem Ausmaß weiterzufließen. – Es fließt und so soll es auch sein. Lerne aus diesem Fließenlassen für dein Leben. Lass auch in deinem Leben alles fließen, und es wird dir gutgehen.
Der Wasserfall ist also so etwas wie ein energetischer Transformator, der nur auf relativ kurze Distanz über Wirkung verfügt. – Schon

kurz nach dem Fall ist der Fluss von seinem Energiehaushalt das, was er vorher war.

Im Einleitungstext schreibt Peter von den Berggipfeln und den starken Energiefeldern, die dort vorherrschen. Mir geht es genauso. Ich könnte Stunden dort oben sitzen und hinunterblicken. Und ich habe das Gefühl, wie eine Batterie in einem Aufladegerät zu sein, um für lange Zeit ordentlich aufgeladen zu werden.

Da trügt euch euer Gefühl nicht. Durch den Berggipfel fühlst du dich dem Kosmos näher. Keine störenden Energien liegen mehr zwischen dir und dem Kosmos. Auf dem Berggipfel bist du uns näher und dadurch bist du in der Lage, dich energetisch aufzuladen. – Zudem gibt der Blick in die Weite, hinunter in das Tal wiederum einen meditativen Ansatz, der die gesamtenergetische Wirkung noch einmal ordentlich verstärkt.
Gönne dir einfach die Zeit und lass dich bewusst nach einem Gipfelaufstieg nieder. Sieh dir jedes Detail der Täler unter dir an. Beobachte die Bergdohlen, wie sie verspielt um den Gipfel kreisen. Genieße die reine Luft und den wunderschönen Himmel, der dir plötzlich so unendlich und ungestört nahe ist. Es sind Momente, die du nicht vergessen wirst. Erinnere dich an deine letzten Ausflüge auf die Berge. Du wirst feststellen, sie sind alle noch abrufbar. Denn solche Momente der größten inneren Ruhe vergisst du nicht.

Und weißt du, Raphael, ich konnte bisher nicht ganz klar sagen, woher die Energie kommt, kommt sie ausschließlich von oben oder auch zum guten Teil direkt vom Berg, also von unten, über den Gipfelscheitel nach oben. Bei größter Konzentration hätte ich es nicht sagen können, von wo ich mehr bekomme.

Deine Überlegungen diesbezüglich sind richtig und dein Gefühl trügt dich nicht. Sehr viel Energie kommt auch von unten und fährt nach oben durch den Gipfel in den Kosmos. Es ist ein beiderseitiger Austausch. Nicht umsonst gibt es ja auch so genannte heilige Ber-

ge. Aber der wesentlich stärkere Energieanteil kommt von oben und fährt über den Bergkamm hinunter in das Tal.
Es gibt übrigens in der Natur auch noch Baum- und Berggeister. Ihr habt sie vergessen und verlernt sie zu sehen. Sie beschützen eure Natur und die Erde, so weit als möglich. Sie sind allerdings gegen große Veränderungen in der Natur machtlos. Ihre Aufgabe ist es, für den ungehinderten Energiefluss in der Natur zu sorgen. Sie sind so etwas wie eine für das Energetische zuständige Putzbrigade. Sie schaffen es, die Energieflüsse halbwegs in Ordnung zu halten, um das spirituelle Gleichgewicht der Natur zu sichern.
Gegen wilde Rodungen, Umweltverschmutzung oder dergleichen sind allerdings auch sie machtlos. Dafür seid ihr selbst verantwortlich. Sie versuchen nur geistig, euch von solchen Vorhaben abzuhalten. – Es gelingt natürlich nicht immer.

Wenn du die heiligen Berge ansprichst, fällt mir automatisch der Himalaya ein. Es passiert dort sehr viel Unglück durch die Extrem-Bergsteigerei. Hat ein Berg wie der Himalaya auch so etwas wie eine Aura? Und inwiefern beeinflussen die zahlreichen Unglücke, Leiden und tödlichen Unfälle, die vielen Toten, die teilweise nicht einmal geborgen werden können, die Aura dieses Berges?

Viele kommen nicht aus spirituellen Gründen zu den heiligen Bergen. Es ist Extremsport und Sensationslust oder Motivation aus einem großen EGO. Natürlich ist die Energie der Toten dort. Aber sie stört nicht. Die Schwingungen der Leiden und Unglücke werden von der Natur absorbiert. Sie bleiben nicht auf Unendlichkeit dort.
Wenn du zum Beispiel die Toten im Straßenverkehr heranziehst, dann ist es dir aus spiritueller Sicht auch nicht unmöglich, weiter auf den Straßen zu fahren. So ähnlich verhält es sich mit den heiligen Bergen. Es wird der Unglücke gedacht, aber sie stehen nicht im Weg.
Ich sehe keine schlechte Energie auf dem Himalaya. Die Bergsteiger wussten um die Gefahr, in die sie sich begaben, und konnten allein mit dieser Einstellung dazu beitragen, den Berg und im Spe-

ziellen die Aura des Berges nicht zu belasten. Auch wenn ihr Tod in gewisser Weise fahrlässig herbeigeführt wurde, so war er ihr Schicksal und sie konnten ihm nicht entgehen.

Kürzlich war ich bei Bekannten eingeladen. Eine alte Villa, 1905 erbaut, eine hundertjährige Linde im parkähnlichen Garten, eine Kraftquelle, wie ich sie selten erlebte. Du konntest förmlich spüren, wie die Natur über die Terrasse in die Wohnbereiche kam und diese energetisch auflud. – Deshalb war zum Beispiel die Terrasse auch ein Platz, auf dem ich mich außerordentlich gerne aufhielt. Ich konnte Stunden dort verbringen, in den Park blicken und die Energie der Linde aufnehmen. Es lag oder stand auch optisch nichts mehr zwischen der Linde und mir. Ihr Energiefluss konnte also ungestört herüberfließen.

Rosalinde, ich sehe dich förmlich auf dieser Terrasse sitzen, im innigen Flirt mit der alten Linde. Zwei Damen im Gespräch, noch dazu mit demselben Namen! Als Kind nannten sie dich doch Linde – oder?
(Raphael amüsiert sich offensichtlich schelmisch!)

Das stimmt tatsächlich! Geflirtet haben wir übrigens nicht, aber wir verstanden uns sehr gut, die Linde und ich. – Der Schelm ist, wie er denkt, lieber Raphael. (Rosalinde lacht über Raphael!) *Also, was weißt du über Energieplätze, wie ich offensichtlich einen davon bei meinen Bekannten erlebte?*

Diese Energieplätze, und die Terrasse bei deinen Bekannten war auch ein solcher, bringen geistigen Neuanfang und manche Erkenntnis, die sonst nicht möglich gewesen wäre. An solchen Plätzen siehst und hörst du neue Dinge. Du öffnest dich und kannst wesentlich leichter Abstand nehmen von alten, vorgefassten Meinungen. Auch Belastungen von vielen Dingen fallen sozusagen wie von alleine ab.
Generell empfehle ich zum Beispiel auch schwierige Themen, mit denen man große Probleme hat, an hochenergetischen Plätzen nochmals zu überdenken. Der Zugang zum Problem wird wesentlich

leichter sein und man wird einfacher in verschiedensten Perspektiven denken können und zu Sinn gebenden Lösungen kommen. Sucht euch einen Platz, der für euch energetisch strahlt. Es wird in der Regel ein Platz sein, der euch magisch anzieht und an dem ihr euch ausgesprochen wohl fühlt. – Das ist euer Energieplatz, der förderlich auf das Denken und förderlich auf künftige Entscheidungen einwirken wird.

Kommen wir nochmals zu dieser wunderbaren Villa zurück. Kann man sagen, dass ein Haus, welches so stark nach außen wirkt und einen energetischen Park hat, der es noch einmal aufwertet, automatisch rundherum positiv schwingt?

Grünanlagen und hohe Bäume sind auf jeden Fall für Häuser, die in der Nähe stehen, ein ausgezeichneter Energiefluss. Es ist aber auch sehr wichtig, dass die Häuser auf guten Erdplätzen gebaut sind. Wenn es unter dem Haus eine unruhige Erdstelle, eine Erdkreuzung gibt, viele Wasserkreuzungen, viele Erdverwerfungen, und damit eine zu starke Energie, dann hat das Haus trotz der wunderbaren Optik Störfelder, auf die bei der Platzierung der Einrichtung unbedingt eingegangen werden muss. Durchaus wichtig ist es, dass das Haus auf die Himmelsrichtungen eingestimmt ist.
Wenn das alles passt, geht die Energie des Gartens bis in das Haus und wertet es energetisch auch von außen zusätzlich auf. Ich empfehle auch unbedingt, sich seine Wohnung, sein Haus von einem Wünschelrutengeher ansehen zu lassen. Ein Optimieren des Wohn- und Schlafplatzes kann ausschließlich Vorteile bringen. Denn wie viele Menschen gibt es, die seit Jahren schlecht schlafen und keine Ahnung davon haben, dass ihr Bett nur ungünstig steht. Mit einer einfachen Ortsveränderung des Bettes könnte für einen gesunden und guten Schlaf gesorgt werden.

Da hatte ich eine Geschäftsfrau bei mir, sie kaufte sich mit ihrem Mann ein Haus. Die beiden hatten allerdings keine Freude mit dem neuen Besitz. Sie schliefen in ihrem Schlafzimmer aus unerklär-

lichen Gründen sehr schlecht. Während des Tages waren sie auf Grund dessen unkonzentriert, ausgelaugt und in schlechter Verfassung. Das zog sich über Monate hin. Als sie zu mir kam, empfahl ich dieser Frau, sich augenblicklich von einem Wünschelrutengeher den Standort des Bettes ansehen zu lassen. – Sie rief mich bereits nach einer Woche wieder an und erzählte mir freudestrahlend, dass sie und ihr Mann jetzt bestens schlafen.
Der Wünschelrutengeher sah das gesamte Schlafzimmer in extremen Störzonen und fand dort für das Bett keinen geeigneten Platz. So schlug er überhaupt vor, das Büro im Haus mit dem Schlafzimmer zu tauschen. Das geschah vorerst auch, nicht ohne misstrauisches Zögern. Nachdem die beiden aber den Erfolg merkten und endlich wieder gut schlafen konnten, war für sie der Tausch mehr als gerechtfertigt.

Siehst du, im Büro schaden diese Linien nicht. Man muss ja den Schreibtisch nicht direkt auf die Kreuzungspunkte stellen. Sie regen zum kreativen Denken an und sind somit förderlich. Und im Schlafzimmer hätten sie den beiden den Schlaf geraubt. Eines Tages wären sie krank geworden. – Solche Linien und Erdverwerfungen hält der robusteste Körper auf Dauer nicht aus. Er wird dort nie einen regenerierenden, gesunden Schlaf finden.

Die Japaner haben offensichtlich die spirituellen Kräfte der Natur sehr früh erkannt. Die japanischen Gärten sind weltbekannt und wahre energetische Kraftwerke mit ihren kleinen Wasserfällen, Bächen und Steinkugeln.

Durch die alte Kultur hatten die Japaner sehr früh einen wichtigen Zugang zu den spirituellen Kräften der Natur und setzten ihr Wissen sehr kunstvoll um. Sie haben begriffen, dass die Natur Freude bringt. Sie haben die Natur künstlerisch verfeinert und somit Schwingungen aufgebaut, die nicht nur unbewusst, sondern auch sehr bewusst mit den Augen aufgenommen werden können. Nicht umsonst ist ein japanischer Garten ein beliebtes Geschenk der japanischen Botschaften an ihre Gastländer.

Die Japaner haben es als einzige in guten Ansätzen geschafft, in die Natur einzugreifen und dabei die Schwingungen der Natur nicht zu zerstören. – Sie haben es sogar geschafft, günstige Strömungen zu verstärken. Denn sehr viele Eingriffe des Menschen in der Natur bringen Energieströme zum Erliegen. Das wirkt sich unmittelbar auf die Umgebung aus. Und nicht zufällig passieren dort auch vermehrt unbezwingbare Naturkatastrophen, über die sich danach zwar jeder verwundert zeigt, aber kaum jemandem würde dazu eine Mittäterschaft einfallen.

Es gibt Personen, die sich sogar in großen Räumen einen japanischen Garten anlegen. Würde das bedeuten, dass in diesen Räumen stärkere Energie fließt?

Das könnte man so sehen. Es wäre eben ein sehr ausgefallener Ansatz für eine Energieaufwertung innerhalb der eigenen vier Wände. Aber energetische Veränderungen könnten auch durch das Pendel oder durch die Wünschelrute gefunden und initiiert werden. Hier bedarf es keines Gartens in Räumen. Grünpflanzen an guten Plätzen genügen. Im Übrigen, Rosalinde, gibt es auch in der westlichen Welt genug Beispiele von energetischen Gärten. Bleiben wir in der wunderschönen Weltstadt Wien! – Du warst mit Sicherheit schon oft im Schlossgarten von Schönbrunn spazieren. Eine harmonische und stimmungsvolle Anordnung der Wege, der Grünflächen und Bauwerke lässt sofort auf ein durchdachtes Werk energetischer Baumeister schließen. Zu Recht auch!

Drei schnurgerade Alleen, die zum Pavillon in der Menagerie führen, sorgen für einen ungebremsten und dynamischen Energiefluss. Um die ungehinderte Zirkulation des Energieflusses zu begünstigen, war es ausnahmsweise klug die Bäume zu beschneiden, obwohl ich meine, es sollte auch ohne einen derartigen Eingriff in die natürliche Struktur der Bäume möglich sein. In diesem Fall verstärkt also die Beschneidung den Fluss der Energie. Herauskommt beinahe so etwas wie eine energetische Autobahn. Eine veränderte Kraftlinie bzw. eine Allee führt direkt auf das Schloss Schönbrunn zu und trifft sich dort im Zentrum des Schlosses bei der großen Galerie.

Hier zu verweilen ist, wie wenn man hunderte Bäume umarmt. Wer hier Energie tanken möchte, benötigt keinen Urlaub, dem ist es innerhalb kürzester Zeit möglich, hoch vitalisiert den Park zu verlassen, um sich noch Tage danach vollständig erholt und kraftvoll zu fühlen. – Versuche es einfach mal! Heute steht dem Volk offen, was früher nur den Adel erbaute. Von Wissenden genützte und optimierte Energie aus der Natur.

Steckt hinter dieser energetischen Autobahn noch ein hintergründiger Zweck? Ist es mehr, als ausschließlich das Schloss und seine Bewohner mit Energie anzureichern?

In erster Linie dient diese Anlage dem Schloss und seinen Bewohnern. In zweiter Linie erfüllte diese Anlage auch einen weltpolitischen Zweck. Diese energetischen Anlagen waren notwendig um den Kaiser aufzuladen, denn nur dann war es ihm möglich, gute Energie an sein Volk abzugeben, um als Kaiser übernatürlich zu wirken und Akzeptanz zu finden. Ein energetisch schwacher Kaiser wäre auf Dauer von seinem Volk nicht akzeptiert und geliebt worden. Es bedarf Größe, um dieses Amt mit Würde zu erfüllen. – Man wusste sich Wissender zu bedienen, um genügend Kraft für das Amt tanken zu können.

Den Schlosspark kenne ich natürlich auch ein bisschen, Raphael. Aufgefallen ist mir, dass eine dieser Alleen mit einem Obelisken beginnt.

Obelisken oder Wackelsteine, es ist dasselbe. Euer Waldviertel ist ja bekannt für seine energetischen Plätze. Diese Kraft geht von den zahlreichen Wackelsteinen aus, die sozusagen als Antenne wirken und Energie aus dem Kosmos ziehen. Es ist kein Zufall, dass sich an Vollmondnächten viele spirituell begabte Menschen im Waldviertel um diese Wackelsteine versammeln. – Nicht anders verhält es sich mit dem Obelisken in Schönbrunn. Wichtig ist, dass der Stein nicht geschliffen wurde, denn damit wird er tot, er verliert seine Leitfähigkeit. Der Obelisk muss mit schlagendem Werkzeug bearbeitet werden. – Dann wird er als Antenne nach oben immer noch gut funktionieren. Am besten sind aber, trotz allem, völlig naturbelassene Steine.

Bei Grabsteinen verhält es sich ebenso. Es ist zwar unwesentlich, ob man an der Stelle des Grabes Energie fließen lässt. – Die Verstorbenen sind nicht hier, aber für die Besucher kann es von Nutzen sein, wenn sie im Rahmen ihrer Andacht zusätzlich energetisch geladen werden. Aber, wie erwähnt, geschliffener Stein verliert seine Antennenwirkung zum Kosmos. Dieser Stein ist tot und als Antenne absolut wertlos. Die alten Kelten wussten dies auch gut zu nutzen.

Um auf unsere Allee in Schönbrunn zurückzukommen, hier verbindet sich durch den Obelisken die kosmische Energie mit der Energie der Erde. Diese universellen Kräfte wurden der Galerie zugeführt und hier wurden nicht nur Staatsgäste empfangen, hier wurde anspruchsvollste Politik betrieben und hier wurden wichtigste Entscheidungen getroffen. Es ist ein Platz, von dem man auch heute noch profitieren kann. Aktive Politiker sollten sich zum Beispiel dieser Kraft bedienen.

Wenn du dich ausgepowert fühlst und wenn dich die Kreativität verlassen hat, sollst du dich dorthin begeben, um ein ausgiebiges Energiebad zu nehmen. Die Kräfte und Ideen werden zu dir zurückkehren. Beginne bereits dort, dich in deine Gedanken und Ideen zu offenen Fragen fallen zu lassen. Du wirst sehr schnell brauchbare Ansätze erlangen, an denen du weiterarbeiten kannst. – In allen Ländern der Erde gibt es solche Kraftplätze. Höre in dich und lerne wieder zu fühlen. Du wirst Abertausende Kraftorte auf dieser Welt finden.

Ich konnte übrigens in den Jahren meiner Beratungstätigkeit feststellen, dass spirituell interessierte Personen wesentlich naturverbundener sind als Menschen, die mit spirituellen Themen nichts anzufangen wissen und diese ins Reich der Fantasie verweisen. – Heißt das, dass Menschen, die spirituell interessiert sind, automatisch für natürliche Energiequellen sensibilisiert sind und diese, vermutlich oft unbewusst, bereits für sich nutzbar machen?

Häufig ist es tatsächlich so, wie du es beschreibst. Ich kenne allerdings auch spirituell hoch begabte Menschen, die in der Stadt leben und auch dort ihren Weg finden. Ein Pauschalieren ist nicht richtig, aber im Großen und Ganzen ist es tatsächlich so, dass der spirituelle Mensch den unmittelbaren Kontakt zur Natur braucht und somit auch aktiv sucht, um sich die Energiequellen der Natur nutzbar zu machen. Er hat den Draht zur Natur nicht verloren. Da gebe ich dir Recht.

Du kannst aber auch zum Beispiel in der Stadt auf dem Dach eines hohen Gebäudes sitzen und meditieren und wirst auch dort die Energieflüsse spüren, die von oben kommen. Nimm mit ausgebreiteten Armen für zehn Minuten die Energie der Sonne auf. Nimm des Nachts, bei Vollmond, die kühlere Energie des Mondes in dich auf. Es wird zwar kein Vergleich mit einem Erlebnis auf einem Berggipfel sein, denn es gibt zu viele Störungen aus der Umgebung und das Haus ist in der Regel nicht aus naturgegebenem Stein entstanden. Das bringt eine leichte Abschwächung der energetischen Flüsse. – Aber sie werden zu spüren sein. – Und dann gibt es die bereits besprochenen Parks. In diesen mehr oder weniger künstlichen Flecken Natur ist ein Entspannen und Energietanken in der Stadt gut möglich. Da bedarf es nicht unbedingt ursprünglicher Natur. Wenn du keine Gelegenheit hast, aus der Stadt hinauszukommen, reichen auch diese Möglichkeiten vollkommen aus.

Kann man Gebäude rückbauen, damit es mit den Energieströmen besser funktioniert?

Kaum, denn viele Steine dürften nicht bearbeitet sein, das ist beinahe unmöglich. Du kannst die Energie allerdings verbessern. Mit Edelsteinen und anderen Materialien kannst du darauf positiv einwirken. Kunststoff ist zu vermeiden. Kunststoff ist ein schlechter Leiter und ein guter Energieverhinderer. Statt Kunststoff nimmt man besser doch Zement, das ist ein natürlicher Baustoff.

Grundsätzlich ist es allerdings möglich, mit wenigen Eingriffen auf dem Dach des Gebäudes eine energetische Antenne anzubringen, die um ein Vielfaches mehr Energie aus dem Kosmos ableitet, als es das Gebäude selbst im Stande wäre. Ein Dachgarten zum Beispiel mit Bäumen würde auf einem Flachdach schon eine Veränderung bewirken. Der Energiefluss durch das Gebäude würde sensationell aufgewertet werden. Die Menschen in ihm würden davon profitieren und sich energetischer fühlen. Wenn in so einem Gebäude eine Werbeagentur untergebracht ist, wird es den Kreativen leichtfallen, in diesem Dachgarten zu arbeiten. Der Beginn neuer Projekte sollte unbedingt dort passieren. – Wichtig ist, dass es nicht kleine Büsche sind, sondern mindestens zwei bis drei Meter hohe Pflanzen. Der Stamm steht sozusagen für das Rückgrat des Menschen. Die Krone für Kreativität und den Kopf. Sie dient Denkern als Verbindung zu höheren Dimensionen.

Historische Architektur, vom Straßenbau begonnen, über die Häuser und Kirchen, sind doch ohnehin oft optimal nach energetischen Linien ausgerichtet, nicht?

Das stimmt durchaus. Deshalb ist es ja auch möglich, in beinahe jeder Stadt positiv und dauerhaft aufgeladen zu werden. Man muss nur das Gefühl für diese Plätze haben. Wer sich auf sein Inneres verlässt, wird beinahe automatisch zu ihnen geführt. Meist sind auch gerade an diesen Plätzen sehr viele Touristen. Als Tourist ist man gegenüber einer Stadt unvoreingenommen. Man lässt sich dahintreiben. Oft bleibt man bei Besichtigungen an Plätzen im wahrsten Sinne des Wortes hängen, an welchen es mit der Energie sehr zum Guten steht.

Gerade der alte Adel orientierte sich immer bei den Planungen von Palästen, Kirchen und Gärten nach radiästhetischen und energetischen Grundlagen. Das heißt, suche einfach in der Stadt, in der du gerade verweilst, die alten Plätze auf. Sind es nicht gerade die, an denen die Hinrichtungen stattgefunden haben, wirst du sehr oft energetische Flüsse finden, deren du dich leicht bedienen kannst. Eure alten Baumeister, die Kirchen erbauten, wussten noch viel von der Energie der Erde und nutzten sie. Geht in eine leere Kirche und macht euch die Kraftplätze, auf die diese Kirche gebaut wurde, zunutze.

Raphael, weil du gerade die Hinrichtungsplätze angesprochen hast. – Was passiert einem dort aus heutiger Sicht, energetisch gesehen? Ich könnte mir vorstellen, dass gerade an diesen Plätzen nach wie vor sehr starke und äußerst negative Schwingungen von armen und bedauernswerten Menschen herrschen, die dort ihr Leben verloren haben.

Es kommt ganz darauf an, was mit dem Platz seit damals geschah. Wurde der Platz „vergessen" und verbaut, dann kann es dir passieren, dass er dich bei einem Besuch Energie kostet. – Du wirst dich dort nicht wohl fühlen. Du wirst nervös sein und nichts wird dich an diesem Platz halten. Es wird auch zu beobachten sein, dass sich an diesen Plätzen sehr wenige Menschen dauerhaft niederlassen um sich zum Beispiel auszuruhen.

Wir sprachen vorhin ausschließlich über Plätze, die dir Energie bringen. Es gibt auch einige, an denen es umgekehrt funktioniert. Die dich auslaugen, Kraft und Energie kosten und, wenn du dich dort dauerhaft aufhältst, auch krank machen. Es sind Krankheiten, deren Ursache man nicht herausfindet. Wie denn auch? Welcher Arzt denkt bei seinem Patienten schon an einen Geschädigten durch ungünstige energetische Umwelteinflüsse? – Aber das Wissen und diese Erkenntnis wird sich bei euch bald verstärken.

Aber kommen wir wieder zu den Hinrichtungsplätzen zurück. – Im ungünstigsten Fall wurde also für diese Plätze nichts gemacht. Ihre damalige Funktion wurde schlicht und einfach vergessen. Die Seelen, die auf diesen Plätzen gewaltsam von ihren Körpern getrennt wurden, sind allerdings nach wie vor belastet. Mag sein, dass die meisten von ihnen bereits in einem nächsten Leben stehen, aber selbst dort werden sie von ihrer vergangenen Belastung nicht befreit sein. Eine unsichtbare Verbindung zu ihrem gewaltsamen Tod, oft sogar vollkommen unschuldig, bleibt aufrecht und nimmt ihnen viel Energie aus ihrem aktuellen Leben. Es erfüllt mich mit sehr großer

Trauer, wenn ich dieser armen Seelen gedenke. Ich sehe sie förmlich vor mir, wie sie zu diesen Plätzen geführt wurden, wie groß ihre Verzweiflung gewesen sein muss und wie sie auf abscheuliche Art und Weise ihr Leben verloren. – Diese Plätze sind sehr belastet, und das werden ihre Besucher, durch Energieentzug, auch sehr gut spüren können.

Und kann man für diese Plätze, die mit so einer enormen Hypothek aus der Vergangenheit verbunden sind, auch etwas Gutes tun? Kann man auch den Seelen, die dort auf grässlichste Art und Weise aus dem Leben geschleudert wurden, im Nachhinein Förderliches zukommen lassen?

Im günstigsten Fall gibt es an diesen Plätzen eine Tafel, die an damals erinnert und den Menschen, die den Platz besuchen, die Möglichkeit bietet, der armen Seelen der Hingerichteten zu gedenken. Jedes An-sie-Denken schickt ihnen Energie und diese Energie erreicht die ehemals Gerichteten sogar noch im aktuellen Leben und wird ihnen helfen, sie zu reinigen sowie Geschehenes nach und nach vergessen zu machen.

Ich empfehle auch positiv strahlende Kunst auf diese Plätze zu stellen. Skulpturen, einen schönen Brunnen, denn Wasser reinigt, zwei oder drei Bäume, die zusätzliche Energie aus dem Kosmos ziehen. Es soll Kunst sein, die nicht an das grausame Geschehen von damals erinnert, es soll Kunst sein, die positiv stimmt und positive Schwingungen bringt. Kunst, die positive Energie zu erzeugen im Stande ist. Diese Energie wird den ehemals Hingerichteten nachgesandt und dient der Sühne.

Plätze, die nicht spirituell aufgearbeitet werden, sind auf weitere Jahrhunderte wahre Energieschlucker und belasten die Menschen, die sich dort niederlassen oder gar in deren Umgebung wohnen. – Mit spirituell renovierten Plätzen hingegen helfen wir den Seelen nachhaltig, sich ihres historischen Traumas Stück für Stück entledigen zu können. Wir senden ihnen für sie wertvolle Energie nach, um ihnen künftig ein unbeschwerteres Leben zu ermöglichen.

Davon abgesehen werden die meisten Plätze durch die soeben angesprochenen Installationen aufgewertet. Denn diesen Plätzen sieht man es förmlich an, dass sie negative Energie abstrahlen. Es sind meist optisch sehr trost- und schmucklose Plätze. Das muss für die Zukunft ein für alle Mal durchbrochen werden.

Du meintest vorhin, es würde, abgesehen von den Hinrichtungsplätzen, in jeder größeren Stadt, in jedem Ort noch einige Plätze geben, die einen Energie kosten und dementsprechend schwächen.

So wie du die positiven Energieflüsse bemerkst, indem du gerne auf Plätzen verweilst, die du wunderschön findest, die dir gut tun und die dich energetisch auftanken, so bemerkst du, vorausgesetzt du bist achtsam, auch die negativen Plätze, die dich deiner Energie berauben. Blättere in deinem Gedächtnis einfach zurück und erinnere dich an Orte, die dich nervös und unruhig machten, an denen es dir überhaupt nicht gefiel und von welchen du nur zu gerne wieder weggegangen bist. Das waren mit Sicherheit Orte negativer Energieflüsse. Orte, die dir während deines Aufenthaltes Energie abzogen und dich nachhaltig schwächten. – Es wird dir in diesem Augenblick vielleicht nicht aufgefallen sein, aber wenn du zurückdenkst, kommst du vielleicht auf einige dieser Erlebnisse.

Eigentlich müsstest du nach einer energetischen Attacke umgehend einen Ort aufsuchen, der dich wieder auflädt. Verabsäumst du es, hast du über Tage hinweg ein für dich unerklärliches Tief. Es resultiert aus dem extremen Energiemangel, der durch diesen Negativplatz zustande kam. Es entsteht ein Unwohlsein ohne Grund. – Generell kann ich dir empfehlen, solltest du in einer Phase eines Tiefs stecken, bediene dich unbedingt der unerschöpflichen energetischen Ressourcen der Natur. Ein unerklärliches psychisches Tief kann sehr oft Energielosigkeit bedeuten, die sehr einfach zu beseitigen wäre. Suche dir die Plätze der Energie und hole dir, was du nicht hast. – Du wirst sehen, es geht dir schon nach sehr kurzer Zeit wesentlich besser. Lerne auf jeden Fall wieder, in dich hineinzuspüren, und du wirst wieder fühlen, was dir gut tut.

Raphael, in Wien sind zum Beispiel die im Zweiten Weltkrieg erbauten Flaktürme energetisch interessant. Das Innere der Türme ist relativ frei von Reizzonen, sonst gäbe es zum Beispiel auch kein „Haus des Meeres" mit Hunderten Tieren, an deren Fortkommen man problematische energetische Zonen sofort feststellen würde. Außen um die Türme finden sich jedoch zahlreiche negative Linien, wie sie sonst in ähnlich dichter Konstellation nirgendwo in Wien gefunden werden konnten. Diese Linien um jeden einzelnen Turm haben zur Wirkung, dass ein längerer Aufenthalt in ihrer Nähe nicht empfehlenswert ist, denn er wäre energetisch stark schwächend.

Die Flaktürme sind Relikte aus dunklen Zeiten. Sie dienten im Wesentlichen dazu, um anderen Menschen zu schaden und dem Aggressor Schutz zu bieten. Als wesentliche Bestandteile der Fliegerabwehr wurden sie wie unverrückbare Klötze gebaut und sind selbst mit modernsten Mitteln kaum mehr wegzubringen. Es werden Jahrtausende vergehen, bis sie von selbst zerfallen und mit dem Verfall ihre Energie vergeht.

Zu einem der Flaktürme erzählte mir Peter übrigens eine sehr interessante Geschichte, die vor einigen Jahren geschah. Er war mit Freunden zum Picknick im Wiener Augarten, unmittelbar bei einem der zwei Flaktürme. – Der Hitze wegen, denn es war Hochsommer, platzierten sie sich direkt in den Schatten eines dieser Türme. Sie hatten ein altes Grammophon mit und hörten antiquierte Schellacks mit klassischer Musik. Dazu gab es guten Wein und viel zu essen. Die Stimmung war sehr gut. Einer der Freunde, Torsten, litt, kaum angekommen, an merkwürdigen Kopfschmerzen, die nicht und nicht vergehen wollten. Damit war ihm das Picknick natürlich vollkommen vergällt. – Die Schmerzen hielten auch nach der Rückkehr in seine Wohnung an und wurden so extrem, wie er sie weder vorher noch jemals danach wieder verspürte. – Nach zwei oder drei Stunden war der Spuk der Kopfschmerzen vorbei, wie er gekommen war.
Erst Jahre später konnte Peter die starken Kopfschmerzen seines Freundes den Auswirkungen des Flakturms zuordnen. Außerdem

konnte er sich auch noch erinnern, dass Torsten, von den Kopfschmerzen geschwächt, als Einziger der Gesellschaft mit dem Kopf auf der Erde lag. Vermutlich war dies ein zusätzlicher Faktor, durch welchen ihm vermehrt Energie entzogen werden konnte. Niemand sonst aus der Picknickgesellschaft spürte die nachhaltige energetische Schwächung. – Müde waren danach allerdings alle, aber die Müdigkeit wurde der fortgeschrittenen Stunde zugeschrieben. An die Auswirkungen des Flakturmes dachte damals niemand. – Interessant wäre es, das Picknick nochmals im vollen Bewusstsein um die energetische Beschaffenheit der Flaktürme zu veranstalten, um diesmal aufmerksam die Energiekurven aller Teilnehmer zu beobachten. – Aber dazu ist es bis jetzt noch nicht gekommen.

Weißt du, Rosalinde, es könnte auch sein, dass Torsten durch vorangegangene Anstrengungen bereits geschwächt und daher auch besonders anfällig für den starken negativen Energieabzug war. Die anderen aus der Picknickgesellschaft waren vermutlich wesentlich ausgeruhter und somit eventuell resistenter gegen den Energieabfluss. Meist spüren sensible Menschen als Erste die entsprechende Energie. Die Müdigkeit und das Ausgelaugtsein am späten Abend wurden dann, so wie du es sagst, nicht dem Turm, sondern vielmehr der langen Veranstaltung und der späten Stunde zugeschrieben. – Du hast vollkommen Recht, eine Wiederholung des Picknicks wäre durchaus interessant. – So wie nicht alle in die Zukunft sehen können, ist auch das „Fühlen" bei manchen von euch durch zu viel Hektik oder durch zu viele Gedanken an materielle Dinge verschüttet. Unbewusst spürt ihr es aber ALLE.

Dem Energieentzug wurde außerdem durch die positiven Grundschwingungen der Gesellschaft so weit wie möglich entgegengewirkt. Auch das alte Grammophon und die wundervolle Musik trugen dazu bei, die positiven Schwingungen im Gang zu halten. Du siehst also, dass Töne die Schwingung verändern, achte bitte mehr darauf.

An dieser Begebenheit sieht man wieder, wie wichtig es ist, über die Energieflüsse auf dieser Erde Bescheid zu wissen. – Torsten hätte sehr rasch geholfen werden können, wenn man ihn zu einer hochenergetischen positiven Stelle begleitet hätte. Dort hätten sich seine Akkus sehr rasch regeneriert, er wäre umgehend zu neuen Kräften gekommen. Die Kopfschmerzen wären so rasch verschwunden, wie sie kurz zuvor, beim Flakturm, gekommen waren. Auch energetische Punkte am Körper, mittels Akupressur stimuliert, solltest du in solchen Fällen mit einbeziehen. Du löst damit die Energieblockade sehr rasch.

11. Der Schlaf und die Träume

Es ist zweifelsfrei, guter Schlaf regeneriert den Körper bis in die kleinste Zelle, man spricht nicht umsonst auch vom „Heilschlaf“. Schlaf ist ebenso wichtig für innere Ausgeglichenheit und Zufriedenheit. Er hilft die leeren Batterien des Körpers zu laden, um einen für die Anforderungen des kommenden Tages wieder fit zu machen.

Im Schlaf passieren übrigens Vorgänge, die bei weitem noch nicht genügend erforscht und schon gar nicht belegt werden konnten. Es heißt, der Körper erleidet im Schlaf in einer traumlosen Sequenz so etwas wie einen „kleinen Tod“. – Oder, dass sich überhaupt die Seele für Momente vom Körper loslösen soll, um ihren Abenteuern nachzugehen. – War die Erinnerung aus der Nacht also ein Traum oder war sie Realität? – Wieso wacht man an manchen Morgen absolut gerädert und kraftlos auf und fühlt sich, als hätte man die Nacht durchgemacht? Und umgekehrt, wieso fühlt man sich nach manchen Nächten mit den wundervollsten Träumen so euphorisch, ganz so, als hätte die Seele in der Zwischenzeit einen kurzen und wohltuenden Kuraufenthalt hinter sich gebracht?

Über das, was uns im Schlaf und im Speziellen in den Träumen widerfährt, kann uns am besten jemand Auskunft geben, der die Schwelle zwischen Leben und Tod bereits überschritten hat und in Erfahrungen mit höheren Dimensionen geübt ist. – Ein Grenzgänger zwischen Traum und Wirklichkeit.

Es folgen wahrlich traumhafte Gespräche zwischen Rosalinde Haller und Raphael von Singen. Sie werden staunen, wie bewusst Sie nach diesen Gesprächen einschlafen, um nach dem Erwachen an Ihre Träume zu denken. Denn eines kann jetzt schon verraten werden: Jeder Traum ist ein kleiner Ausflug in eine uns vorläufig noch fremde Welt.

*

Raphael, es heißt jeder Mensch hat zu seinem physischen Körper einen so genannten Astralleib. Geübten Menschen soll es im Schlaf, sehr spirituellen Menschen sogar in Trance möglich sein, mit ihrem Astralleib Reisen zu unternehmen, um sich auf diese Art und Weise an jeden beliebigen Ort dieser Welt zu begeben und sich vor allem frei, zwischen den Dimensionen, zu bewegen.
Vielleicht sollte ich noch kurz davon erzählen, dass es mir schon oft gelungen ist, meinen Körper im Schlaf oder in Trance zu verlassen. Ich finde mich dann an anderen Orten wieder oder erscheine Menschen im Schlaf. Diese nehmen mich in Form eines Traumes wahr und erzählen mir oft Tage später von unserer Begegnung. – Anfangs war ich noch ein wenig überrascht über meine nächtlichen Ausflüge, aber ich habe es geübt und kann jetzt gut damit umgehen. Ich überlege mir vor dem Einschlafen bewusst, wohin ich möchte, und stelle mir den Platz sehr plastisch vor. Dann gelingt es mir meistens auch dorthin zu gelangen. Allerdings noch nicht immer. Bezüglich Astralreisen stecke auch ich noch mehr oder weniger in den Kinderschuhen.

Nur Geduld, Rosalinde, dazu bedarf es eines Quäntchens mehr an Übung. Du wirst ohnehin bereits jetzt gemerkt haben, wie du dich von Mal zu Mal in deinen Astralausflügen und in der Bestimmung der Ziele verbesserst. – Aber kommen wir zurück zur konkreten Beantwortung deiner Frage.
Der Schlaf oder die Trance ist wie ein kleiner Tod und, wie schon besprochen, ist es geübten Menschen möglich, den Körper zu verlassen, sooft sie es wollen. Ihrem Geist, ihrer Seele ist es wie im Tod möglich, sich vom Körper zu lösen um sich zu entfernen. Anfangs werden es einfach nur Ausflüge sein, ohne tieferen Sinn. Später sind es vielleicht Missionen, um anderen Menschen bei der Lösung ihrer Probleme behilflich zu sein. Oft ist es einfach auch nur, um vielfältige außerkörperliche Erfahrungen zu machen, um sie sich anschließend ins Wachbewusstsein mitzunehmen. Es können außergewöhnliche Bewusstseinsreisen sein und der Astralreisende kehrt mit wundervollen Erkenntnissen in seinen Körper zurück.

Sicher ist, dass durch diese Ausflüge deine Sinne und Gedanken geschärft werden. Du kannst innerhalb weniger Sekunden deine Umgebung erfassen. Alles geht schneller. Du kannst dich allein mit deinen Gedanken verständigen und bist im Nu an den entlegensten Orten dieser oder einer anderen Welt. Häufig wird dir dabei auch sehr deutlich die Lösung deiner Probleme beziehungsweise deine weitere Entwicklung im Leben gezeigt.

Wie übt man es mit seinem Astralleib zu reisen? Ich könnte mir vorstellen, dass viele die Geduld verlieren. Denn wenn ich mich an meine Anfänge zurückerinnere, dann schlief ich oft ein, um mit einer Enttäuschung wieder zu erwachen. Ich konnte mich am kommenden Morgen an nichts erinnern. Ich wusste nicht, ist es mir gelungen, aus meinem Körper auszutreten oder wieder nicht.

Der Wunsch danach ist der Beginn. Erspare dir Gefühle der Enttäuschung, sie ziehen dich nur nach unten und fördern dein Vorhaben in keiner Weise. Habe auf jeden Fall Geduld. Du musst vorher im Wachbewusstsein zu meditieren lernen. Das heißt vereinfacht ausgedrückt, komme zur Ruhe und mache deinen Kopf von Gedanken und Wünschen frei. – Aber darüber sprechen wir später genauer. Ein Mensch, der nicht meditieren kann, kann kaum diesen Zustand des Astralreisens erreichen. – Ausnahmen sind starke schicksalhafte Ereignisse, das passiert aber ausschließlich in Einzelfällen. Dann holen den Betroffenen, während er schläft, Seelen von seinem Körper ab. Das passiert, um ihm etwas von großer Bedeutung zu zeigen oder damit er ein erlebtes Geschehen besser aufarbeiten kann, bevor er daran zu zerbrechen droht. In der Regel werden diese Wahrnehmungen als intensive, starke Träume interpretiert. Dass es sich um eine Astralreise handelt, realisieren die wenigsten, weil sie sich mit diesem Phänomen zuvor nicht befasst haben und es ihnen fremd ist.

Wie Astralreisen konkret funktionieren und wie man es üben kann, im Schlaf aus seinem Körper auszutreten, ist mit wenigen Worten erzählt. – Wie schon gesagt, der Wunsch ist der Beginn. Denke vor dem Einschlafen in meditativer, aber sehr realistischer Form an eine Reise oder einen sehr konkreten Ort und nimm dir vor, heute nach dem Einschlafen dorthin zu reisen. Es muss, bevor du in den Schlaf hinübergleitest, dein letzter Gedanke sein. Du kannst fliegen. Du musst keine öffentlichen Verkehrsmittel nehmen. Dieser Flug geschieht in Sekunden. Du kannst durch Wände gehen und musst keine Türen benützen. Du wirst dich ein bisschen wie ein Peter Pan fühlen. Gehe davon aus, dass es einiger Versuche bedarf, um die ersten konkreten Schritte in Sachen Astralreisen zu unternehmen. Es bedarf wie bei allem großer Geduld. Es kann bei sehr sensiblen und spirituell geübten Seelen sehr rasch funktionieren, es kann aber wie schon gesagt, auch ein wenig dauern. Wichtig ist, dass du nicht aufgibst. Beginne im Kleinen. Mache einen Ausflug in deiner unmittelbaren Umgebung. Du kannst dich zum Beispiel fürs Erste, um es zu erproben, auch auf die Wohnung oder dein Haus einschränken. Es ist beinahe wie ein Gehenlernen. Beginne mit kleinen Schritten und weite deine Ausflüge nach und nach aus. So kann in der Regel auch nichts geschehen. Stelle dir auf jeden Fall einen Wecker, der dich spätestens am Morgen von deinem Ausflug zurückholen wird.

Sind solche Reisen mit Gefahren verbunden? Kann es passieren, dass man nicht mehr in seinen Körper zurückfindet? Mir kam bei meinen Reisen gelegentlich vor, dass ich doch sehr weit weg war und dass mich mein Körper oder dieses Leben plötzlich nicht mehr kümmerte. Ich war einfach zu sehr mit meinen Erlebnissen dort beschäftigt.

Eine Astralreise birgt tatsächlich eine gewisse Gefahr. Der Körper ist mit der Seele über ein energetisches Band verbunden. Auf diese Weise findet sie auch immer wieder in ihren Körper zurück. Bei einem Menschen, der häufig Astralreisen betreibt, ist es schon passiert, dass er nicht mehr in seinen Körper zurückwollte oder auch die Verbindung zurück verloren hat. Meist ist es jedoch nicht gewollt, sondern so etwas wie ein Traumunfall im Schlaf. Der Mensch findet nicht mehr zurück in seinen Körper und stirbt im Schlaf. Es sieht wie ein natürlicher Tod aus. In Wirklichkeit ist es aber ganz anders.

Wie könnte man es verhindern, dass dieses Band zwischen Körper und Seele verloren geht oder reißt? Es darf ja nicht passieren, dass jeder spirituell begabte Mensch, der sich auch in Astralreisen versteht, nach und nach aus dem Leben kippt. Dieser massive Verlust würde sich auf die Spiritualität der Welt wohl nicht besonders vorteilhaft auswirken.

Wie ich es schon erwähnt habe, es ist durchaus wichtig, sich einen Wecker zu stellen. Wenn du automatisch in deiner Meditation auch den Wunsch manifestierst, nach jedem Ausflug wieder in den Körper zurückkehren zu wollen, dann ist das auch eine weitere Möglichkeit, einen „Unfall" während einer Astralreise zu verhindern. Wenn du es dir wahrhaft wünschst zurückzukehren, wird es dir auch gelingen.
Je gleichgültiger du aber mit deiner Rückkehr umgehst, weil du hier keine Angehörigen oder keine Freude mehr am Leben hast, umso vorsichtiger muss man während der Astralreise mit dem Band, das einen auf der Erde hält, umgehen. Ich sehe allerdings einen Verbindungsriss zwischen Seele und Körper bereits als starken Wunsch dieses Menschen, nicht mehr in seinen Körper zurückkehren zu müssen. Wenn er es sich tatsächlich wünscht, wird er eines Tages nicht mehr zurückzukehren haben. Wenn es so weit ist, wird es weniger ein bewusster als ein intuitiver Vorgang sein.

Dieser gewünschte und an und für sich wissentlich herbeigeführte Tod ist dann eine Art Selbstmord? Auch wenn ich nicht Hand an mich lege, scheide ich wissentlich und freiwillig durch den von mir herbeigeführten Verbindungsriss zwischen Körper und Seele aus dem Leben.

Das sehen wir nicht so, denn wenn es von OBEN nicht erlaubt wäre, dann müsste diese Seele wieder zurück in ihren Körper. Es ist der Wunsch der Seele, dem von uns nachgegeben wird. Dieser

Mensch ist in der Regel spirituell sehr weit und entsprechend gereift. Sein Leben hier auf Erden ist vollendet und er ist bereit in eine nächste Dimension aufzurücken. Ein Selbstmord ist etwas völlig anderes. Wir sehen hier keinen Zusammenhang und kein Schuldverhalten.

Ist automatisch jeder Traum, in dem man sich an einem anderen Ort befindet, eine unkontrolliert herbeigeführte Reise mit dem Astralleib, mit der Seele? Oder ist es manchmal auch wirklich nur ein Traum?

Ihr seid geringfügig außerhalb des Körpers, teilweise nur mit dem Schlafbewusstsein. Bei richtigen Astralreisen ist die Seele, der Geist außerhalb des Körpers. Bei „normalen" Träumen und Ortsveränderungen in Träumen ist es das Schlafbewusstsein, das einen dort sein lässt. Aber das ist keine der besprochenen Reisen. Es handelt sich nur um ein bewusstes Erleben oder Denken im Schlaf. Wenn das eindrücklich genug geschieht, wirst du dich am nächsten Morgen auch an dieses Erleben und Denken erinnern können, auch das kann deine Gedanken anregen und dir behilflich sein, vieles im Leben zu erkennen.

Einmal wurde ich in einer Sitzung von einem Klienten gefragt, ob Träume Botschaften unserer Seele sind. – Wie siehst du das, Raphael? Wird uns durch unsere Träume etwas Relevantes mitgeteilt? Können wir durch unsere Träume etwas lernen oder auf etwas aufmerksam gemacht werden?

Ja, die Träume sind auf jeden Fall Botschaften! Diese können von der eigenen Seele kommen, sie können aber auch von OBEN stammen, Botschaften von der Seele sind in der Regel „Verarbeitungsträume". Erlebtes und offensichtlich Belastendes wird im Traum bearbeitet, verstanden und entweder beim ersten Traum bereits abgehakt, oder es wird noch einige Male „beträumt" und auf diese Weise nach und nach verarbeitet.

Der Traum ist ein weitaus größeres Dasein, als es scheint. Zu träumen ist beinahe wie ein zweites Leben, das parallel zum wachen Le-

ben gelebt wird. Es ist wie das Leben auf der anderen Seite, das Leben in der anderen Dimension, und ihr befindet euch im Traum mindestens in der vierten Dimension. – Wobei es auch vorkommt, dass im Traum hemmungslos zwischen den Dimensionen herumgesprungen wird. Im Traum habt ihr eine Ahnung davon, wie es sein wird, wenn ihr auf eure Gedanken hört, wenn ihr ohne Sprache auskommt und euch in Windeseile von Ort zu Ort bewegen könnt. Beachtet und betrachtet verstärkt eure Träume und verschüttet sie nicht gedankenlos und nützt euer zweites Leben, das des Schlafes.
Leiste dir zwischendurch die Zeit und erinnere dich an den Traum der vergangenen Nacht. Durchdenke ihn und versuche auf die eventuelle Botschaft zu kommen, die in diesem Traum steckt. Es kann großen Spaß machen, auf den Inhalt eines Traumes am folgenden Tag noch einmal einzugehen. – Vielleicht erinnerst du dich anfangs auch nur in Bruchstücken an den Traum. Aber das Erinnern an Träume kann geübt werden.

Was soll ich tun, wenn mich mein Schlaf durch meine Träume belastet und ich diese nicht deuten kann? Welchen Zugang würdest du mir dazu empfehlen? Soll ich mich trotz allem mit diesen Träumen beschäftigen oder soll ich sie von mir schieben?

Du hast den Zugang zum Schlüssel deiner Träume einfach nur verloren. Wenn du deine Träume nicht deuten kannst, gehe zu Menschen, zu Lehrern, die dir über deine Träume erzählen können und die dir wieder den Zugang zum Verstehen deiner Träume ermöglichen. So wie du damals in der Schule das „Einmaleins" gelernt hast, so wirst du den richtigen Umgang mit deinen Träumen wieder erlernen. Träume müssen nicht belasten. Wenn ich die Botschaft aus diesem Traum zu verstehen lerne, kann dadurch ein Zugang zu vielem geschaffen werden. Träume sind das Reifen deiner Seele. Wenn du wieder lernst, auf deine Träume zu hören, wirst du dich in deinem Leben leichter orientieren können und den richtigen Weg finden. Früher war es gang und gäbe die Träume zu beachten. Nütze sie wieder.

Aber Rosalinde, das war eine Frage für deine Leser, denn ich weiß, dass du ihre Antwort bereits wusstest, du beherrschst die Traumdeutung! Du kannst die Träume der Menschen deuten und hast es gelernt die Sehnsucht der Seele zu interpretieren.

Natürlich, Raphael, sonst dürfte ich nur einen Bruchteil des Buches erfragen, wenn es ausschließlich um Fragen und Antworten für mich selbst ginge. Aber du wirst staunen, ich habe schon einiges Bemerkenswerte aus unseren Gesprächen mitgenommen und mir bedeuten unsere Gespräche sehr viel! Sie bringen auch mich noch um sehr vieles weiter und ich erfreue mich am Kontakt zu dir und dem Kollektiv.
Kommen wir zurück zu den Träumen. Es gibt Bücher über die Traumdeutung. Da las ich zum Beispiel auch einmal, wenn man im Traum einen Zahn verliert, dann heißt es so etwas wie, dass ich in absehbarer Zeit krank werde. Das ist doch eine absolute Fehlinterpretation.

Du hast natürlich Recht, das stimmt so nicht. Wenn man einen Zahn verliert, kann es den Tod eines entfernt Verwandten, Bekannten bedeuten. Es als Krankheit, die einen selbst betrifft, zu interpretieren ist wirklich nicht richtig. Wohl wird der Verlust eines Körperteiles Veränderung bedeuten, es ist eventuell auch eine Aufforderung etwas loszulassen. Aber betrachte deine Träume nicht ängstlich, sondern nütze die Symbolik der Träume.

Da fällt mir eine wahre Begebenheit aus meiner Familie ein. Meine Tochter, sie war erst 24 Jahre alt, träumte vierzehn Tage vor dem Tod ihres Ehemannes, dass sie alle ihre Zähne verlor. Sie war sehr aufgeregt darüber, kam zu mir und wollte Rat. Ich meinte, es wäre ein Todesfall, aber sie solle es gut sein lassen. Meine Tochter dachte, es sei der Großvater. In Wirklichkeit war es zwei Wochen später ihr Ehemann. Wir waren sehr betroffen über die „Erfüllung".

Eine traurige Geschichte. – Diese symbolhaften Dinge können manchmal durchschlagen. Aber es kann auch nur eine Art Zeichen

sein. Besser wäre, wenn ihr versucht den Traum psychologisch zu deuten und darauf zu hören, was euch eure Seele sagen will. Es lohnt sich auf jeden Fall Träume auszuwerten, denn manche von ihnen sind ein Schrei der Seele nach Erfüllung. Auch im Fall deiner Tochter würde ich vordergründig das LOSLASSEN sehen.
Wenn du bewusst leben möchtest, gehört es dazu, auch den Traum bewusst zu erleben. Nur wer über seine Träume Bescheid weiß, eröffnet sich die entlegensten Teile seiner Seele. Einen Traum zu analysieren und zu verstehen ist durchaus mit einem nicht unwesentlichen Teil der Kommunikation zwischen dir und deiner Seele gleichzusetzen. Insofern ist es nicht richtig, sich seinen Träumen gegenüber zu verschließen.

Wenn man sich die Träume nicht sofort nach dem Erwachen in Erinnerung ruft, vergisst man sie meistens sofort. Mir geht es zumindest so und, wie ich höre, vielen anderen auch. Kurz nach dem Erwachen könnte ich mich noch daran erinnern, in Bruchstücken mache ich das auch und dann geht es bereits in den Alltag über. Träume, die ich mir in der Früh noch einmal in Erinnerung rief, blieben Tage lang bei mir.

Nicht alle Träume werden sofort wieder vergessen. Manche bleiben ein Leben lang im Bewusstsein. Ich nenne sie Lebensträume. Aber du hast Recht, die meisten vergisst man wieder. Ist es dir wichtig, dich deiner Träume zu erinnern, wäre ein bewusstes Nacherzählen der Träume nach dem Erwachen zu empfehlen. Dann ist es dir möglich, sie ein Weilchen länger zu behalten. Das hast du schon richtig erkannt! Du kannst dir auch Papier und Bleistift zum Bett legen und die Träume sofort nach dem Erwachen notieren.

Ab und zu wiederholen sich Träume immer wieder und immer wieder. Was soll uns da mitgeteilt werden, wieso gibt es diese Wiederholungen?

Die Seele will dir tatsächlich etwas mitteilen, meist leidet sie und will Heilung. Es ist eine Botschaft, die du nicht verstanden hast.

Und nachdem du der Seele keine Rückmeldung gegeben hast, hat sie sich über den Traum nochmals bei dir in Erinnerung gerufen. Lerne deine Träume zu beachten und zu entschlüsseln. Wie gesagt, es können Botschaften sein, die dich in deinem Leben durchaus auch weiterbringen können. Schaffst du es nicht alleine, sie zu verstehen, lass dir dabei helfen.

Die Seele also im Traum als „Rufender in der Wüste". Wer weiß denn schon darüber Bescheid, dass es sich lohnt, ihr auch im Traum zuzuhören?

Aber es muss ja nicht so bleiben. Wenn sich jemand bereits Gedanken zu seinen Träumen macht, wird er auch sehr bald den Weg zum Schlüssel seiner Träume finden. Es ist eine logische Entwicklung des spirituellen Forschens und Denkens, auch den eigenen Träumen etwas mehr Beachtung zu schenken.

Besonders erschrecken wir über Träume von Krankheit und Tod. Zu Recht? Oder haben Träume dieser Art eine ganz andere Aussage?

Krankheit heißt, dass du dich nicht wohl fühlst und vermutlich etwas umstellen wirst. Du befindest dich am Scheideweg einer Entscheidungsfindung. Der Tod ist immer nur der Neubeginn einer Lebensform. Es kann bedeuten, dass du heiratest. Du bekommst ein Kind, einen neuen Job oder du ziehst an einen anderen Ort. Es stirbt also nur deine alte Lebensform.

Der Tod im Traum ist niemals der reale Tod, sondern eine – meist gute – Umstellung in deinem Leben!

Das heißt, Krankheit und Tod sind im Traum nicht zu fürchten und wir erschrecken absolut umsonst?

Wie ich es gerade erwähnte. Beides ist Zeichen einer großen Umstellung. Es kann auch sein, dass deine Seele neue Erkenntnisse erhält und ein Teil deiner alten Persönlichkeit stirbt. Wie viele Menschen verändern sich nahezu von einem Tag auf den anderen! Sie verändern sich auf Grund neuer Erkenntnisse von innen heraus. Es ist eine Veränderung durch die Seele. Diese Menschen werden mit Sicherheit im Vorfeld der Veränderung mehrmals von Krankheit oder Tod geträumt haben. – Auch große Erfindungen werden häufig im Traum erstmals erlebt und vom Traum anschließend in die Realität mitgenommen.

Es ist also vollkommen unnötig nach Träumen erschreckt aufzuwachen. Du missdeutest manchen Traum. Du solltest dich an die Analyse des Traumes machen und bewusst dein Umfeld erforschen um die Botschaft, die dir der Traum mitgegeben hat, zu entschlüsseln, dann ist der Zweck des Traumes auch richtig erfüllt.

In der Einleitung lesen wir über Schlaf, der uns müder aufwachen lässt, als wir zuvor eingeschlafen sind. Dann gibt es wieder ein Erwachen, in dem wir richtiggehend euphorisiert sind, weil die Nacht und im Speziellen die Träume so angenehm und Energie bringend waren. Was passiert in solchen Nächten? Kannst du uns erklären, warum wir nicht jede Nacht aus dem Vollen schöpfen und uns mit Energie für den kommenden Tag eindecken können?

Es ist ein großer Unterschied darin, in welcher Schwingung du dich im Traum befindest und welche Erfahrungen du im Traum machst. Wenn es eher leidvolle Erfahrungen sind oder Erkenntnisse, die dich strapazieren, wirst du am nächsten Morgen gerädert aufwachen. Du wirst müder sein als am Abend vor dem Einschlafen. Es war sozusagen ein „Arbeitstraum". Umgekehrt wiederum, nach „Erholungsträumen", wirst du sehr energievoll aufwachen. Es sind Träume, in welchen du die Seele baumeln lassen konntest. Die darin gewonnene Energie nimmst du mit in deinen kommenden Tag.

Wichtig wäre es, generell eure Schlafgewohnheiten zu ändern. Hier hat sich falsches Verhalten etabliert. Die meisten von euch schlafen falsch. Wenn zehn oder zwölf Stunden geschlafen werden, dann ist das viel zu viel. Schlaf in diesem Ausmaß ist ausschließlich für kleine Kinder wichtig. Ihr solltet euren Schlaf zwischen sechs bis acht Stunden anlegen. Eine halbe Stunde Schlaf oder Ruhepause während des Tages wirkt außerdem Wunder und regeneriert wesentlich besser als Schlaf im Übermaß.

Die schrecklichsten Träume und Energieräuber schlechthin sind Albträume. Sind es Träume des Leidens? Also leidet unsere Seele während eines Albtraums? Denn wenn ich sie mir am nächsten Morgen in Erinnerung rufe, dann kommt es mir oft so vor, als würde der Seele in diesen Träumen sehr übel mitgespielt.

Es ist oft nur eine Verarbeitung von unangenehmen Dingen, die sich aus dem wachen Leben angesammelt haben. Der Traum hilft zu verarbeiten und er ist sozusagen die Waschmaschine der Seele, um sie wieder „rein" zu bekommen. Ein Albtraum ist wie eine Heilung, nicht eine Zerstörung! Wenn sich über Wochen und Monate viel angesammelt hat, wird es eines Tages in Form eines explosiven und alles beherrschenden Traumes aufgearbeitet werden. Das ist der Albtraum. Gelitten wird aber nicht unbedingt. Das glaubst du nur, weil es ein extrem beherrschender Traum war, in dem du oft nichts beeinflussen kannst und sehr hilflos bist. Er ist wie eine Lawine, die über dich hinrollt, aus der du aber nach dem Aufwachen, tief durchatmend, schnell herauskommst.

Was du nicht weißt, ist, dass die Seele von dieser Lawine nicht erfasst wird. Sie ist sozusagen der Verursacher des Programms und entledigt sich über den Albtraum unnötigen Materials, welches sich in der Vergangenheit in dir angesammelt hat. – Der Albtraum ist also Abfall-Entsorgung für die Seele.

Ich sprach schon öfter von den zwei bis drei Stunden pro Nacht, die absolut traumlos sind, es ist wie ein kleiner Tod, der uns in diesen Zeiträumen passiert. Kannst du uns diese Auszeit irgendwie erklären? Was passiert in dieser Zeit, in der wir nicht einmal mehr träumen, in der wir gänzlich unserem Dasein entnommen werden?

Das braucht ihr, um euch von euren Zwängen und geistigen Fehlleistungen zu erholen. Diesen Stillstand müsst ihr haben. Hier pas-

siert tatsächliche Regeneration. Diese absolute Ruhephase sei euch gegönnt, damit euer Körper wieder Kraft schöpfen kann.
Danach startet die gekräftigte Seele mit den Träumen. Sie beginnt mit der Verarbeitung des Erlebten. Und wenn du bewusst träumst, wirst du daraus auch zu Erkenntnissen für dich kommen.

12. Die Meditation

Beinahe jeder hat das Bedürfnis, mehr über sich selbst zu erfahren. Dabei zählt weniger, was eine Freundin, ein Freund, der Nachbar oder ein Arbeitskollege über einen denkt, viel mehr Gewicht scheint dem inneren Ich und den Erkenntnissen aus der unmittelbaren Kommunikation mit demselben beizumessen zu sein. Und offensichtlich ist die gewonnene Selbsterkenntnis eine wesentlich wertvollere Erfahrung als manche Gespräche mit nahe stehenden Personen über einen selbst.

Gerade in den vergangenen Jahren scheint die Meditation, speziell im urbanen Bereich, sehr in Mode gekommen zu sein und viele erwarten sich durch sie und mit ihr zuverlässige Erkenntnisse über sich, über das Leben, über den Tod und das Leben danach. Erkenntnisse, zu denen sie eventuell auf anderen Wegen nicht gekommen wären. Sie erwarten sich in geistige Sphären vorzudringen, zu welchen sie ohne Meditation keinen Zugang hätten. – Die Meditation sozusagen als Transportmittel der Seele und des Geistes.

Meditation empfiehlt sich sehr für Menschen, die einer Zeitbremse bedürfen, deren Lebenslicht im Zeichen von Stress und nochmals Stress steht und an beiden Enden lichterloh zu brennen scheint. Sie ist auch für jene empfehlenswert, die sich durch Job, Familie und Alltag ausgepowert fühlen oder denen der Sinn des Lebens im Allgemeinen verloren gegangen ist. Meditation ist auch für Menschen gut, die sich mental, spirituell weiterentwickeln wollen und dies über eine sehr zu empfehlende Reise in das eigene Selbst anstreben. Meditation sozusagen als Fenster zu einer neuen Betrachtungsweise und als Tür zu einer erlebenswerten und vergeistigten neuen Welt.

In diesem Kapitel spricht Rosalinde Haller mit Raphael von Singen unter anderem über die Vielfältigkeit der Meditation. Beide bieten Ihnen einige Ideen und Tipps für ungewöhnliche Meditationen und sie zeigen auf, wie man auch als Neueinsteiger rasch zu ersten befriedigenden Meditationserfolgen kommen kann. Ein interessantes Gespräch über die Meditation zur Erschließung innerer Kraftquellen und als das moderne, geistige Joggen für Körper, Geist und Seele.

*

Guten Abend, Raphael! Ich kann dich noch nicht spüren, bist du bereit?
(An diesem Abend dauerte es zum ersten Mal über eine halbe Stunde, bis es Rosalinde Haller gelang, Kontakt zu Raphael von Singen aufzunehmen.)

Guten Abend, Raphael! Jetzt müsstest du hier bei uns sein. – Wo warst du denn? Mir ist es heute überhaupt nicht gelungen dich zu erreichen.

Guten Abend, Rosalinde! Entschuldige bitte, aber ich wurde aufgehalten und war sehr weit weg. Es tut mir Leid, dass du warten musstest. Lass uns also gleich mit der ersten Frage beginnen. Wir haben mit der Meditation ein äußerst interessantes Kapitel vor uns.

Raphael, ich hole mir aus meiner täglichen Meditation nicht nur sehr viel Energie, sondern oft auch Erkenntnisse aus offenen Fragen, mit denen ich in die Meditation einsteige. Da ich spirituell weiter bin als viele Menschen auf dieser Erde, komme ich in meinen Meditationen auch in Sphären, die anderen oft unzugänglich bleiben. Was würdest du Einsteigern grundsätzlich raten? Ich denke, der richtige Beginn ist entscheidend. – Oder?

Tatsächlich, Rosalinde, ein richtiger Beginn und eine bescheidene Erwartungshaltung sind die beste Basis zur erfolgreichen Meditation. So wie du als Kind nicht von einem Tag auf den anderen das Alphabet erlernen konntest, so verhält es sich mit der Meditation. Ein Tor, der denkt, er schafft dies in einer Einführungsveranstaltung von drei oder sechs Stunden. In dieser Zeit kann ich mir nur die Grundlagen holen um zu ahnen, in welche Richtung ich zu gehen habe.

Und so wie du als Kind viele Stunden, Tage, Wochen und Monate der Übung vor dir hattest, um dir das Alphabet anzueignen, so verhält es sich mit der Meditation. Nur wenigen, spirituell vorgebildeten Menschen gelingt es, innerhalb kürzester Zeit zu verwertbaren und erfüllenden Meditationsergebnissen zu gelangen.
Dem Meditationsschüler bleibt die Übung und in erster Linie die Geduld und sehr bald wird er die energetischen Ströme spüren, die er sich aus seinen Sitzungen holt.

Kannst du uns aus deiner Sicht einen guten Beginn schildern?

Wenn du spürst, dass heute der Tag zu einem Start in eine neue Dimension deines Lebens gekommen ist, dann bist du so weit. Ziehe dir etwas Gemütliches an. Suche dir einen Platz in deiner Wohnung, in deinem Haus, einen Platz der absoluten Stille. Es ist nicht notwendig, sich fernöstliche Sitztechniken anzueignen, um gute Meditationsergebnisse erzielen zu können. Suche dir einen Stuhl aus, einen Platz auf dem Sofa oder lehne dich auf dem Boden sitzend an die Wand. Wichtig ist, dass du wirklich bequem und aufrecht sitzt und für die Zeit der Meditation deinen Körper vergessen kannst.
Wichtig ist auch, dass deine Meditation keine Unterbrechung durch andere Personen erfährt. Es würde dich in der augenblicklichen Sitzung an den Beginn zurückwerfen und dich ungeduldig werden lassen. Versuche dies von vornherein zu verhindern.
Schließe die Augen und konzentriere dich auf dein Drittes Auge. Es liegt zwischen den Augenbrauen, ungefähr einen Zentimeter höher. Das heißt, deine geschlossenen Augen sind ganz leicht nach oben gerichtet. Aber übertreibe nicht, blicke bei geschlossenen Augen nur ganz leicht nach oben. Und nun meditiere auf dein inneres Licht. Sei sehr entspannt dabei, sei wach, und wenn du etwas siehst, urteile nicht, sondern lasse es einfach geschehen.
Gleichmäßig atmend, verharrst du so etwa dreißig Minuten. – Vierzig wären noch besser. Stelle dich darauf ein, dass du mindestens zwanzig Minuten benötigst um überhaupt in die Meditation zu gelangen. Anfangs werden dich noch die einen oder anderen Gedan-

ken zum Tag verfolgen. Versuche aber gänzlich frei von ihnen zu sein. Stelle dich sozusagen gedanklich ab. In dieser Meditationsform solltest du tatsächlich an nichts denken.
Konzentriere dich auf dein inneres Licht, versuche durch dein geistiges Auge zu blicken. Du siehst schwarze und graue Schatten. Sie ziehen von links nach rechts, von unten nach oben und umgekehrt. Kleine Lichtblitze, helle Punkte, sie erinnern an Sterne. Sie pulsieren. Und eines Tages siehst du ein Licht aufgehen. Ein Licht, das in seiner Helligkeit die Sonne weit hinter sich lässt. Es lädt dich auf, gibt dir Kraft, wie auch ein wohliges seliges Gefühl der Geborgenheit und der Stärke. Du wirst mit der Zeit und mit kommender Übung die Antworten sehr klar sehen, die zuvor noch von den Nebeln der Frage verhüllt waren.
Gleichzeitig mit der Meditation in dein inneres Licht empfehle ich dir die Meditation zu deinem inneren Ton. Die von dir gehörten Töne erzeugen die für dich richtige Schwingung. – Diese Meditation machst du natürlich nicht auf einmal, sondern nacheinander. – Dabei hältst du dir beide Ohren mit den Daumen zu und legst die Hände vorne, leicht oberhalb, auf die Stirn. Es sollte eine sehr unverkrampfte Haltung sein, in welcher du auch mindestens dreißig Meditationsminuten ausharren kannst. Missachte die Töne aus dem linken Ohr, achte auf die des rechten Ohrs. Der gute Ton kann aber genauso gut auch von oben, vom Scheitel kommen. Anfangs wirst du vermutlich ein dumpfes Rauschen hören, es wird mit der Zeit leichter. Und nach und nach können sich Töne aus allen Richtungen einstellen. Lässt dich ein Ton aus dem linken Ohr nicht aus, dann öffne es und entlasse ihn. Dann schließe den Gehörgang wieder mit dem Daumen und konzentriere dich weiter. Es gibt keinen ultimativ richtigen Ton, aber wenn du einen Ton hörst, der dich bewegt, dann ist das einer von denen, die dich in höhere Ebenen bringen. Gerade in der Meditation spürst du sehr schnell, was gut und was hinderlich ist, was dich weiterbringt und was dich eher hinunterzieht. Richte dich nach oben und vertraue deiner aufrichtigen Achtsamkeit.

Du wirst merken, anfangs wird es nicht einfach sein nichts zu tun. Ruhig zu sitzen, um stundenlang dein ICH zu suchen. Es bedeutet Anstrengung. Die von mir beschriebenen Meditationstechniken sind ausschließlich Methoden zur Meditation. Aber sie sind nicht Meditation. Die wahre Meditation ist keine Technik, sondern eine Erkenntnis und eine Bewusstwerdung. Die Techniken helfen dir nur, diese Erkenntnis zu finden. Durch diese Technik wird es dir erst ermöglicht, gesteuerte Reisen in dein ICH zu unternehmen. Sei bei allem, was du in der Meditation tust, keinesfalls verkrampft oder auf ein Funktionieren fixiert, lasse es einfach geschehen.

Es heißt, die Farben im Dritten Auge sind sehr bedeutsam. Es sagt mir sehr viel über meinen Energiehaushalt aus und über die Mächte, die in mir zur Zeit ausgebreitet sind.

Das Dritte Auge ist ein gutes Instrument zur inneren und äußeren Bewusstheit. Und du hast Recht, die Farben spielen hier eine große Rolle und können viel über deinen inneren Zustand aussagen. Lebt Aggression in dir, wirst du in deiner Meditation viel Rot sehen. Gier manifestiert sich im orangefarbenen Bereich und Neid zum Beispiel im grünen Bereich. Ein Blau wie Indigo weist übrigens auf Unvoreingenommenheit hin. Rot, Orange, Grün, das sind Farben, die wie Balken vor dem Auge liegen, dich blockieren und dich nicht weiterkommen lassen. Flieder und Lila wiederum helfen dir in deiner Spiritualität.

Sorge dafür, dass dein Drittes Auge seine natürliche dunkelblaue bis lila Tönung beibehält oder gar weiß ist. Letzteres kommt aber nur sehr selten vor.

Und was passiert nach dem Sehen und Hören, oder vielleicht besser gefragt, was passiert durch das Sehen und Hören?

Du wirst im Laufe der Zeit Verbindungen zu energetischen Zentren aufnehmen und wirst deren Energien übernehmen können, um sie in dir zirkulieren zu lassen. Sie werden dich stärken und dir Ant-

worten auf ungelöste, persönliche Fragen geben können. Es ist ein langer Weg bis dorthin. Aber er lohnt sich.
Was du auf jeden Fall sofort merken wirst, ist die extreme Ausgeglichenheit, die sich sehr schnell nach dem Meditationsbeginn einstellen wird. Du wirst mit anderen Augen durch die Welt gehen und es wird dir möglich sein, aus alltäglichen Situationen Kraft zu schöpfen. Du wirst sensibilisiert sein für die natürlichen Kraftquellen, die dich umgeben.
In der Meditation bist du wie ein Akku in einem Ladegerät. Wenn du täglich meditierst, schöpfst du Energie für den Alltag und Energie für deine Spiritualität.
Zur Energiearbeit gibt es noch einen Hinweis: Die Energie neigt dazu, von der Erdkraft nach unten gezogen zu werden. In der Meditation kannst du die Energie hochheben und in wichtigere Regionen leiten, es ist dir möglich, dich damit auch ein wenig von der Erdschwere zu lösen. – Zum Beispiel zum Scheitelchakra, hier entspringt deine Intelligenz und sie wird dir diesen Energiefluss danken.

Welche Funktionen siehst du sonst noch in der Meditation?

Die Meditation hilft dir nicht nur, zu dir selbst zu finden, zu deinem innersten ICH. Sie reißt von der Gesellschaft errichtete Schranken in dir ab und lässt dich dadurch über Distanzen sehen, die dir bislang unbekannt waren. Deine inneren Quellen werden wieder lebendig sprudeln, sie werden von den Felsbrocken befreit sein, die deine Gesellschaft mit ihren falschen moralischen Grundsätzen auf die Quellen gelegt hat. Du wirst sehr bald feststellen, wie sich die Intelligenz in dir breit macht, die in dir versperrt wurde. Die befreite Intelligenz bringt dir Freiheit und Spontaneität. Öffne sie und bediene dich ihrer, du hast in ihr die Fähigkeit auf jede Situation einzugehen. Meditation soll Ruhe, Erholung und Entspannung sein. Rosalinde, du lebst dies ja zwischen den Beratungsstunden, in deinen zehnminütigen Tiefenmeditationen, in die du dich heute nach dreißig Jahren Übung versetzen kannst. Du siehst ja selbst, Übung macht den Meditationsmeister.

Bekannte von mir klagten, dass sie durch die Meditation sehr allein waren und sich dadurch einsam fühlten. Meinst du, ist hier etwas schiefgegangen?

In der Tat, Rosalinde. Wer richtig zu meditieren versteht, der ist nicht einsam. Wer aus der Meditation Energie zieht, ist nicht allein. In der Meditation allein zu sein, ist eine Form der gesellschaftlichen Enthaltsamkeit. – Ich empfehle aber nicht, sich aus der Gesellschaft zurückzuziehen, um in der Meditation Energie zu gewinnen. Das wäre eine falsche Entwicklung. Der Mensch ist nicht darauf ausgelegt, als Einzelgänger durch das Leben zu gehen. Nur wenige Menschen unter uns haben das Potenzial und die Neigung dazu, in Einsamkeit zu leben, denn sie werden diese nicht so empfinden.
Wenn ich Meditation empfehle, meine ich damit nicht Einsamkeit. Der richtig Meditierende lebt weiterhin gesellschaftlich und teilt mit seinen Freundinnen und Freunden, mit seiner Familie seine Erlebnisse, sein Leben, seine Energie, sein Lachen. Aus der wahren Gesellschaft entspringt ein guter und wichtiger Teil des Lebens! Nur wenigen ist es gegeben allein zu leben, ohne Einsamkeit zu empfinden.

Weißt du, das erinnert mich jetzt sehr stark an die Geschichte, die mir Peter von seiner Großmutter erzählte. Sie war offensichtlich ein Mensch, der, ohne Einsamkeit zu empfinden, gut allein leben konnte. Sie lebte nach der Trennung von ihrem Mann ohne weiteren Partner und hatte auch sehr wenige Bekannte, mit denen sie sich traf. Sie verstand es sehr gut alleine zu leben und war eine wunderbar ausgeglichene Frau und voller Energie.
Ich würde sagen, dass ihre Wohnung ein hochenergetisches Ladegerät war. Jeder, der zu Besuch kam, spürte das und machte ihr zu ihrer Einrichtung, im Speziellen zu ihrem Wohnzimmer, viele Komplimente. Sie verspürte nie Einsamkeit, obwohl sie extrem zurückgezogen lebte, und war eine moderne, starke und zum Leben positiv eingestellte Frau.

Seine Großmutter war nicht nur eine energetisch sehr aufgeladene Person, sie hatte trotz ihres außerordentlich starken Realitätssinnes eine hohe Spiritualität, allerdings ohne sich deren bewusst zu bedienen. Sie fand die spirituellen Kraftquellen, ohne sie suchen zu müssen. Sie waren einfach für sie im hohen Ausmaß vorhanden. Sie war eine Verweigerin des Spirituellen und hatte trotzdem ungeahnte Spiritualität. Peters Großmutter wäre eine wunderbare weise Frau geworden, und sie hat den Zugang dazu in diesem Leben bereits gefunden.

Interessant, dass du das sagst, Raphael. Sie hat es offensichtlich nicht verstanden, die massiven Steine von ihren Quellen zu nehmen, um sie noch wesentlich ungehinderter sprudeln zu lassen. – Aber ich glaube, sie ist in diesem Leben schon ein großes Stück weitergekommen.
Kehren wir zur Meditation zurück. Meditation heißt keineswegs nur ruhig zu sitzen. Meditation kann ja auch in Bewegung passieren.

Speziell Menschen, die unter einem gewissen Bewegungsmangel leiden, ihn wirklich verspüren und keine passende Gelegenheit haben, diesen auszugleichen, diesen Menschen empfehle ich Bewegung als Meditation. Ein Spaziergang im Wald kann meditativ genutzt werden oder sehr gut auch Tanz.
Wichtig ist, dass du dich im Tanz vergisst. Tanze so, dass du vergisst, dass du tanzt. Gehe auf in deinem Tanz. Lass ihn kommen, wie er will, und versuche nicht, in die Bewegungen einzugreifen. Deine Gedanken müssen aus dem Tanz hinaus. Tanze so gut es geht mit geschlossenen Augen. Es kann auch ein Tanz auf der Stelle sein. Tanze mit deinem Oberkörper, auch das ist gut. Der Tanz kann ruhig gute dreißig Minuten dauern. Danach setze dich hin und sei bei weiterhin geschlossenen Augen still. Du kannst jetzt die Meditation des inneren Lichts beginnen. Aber jede andere wäre genauso gut. Diese Phase kann ruhig noch einmal zwanzig Minuten oder länger andauern. Zum Abschluss dieser kombinierten Meditation aus ausgelassener Bewegung und innerer Einkehr kommst du nochmals für ungefähr zehn Minuten in die Bewegungsphase und lässt die Meditation tänzerisch ausklingen. – Mit dieser Meditationsart gibst du

dem Körper die Bewegung, nach der er verlangt, und deine Seele erhält die nötige Energie, um höhere Ebenen erreichen zu können. – Perfekter geht es beinahe nicht mehr.

Sportler behaupten ja auch, zu joggen wäre eine Form der Meditation. Damit hätten wir wohl eine weitere Bewegungsmeditation gefunden?

Stimmt, Rosalinde! Meditation heißt, wie gesagt, nicht unbedingt, sitzen zu müssen, ruhig zu sein und seinen Bewegungsdrang zu unterdrücken. So wie man im Tanz meditieren kann, so kann man auch meditativ joggen. Wichtig bei allen Meditationstechniken ist, wach zu bleiben. Wenn die Technik keine Wachheit mehr auszulösen vermag, wäre es am besten, sich der nächsten Technik zuzuwenden. Es soll nicht so sein, dass man sich immer derselben Meditationstechnik bedient. Wenn du zum Beispiel das Gefühl hast, dein Joggen sei automatisiert und die Wachheit lässt zu wünschen übrig, dann müsstest du eine Zeit lang etwas anderes tun. Gehe zum Beispiel schwimmen. So lange, bis auch hier die Wachheit nachlässt. Danach kannst du wieder zum Laufen zurückkehren. Dann versuche es mit dem Tanz und so weiter. Reiner Sport ist zwar auch gut, bringt dich aber spirituell nicht weiter. In Kombination mit einer Meditation ist es aber beinahe die Meisterklasse. Ein Marathon versetzt dich zum Beispiel sehr gut in Meditation. Aber Vorsicht, diese Anstrengung ist für viele zu groß.

Eine Freundin von mir meditiert oft über den Atem. Sie hat es mir auch mal erklärt und gezeigt, es erscheint mir eine einfache und stark energetisierende Übung zu sein. Seitdem mache ich sie erfolgreich immer wieder einmal. – Vor allem, wenn man sie in der freien Natur lebt, ist es eine wundervolle Meditation. Mache ich diese Übung auf einer erhöhten Lichtung in einem Wald, hole ich mir ein Maximum an Energie aus der Natur. Und die Luft ist natürlich auch wunderbar. Ich spüre förmlich, wie mein Körper durch die gute Luft, von innen heraus, reingewaschen wird.

Stimmt, Atemmeditation ist ein Bewusstmachen deines Atmens. Du spürst, wie der Atem in deine Lungenflügel einströmt, wie sich dein Bauch hebt. In dem Moment, in dem du einatmest, gehst du auch in deiner Meditation nach innen. Du hältst den Atem kurz an. Du lässt den Atem langsam wieder ausströmen, gehst wieder hinaus und merkst, wie sich der Bauch wieder senkt. Um das Einatmen zu unterstützen und vor allem, um den Atem mit Energie anzureichern, breitest du vor dem Einatmen deine Arme aus und hebst mit ihnen von unten her die Energie an. Das heißt, mit den Handflächen nach oben streifst du, ohne den Körper zu berühren, die Energie aus deinen unteren Regionen nach oben und reicherst damit deinen Atem an. Über den Atem fließt die Energie in jede einzelne Zelle deines Körpers. – Diese Technik kannst du langsam und bedächtig bis zu einer Stunde stehend im Wald, auf einer Wiese, einer Alm oder an einem Strand praktizieren. Sie dient ausnahmsweise nicht ausschließlich der Seele, sondern auch dem Körper. Wende sie in deinem Urlaub, so gut es geht, täglich an und sie wird dich stärker vitalisieren als jeder weltliche Kuraufenthalt. Dein Körper wird mit Energie angereichert sein, deine Selbstheilungskräfte werden aktiviert und gestärkt und dich in den kommenden Monaten vor Angriffen von außen sehr gut schützen.

Da fällt mir ein, dass über das Atmen sowieso sehr viel passiert und wir es uns bewusst machen sollten. Wenn man seufzt, ist es ein unwillkürlicher Versuch, die schlechte Stimmung mit auszuatmen. – Und ich finde, das funktioniert auch ganz gut. Also lasst uns seufzen, wenn es uns wirklich einmal nicht so gut geht und uns danach zumute ist.

Stimmt, und das kann man eben auch, wie du es empfiehlst, bewusst machen. Wenn du verspannt, ängstlich oder besorgt bist, atme tief ein, hole dir über den Atem Energie aus dem Kosmos, atme tief aus, so tief du kannst, wirf alles hinaus, was so an schlechter Stimmung in dir steckt. Halte ein bisschen inne und atme von neuem tief ein. Wiederhole die Übung einige Male und du wirst merken, wie die schlechte Stimmung weicht und neue Energie in dir Einzug hält. – Eine sehr einfache, aber effektive Übung.

Du tauschst einfach deine negative Stimmung und die daraus resultierende Negativenergie mit der positiv aufgeladenen Energie des Kosmos aus.

Ich glaube generell, viele schlechte Stimmungen sind „kopfgesteuert“. Im Kopf setzt sich diese Stimmung fest und wird in den gesamten Körper abgeleitet. Würde man mit der Herzgegend, also dem Solarplexus, fühlen, gäbe es vermutlich die meisten dieser Stimmungen nicht.

Das Herz ist die natürliche Quelle des Friedens, also muss der persönliche Friede nicht erst erzeugt werden. Du musst nur zur Quelle finden und sich ihrer bedienen. Fühle einmal bewusst den gesamten Raum zwischen deinen beiden Achselhöhlen. Das ist dein persönliches Friedenszentrum und übrigens auch das Zentrum der Liebe. Wenn du liebst, geht diese Liebe von dieser Quelle aus. Friede und Liebe sind daher sehr eng miteinander verbunden. Wer richtig verliebt ist, fühlt sich friedlich. Suche aber nicht den Frieden über die Liebe. Suche den Frieden direkt, nämlich über dein soeben besprochenes Friedenszentrum. Nur wenn du liebst um der Liebe willen, wird es ein reines Lieben sein und kein Mittel zum Zweck. Sich der Liebe zu bedienen, um vorübergehenden Frieden zu erlangen, bedeutet, mit dem Beginn dieser Liebe bereits für ihr sicheres Ende gesorgt zu haben. Sie wird von Beginn an belastet und vergiftet sein.

Das heißt, Raphael, Menschen, die über die Liebe den Frieden suchen, werden permanenten partnerschaftlichen Schiffbruch erleiden und nie zu einem guten Ende kommen?

So ist es. Sie drehen sich im Kreis und machen den Fehler so lange, bis sie ihn mit etwas Glück erkennen und ihr Leben ändern. Viele merken den Irrtum auch lange nicht. Ich hoffe sehr, dass viele Menschen aus unseren Gesprächen schöpfen und ihnen dadurch nachhaltig geholfen werden kann. Das wünsche ich mir von ganzem Herzen.

Daher nochmals: Suche in der Meditation dein persönliches Friedenszentrum auf und schöpfe aus deinem inneren Frieden. Öffne die Quelle des Friedens. Du wirst mit ihm erfüllt sein und merken, wie sehr du auf deine Umwelt wirkst. Friedvolle Menschen ziehen andere Menschen an, denn jeder will in ihrer Nähe sein. Friede lebt in positiven Schwingungen. Sie werden von deiner Umwelt gespürt. Diese Schwingungen umgeben dich und jeder, der sie spürt, will an diesen Schwingungen teilhaben, wird ebenso in friedvolle Schwingungen versetzt und somit gibst du nicht nur, du bekommst auch wieder etwas zurück. – Und wenn du deinen inneren Frieden gefunden hast, wird auch die wahre und umfassende Liebe zu dir kommen.

Jetzt, wo wir über die Meditation sprechen, fällt mir übrigens ein Gespräch mit meiner Freundin Susanne ein. Es fand vor ungefähr zwei Jahren statt. Sie war zu diesem Zeitpunkt Flugbegleiterin und flog hauptsächlich Langstreckenflüge. Susanne meinte, es wäre stressloser als mehrmals täglich Kurzstreckenflüge zu absolvieren. Außerdem nützte sie regelmäßig die Flüge, um in den Pausen zu meditieren. Susanne versicherte mir, während der Flüge zu sensationellen Meditationsergebnissen zu kommen, die weit davon entfernt seien, was ihr zu Hause oder im Hotel gelinge. Hast du eine Erklärung dafür?

Durchaus, Rosalinde! So wie die Menschen am Himalaja früher auf den Berg gingen, um dort zu meditieren, so fällt es einem auch um ein Vielfaches leichter in einem Flugzeug zu meditieren. Es ist sozusagen der moderne Berg. – Man muss es nur schaffen, die Umwelt und vor allem die Geräusche der Technik wegzuschalten. Aber als Flugbegleiter ist man den Platz so sehr gewöhnt, als wären es die eigenen vier Wände. Und als Passagier brauchst du nur ein wenig länger, um diese ungewohnten Geräusche aus deiner Meditation zu filtern, um absolute Ruhe zu finden.

Du musst dir das konkret so vorstellen. Wenn die Erde entsprechend weit weg ist, erreichen dich auch die irdischen Anziehungskräfte nicht mehr. Du bist schneller eins mit der Kraft des Kosmos.

Stelle dir in der Meditation im Flugzeug einfach vor, wie du mit dem Kosmos, der dich jetzt umgibt, eins wirst. Du verlässt in der Meditation das Flugzeug und wirst eins mit den Wolken, mit dem Mond, mit der Sonne, mit den Sternen. Du wirst immer größer und nimmst alles in dir auf. Plötzlich bist du selbst ein großer Teil des Kosmos. Du bist entspannt und hast die unendliche Energie des Kosmos in dir. Dieses Bild wird zu deiner Meditation, du wirst Energie in dich aufnehmen und du wirst gleichzeitig auch sehr entspannt sein und dich gelöst fühlen.
Ich schätze, deine Freundin Susanne wird durch Zufall auf diese wundervolle Ausgangsbasis ihrer Meditation gekommen sein. Menschen, die an vielen Orten meditieren können, entdecken natürlich mitunter auch so etwas wie „Wunderplätze der Meditation". Ein Flugzeug oder eine Raumstation gehört dazu. Letzterer werdet ihr euch allerdings derzeit noch nicht so leicht bedienen können. Ihr werdet aber bald dem Kosmos geistig wesentlich näher rücken. Wartet nur zehn Jahre.

Die Meditation im Flugzeug wäre doch auch etwas für Menschen, die an Flugangst leiden, oder? Würden sie sich nicht sehr rasch beruhigen und ein gewisses Maß an Vertrauen gewinnen?

Das ist nicht generell so zu beantworten. Es wird Personen geben, die es schaffen, von ihrer Angst aus in einen meditationsgerechten Zustand zu gelangen, und es wird welche geben, deren Angst es verhindern wird, dass sie ruhig werden und in die Meditation finden. – Den Ängstlichen empfehle ich, die Angst geistig über Bord gehen zu lassen. Denn Angst ist irreal und blockiert nur.

Klingt interessant, Raphael, wie müssen wir uns das konkret vorstellen?

Du nimmst eine gemütliche Sitzposition ein, schließt die Augen und wirst dir deiner Angst bewusst. Lasse sie ordentlich in dir aufsteigen, jetzt ist sie in jeder Faser deines Körpers. Visualisiere sie, male dir aus, was nicht alles während des Fluges passieren könnte, und beginne die Angst schön langsam in der Mitte des Körpers, in deinem Friedenszentrum zu zentrieren. Die Angst strömt aus jeder einzelnen Fingerspitze in die Arme, aus den Füßen in die Beine und vom Kopf hinunter in den Oberkörper. Dort formst du aus der Angst eine runde Kugel, du presst sie zusammen und denkst dir einen Kanal aus deinem Friedenszentrum hinaus aus dem Flugzeug. Du entledigst dich deiner Angst, indem du sie einfach abwirfst. Sollte noch immer etwas Restangst in dir stecken, wiederhole die Übung. – Wenn Friede und Ruhe in dir eingekehrt sind, bist du bereit zur eingangs beschriebenen „Berg-Meditation". Mit ihr wird es dir gelingen, deine Energiespeicher zu regenerieren, denn du wirst sicherlich bemerkt haben, dass dich die Angst-Meditation enorme Kraft gekostet hat und alles andere als Kraft bringend war, wie es sonst in der Meditation üblich ist.

Eine Art der Meditation ist es, aufmerksam zu leben, oft kleinste Dinge wachsam zu betrachten.

Die oberflächliche Lebensweise der meisten unter uns führt gerade zum Gegenteil. Vieles wird übersehen, das Bewusstsein wird zurückgedrängt. Wir leben an und für sich wie in einem Traum. Wichtige Sequenzen des Lebens überspringend, mit anschließender Verwunderung über die rasche Vergänglichkeit der Zeit. Bewusster zu leben heißt auch, alle Sequenzen des Lebens bewusst zu erleben.

Du kommst an einer Wiese vorbei. Bleib stehen und sieh sie dir ruhig einmal bewusst an. Entdecke jede einzelne Blume, jeden einzelnen Grashalm, die Schmetterlinge, Bienen und Fliegen. Du machst dir die Wiese bewusst und sie wird plötzlich anders sein. Viel grüner, vielschichtiger und lebendiger. Dabei ist es nach wie vor dieselbe Wiese. Werde auch wie eine Blume. Sie blüht und riecht für sich, nicht weil sie betrachtet wird, und gerade deshalb bewundert ihr sie.

Du siehst vor dir einen Berg und betrachtest ihn genau so bewusst wie die Wiese zuvor. Entdecke jeden einzelnen Baum darauf, einen kleinen Wasserfall, das Gipfelkreuz oder die tiefen Einschnitte im

Fels, die in einer Geröllhalde münden. Du siehst den Berg in all seinen Facetten. Auch er wird plötzlich lebendig und bedeutender im Inhalt. – Dabei ist es nach wie vor derselbe Berg.
Und so verhält es sich mit deinem gesamten Leben. Lebe nicht in den Tag, sondern betrachte ihn in all seinen Details. Du wirst sehen, er wird bunter, lebhaft und strahlender.
Auch das ist eine Meditation, eine Sache zu betrachten, um in alle ihre Details einzudringen. Durch die Betrachtung wirst du dir die Aura des Spirituellen öffnen können. Geh wachsam durchs Leben und betrachte. Egal, ob es jeder einzelne Mensch auf der Straße ist, ob es ein Haus ist oder die Blumen im Vorgarten sind. – Betrachte!

Raphael, während deiner Ausführungen habe ich mich gefragt, ob meditative Vorgänge immer in Ernsthaftigkeit und Schweigen münden sollen. Ich selbst bin ein Mensch, der gerne lacht. Für mich ist das Lachen eine wunderbare Kraftquelle und ich merke es auch immer wieder, wenn ich mich in einer Gesellschaft befinde, in der viel gelacht wird, dann war es meist nicht nur für mich, sondern für alle ein gelungener und besonders energetischer Abend.

Na ja, Rosalinde, die Meditation im Tanz ist ja durchaus dazu da, nicht nur in Ernsthaftigkeit zu meditieren. Generell ist es so, dass dich die Meditation nicht ins Schweigen führt. Sie schafft nur die Gelegenheit zum Schweigen. Beachte den Unterschied!

Durch die Meditation erfährst du Lebensenergie und mit ihr halten Lachen und Lebensfreude Einzug in dein Leben. Sieh die Meditation als Grundstock für ein Lachen, das nach allen Seiten überfließt. Und, Rosalinde, hättest du nicht diese hohe Meditationserfahrung, könntest du dein Lachen nicht so stark genießen wie du dazu in aller Wachsamkeit im Stande bist. Durch Lachen und Fröhlichkeit wird die Erde in die nächsthöhere Dimension aufsteigen.

Menschen, die in einer beeinträchtigten Beziehung leben, werden vermutlich in der Meditation ebenso Ansätze zu einer Verbesserung ihrer Beziehung finden. Vorausgesetzt Besserung und vor al-

lem Entwicklung ist gewünscht. – Denn wenn die Beziehung beendet wurde und einer der Partner nicht mehr ernsthaft an einer Fortführung interessiert ist, nützt wohl die beste und längste Meditation nichts mehr.

Die nützt der Beziehung vielleicht nichts mehr, aber dem Meditierenden sehr wohl. Ich kann ruhigen Gewissens die Auskunft geben, dass Meditation in jeder Lebenslage hilfreich ist. Aber kommen wir zum Kern deiner Aussage zurück. Wenn zwei Menschen meditativ tätig sind, kann es kaum zu einer Situation kommen, die beziehungsgefährdend ist. Das Paar lebt achtsam und wird daher in aller nötigen Sensibilität eine fortschreitende Entwicklung der Beziehung führen. Ihre Beziehung, ihre Liebe wurde durch die Meditation erst sehend. Erst durch Liebe und Meditation wird diese zwischenmenschliche Beziehung zu einer Reisegemeinschaft im höchsten Sinne. Es wird eine wahre Entdeckungsreise zu den Geheimnissen der Liebe und des Lebens. Jedes harmonische und strebsame Paar bildet zwei Seiten eines Ganzen. – Vertut eure Zeit nicht im Streit und Unverständnis. Nützt die Meditation, um eurer Liebe Augen zu verleihen. Ergötzt euch an den Tausenden Möglichkeiten, die wahre Meditation in eure Partnerschaft einzubringen vermag.

Und wenn ich einen Partner voller Unverständnis habe, der für diese Dinge kaum zugänglich scheint? Ich kann ja wohl kaum jemanden dazu zwingen, mit mir zu meditieren.
(Raphael lacht herzlichst!)

Zwang ist wohl der schlechteste Ansatz, den man der Meditation verleihen kann. Weißt du, alle Konflikte dieser Welt beruhen auf Missverständnissen. Der menschliche Sender schickt seine Botschaft von seinem Geist, über Augen und Zunge zum Empfänger, der wiederum versteht ihn nicht. Wie oft kommt es vor, dass ein Paar viele Jahrzehnte miteinander verheiratet ist und sie eines Tages feststellen müssen, dass sie sich nicht verstehen. Seit Jahren leben sie nebeneinander her, ohne ein richtiges Gespräch der Tiefe, ohne sich in den letzten Jahren jemals verstanden zu haben. Hier wird es

mit und ohne Meditation keine Besserung mehr geben können. Nach einer so langen Zeit des Nichtverstehens, gibt es keine Wunder von OBEN. Die Heilung dieser Partnerschaft, um Sender und Empfänger aufeinander neu einzustellen, liegt im beiderseitigen Wunsch nach einer Aussprache und eventuell anschließender Partner-Meditation. Es kann dann eine Chance für diese Beziehung geben.
Wenn sich allerdings dein Partner der harmonischen Beziehung verwehrt und mit ihr abgeschlossen hat, er nur mehr eine materiell orientierte Gemeinschaft mit dir leben will, wenn du ihn für ein Eintauchen in eine harmonische Welt durch Meditation nicht gewinnen kannst, dann sehe ich nur mehr geringe Ansätze, dieser Partnerschaft ein Leben der wahren Harmonie einzuhauchen. Frage dich in diesem Fall aber auch, ob es in dieser Beziehung noch Liebe gibt.

Du sagst „geringe Ansätze", also siehst du doch noch Möglichkeiten?

Da jeder Partner anders funktioniert, empfehle ich dir, in der Meditation in dich zu gehen, um den jetzigen Zustand deines Partners mental zu erfassen. Hinterfrage, wie es dazu kommen konnte, dass ihr euch so weit voneinander entfernt habt. Versuche nach der Seele deines Partners zu greifen um diese zu berühren. Sage ihr, dass du an ihr interessiert bist und nur Gutes willst. Mache dir die Seele deines Partners zum geistigen Komplizen. Denn wenn sich eure Seelen noch berühren, kann es einen neuen Anfang geben.
Wenn du diese Meditation oft genug gemacht hast und den Glauben hast, in das Innere deines Partners gesehen zu haben, dann führe ein Gespräch mit ihm. Es sollte ein Gespräch ohne Anspannung sein. Esst etwas, trinkt, hört dazu gute Musik. Zelebriere das Gespräch. Sage deinem Partner, wie sehr Du an einem Leben mit ihm interessiert bist. An einem harmonischen Leben, voller geistiger Entwicklung. Beschreibe ihm die Bedeutung, die er in deinem Herzen inne hat. Sprich aber auch über die Fehlentwicklungen der letzten Zeit. Zeige ihm die Gefahr des Scheiterns dieser Partnerschaft auf und

befrage ihn über den Stellenwert der Partnerschaft in seinem Herzen. Versuche dann auch im Gespräch seine Seele zu erreichen.
Wenn dein Partner an einer harmonischen Fortführung der Partnerschaft Interesse zeigt, wird er sich mit dir auf dieses Gespräch einlassen. Wenn deinem Partner diese Gemeinschaft wichtig ist, wird er sich zumindest versuchsweise auf eine gemeinsame Meditation einlassen. Erzähle ihm von deinen persönlichen Meditationserfolgen. – Allerdings nicht von der Vorbereitung zu diesem Gespräch. Dein Partner soll sich nicht manipuliert vorkommen. Er muss die Entscheidung einer Fortführung selbst tragen und darf in keiner Sekunde glauben, sie wurde ihm durch Manipulation abgenommen. Denn die Willensfreiheit ist auch in der Liebe ein sehr wichtiger Punkt. Alles muss freiwillig geschehen.
Wenn sich dein Partner jedoch versperrt und aus dem Gespräch flüchtet, dann sehe ich keinen weiteren Sinn darin, dir diese Partnerschaft zu empfehlen. Sie wird sich wie eine Energiebremse auf dein Leben auswirken. Sie wird dir das Licht rauben und dich nicht mehr glücklich werden lassen. Innere Reife durch Meditation heißt auch, ein Ende zu erkennen und das Ende auch zuzulassen. Lass los und lass den anderen in Frieden ziehen, dann wird rasch wieder Lebensmut und Freude in dir einkehren. Es gehört ein großes Maß an Stärke und innerer Reife dazu, eine Sache zu beenden, wenn kein Fortbestand erkennbar ist. Diese Erkenntnis ist nicht nur auf Beziehungsfragen umzulegen, sondern auf das gesamte Lebensspektrum.

Weißt du, Raphael, ich habe täglich mit Spiritualität und Meditation zu tun, aber wenn ich dir und deinen Ausführungen zuhöre, dann passiert es sehr oft, dass mich eine innere Wärme erfasst, ich fühle, wie sich etwas in mir ausbreitet, und dieses Gefühl tut einfach richtig gut.

Danke, Rosalinde! – Du schmeichelst mir sehr. Aber weißt du, das sind die Schwingungen meiner Worte, die Schwingungen meiner Sätze. Weil du dafür empfänglich bist und diese Schwingungen in dir aufzunehmen vermagst, werden sie sich in dir fortsetzen, und dann geschieht, was du gerade beschrieben hast. Du fühlst in dir ein Gefühl der Wärme und Glückseligkeit. Diese Schwingungen werden sich später auch über die Worte und Sätze in diesem Buch ausbreiten und wer dafür empfänglich ist, wird sie spüren und in sich aufnehmen können. – Und so soll es auch sein! Du kannst jedem jederzeit mit guten Worten diese positiven Schwingungen schenken. Es ist ein schönes und wichtiges Geschenk, an das viel zu selten bewusst gedacht wird.

Wir haben jetzt von dir schon sehr viel über die Meditation gehört. Gibt es eigentlich auch von vorneherein Schwierigkeiten und Hindernisse, um in die Meditation zu gelangen?

Dir stehen in der Tat zwei große Hindernisse im Weg, um einfach und bequem zur Meditation schreiten zu können. Dein Ego zum Beispiel ist die erste Bremse. – Um in der Welt zu reüssieren, lernst du von klein auf, wie wichtig es ist, ein großes Ego zu haben. Du musst stark sein, um in der Welt mithalten zu können, sonst kann nichts aus dir werden. Egal, welchen Beruf du dir auch aussuchst, es erscheint wichtig, dass du dich der Ellbogen-Technik verschreibst und dein Ego ordentlich ausspielst.

Ich sehe das Ego als eine der größten Krankheiten des modernen Menschen. Es bedarf sehr viel Fingerspitzengefühls, um sich das richtige Maß eines Egos anzueignen. Ist es zu groß, legt man sich selbst ordentliche Barrieren in den Weg. Ist es zu klein, gedeihen die Minderwertigkeitskomplexe, es schmerzt und macht also auch in der zu kleinen Form große Probleme.

Für die Meditation bedeutet es, ist dein Ego zu groß, versperrt es dir den Weg. Du wirst dich nicht in die Meditation fallen lassen können, ist es zu klein, wirst du aus Angst vor Versagen keine Meditationserfolge gewinnen können.

Ist dein Ego zu groß, gib die Vorstellung von deinem ICH auf, denn es wird dir keine Sekunde der Entspannung vergönnen. Denke in einem Kollektiv. Sei ein Teil deiner Umwelt, der Natur, des Himmels oder der Sterne. Sei selbstbewusst, aber denke in Demut.

Nimm Abstand von den Vorstellungen, die deiner Größe huldigen. Distanziere dich von übermäßigem Wettkampf, von Streit, Gewalt und Aggression, von der Wichtigkeit deines äußeren Ansehens, deiner beruflichen Stellung usw.
Du bist ein Teil der gesamten Existenz und mit allem verbunden. – Wenn du das in dir aufnimmst, dann gelingt es dir auch ohne übergroßes Ego wirklich groß zu sein. Aber es wird eine Größe in einer Gemeinschaft sein. Bist du groß, wird mit dir deine Umwelt groß sein. – Genauso verhält es sich mit einem zu kleinen Ego. Öffne dich deiner Umwelt. Du bist ein Teil des Ganzen. Wie kannst du dann noch Minderwertigkeitskomplexe haben? Betrachte wachsam deine Umgebung, die Welt, die dich umgibt, und werde ein Teil davon. Du wirst nach und nach an gesunder Größe gewinnen und der erfolgreichen Meditation steht nichts mehr im Wege.

Das war jetzt das erste Hindernis. Was steht uns noch im Weg, um von Anfang an erfolgreich zu meditieren?

Um erfolgreich zu meditieren bedarf es absoluter Ruhe der Gedanken. Setz dich für einige Minuten hin und versuche an nichts zu denken. Es wird dir nicht gelingen. Dein Gehirn plappert unentwegt. Es können wichtige oder weniger wichtige Botschaften, Gedanken, Ideen sein, die ständig produziert werden. – So passiert es auch bei den ersten Gehversuchen mit der Meditation. Das plappernde Gehirn wird dich davor zurückhalten, dass du dich wirklich ernsthaft und erfolgreich gedanklich absenken kannst.
Es beginnt schon damit, dass du alles Gesehene automatisch in Worte kleidest. Du siehst nicht gedankenlos. Du siehst einen hübschen Menschen und bedenkst ihn mit Worten. Du siehst eine schöne Wolkenstimmung und bedenkst sie ebenso. – Mach dir diesen Gedankenstrom bewusst und versuche die Dinge nicht mit Worten zu bedenken. Sieh sie, ohne sie automatisch in Sprache zu setzen.
Meditation bedeutet, nicht zu bedenken. In der Meditation lebst du ohne Worte. Du erlebst in der Meditation Dinge, aber du erlebst sie sprachlos. Also versuche bewusst so genannte Denkpausen zu pro-

duzieren, bevor du an die Meditation gehst. Versuche dir Dinge anzusehen, ohne sie automatisch in Worte zu kleiden. Mach dich gedanklich leer und lass nur den Eindruck des zu beobachtenden Objekts in dir aufkommen. Wenn dir das gelingt, schaffst du es wesentlich müheloser, in eine erfolgreiche Meditation zu treten.
Wenn du die Gedankenlosigkeit beherrschst, öffnest du als meditationserfahrener Mensch innerhalb von wenigen Minuten die Tore in dein Inneres und es bedarf nicht wie anfangs vieler Minuten, um überhaupt erst die Basis für eine Meditation zu schaffen.

Raphael, wie kann ich Meditationserlebnisse richtig zuordnen und einschätzen? Ist alles Erlebte eins zu eins zu übernehmen oder ist eine gründliche Analyse des Erlebten nötig?

Eigentlich ist die Frage nicht ganz richtig gestellt, Rosalinde! In der Meditation gibt es keine Erlebnisse. Daher gibt es auch keine Einschätzung oder Zuordnung derselben. Sehr wohl gibt es allerdings Meditationserkenntnisse. Und die Erkenntnis, das besagt ja schon das Wort, bedarf keiner weiteren Bearbeitung, um auf ihren Grund zu kommen. Erkenntnisse liegen vollkommen klar vor dir und du kennst den Sinn des Inhaltes. – Das heißt, was du erlebst, ist Inhalt und um zur Erkenntnis des Erlebten zu kommen, musst du den Erlebenden erkennen.
Ich weiß, es hört sich etwas verwirrend und komplex an, aber lass den Inhalt auf dich wirken und sollte dir der Zugang dazu verwehrt sein, lies es später oder morgen nochmals.
Falsch ist es übrigens auch, in der Meditation selbst etwas analysieren zu wollen. Selbst wenn du feststellst, jetzt bist du ohne Gedanken, stimmt es mit dem Moment, in dem du das denkst, nicht mehr. Versuche, von der analytischen Basis deines Verstandes wegzukommen. Akzeptiere Stille als Stille und wenn du eine Leere in der Meditation empfindest, analysiere sie nicht als Leere, sondern lasse sie als solche in dir ruhen. Anfangs wird es dir dein Verstand nicht leicht machen. Er wird dir oft hineinplappern. Aber geh nicht darauf ein. Warte einfach kurz ab und bleibe still. Beobachte und versuche zu sehen, was passiert.

Wenn jemand wütend ist und sich ärgert, heißt es doch oft „Ärgere dich nicht". Wir fordern zur Beruhigung auf. Andererseits heißt es wieder, gehe hinaus und schreie mal ordentlich, das tut gut. – Was meinst du dazu? Sich richtig zu ärgern ist ja im Prinzip auch meditativ.

„Ärgere dich nicht" kommt aus dem Bemühen, jeden Konflikt im Haus unter den Tisch kehren zu wollen. Allerdings wird er damit nicht aufgearbeitet, sondern nur vorläufig weggekehrt. Er wird vermutlich bald wieder kommen und neuerlicher Beruhigung bedürfen. Eher sollte damit gemeint sein, lass ruhig Dampf ab, aber dann vergiss die Sache. Streiche sie aus deinem Gedächtnis. – Schreien ist gut, allerdings nicht für die Stimmbänder. (Raphael und Rosalinde schmunzeln.) Also wenn du wirklich wütend bist, dann lebe diese Wut, abgeschirmt von den anderen, ruhig aus. Wenn es einen Menschen gibt, über den du dich so richtig ärgerst, dann stelle dir diesen Menschen vor, fühle, wie deine Wut in dir hochkommt, und klopfe ruhig mit deiner Faust auf den Tisch oder Boden. Lebe dich aus und lass deine Wut hinaus. Das Gift der Wut entweicht aus deinem Körper und du wirst sehen, in kurzer Zeit wirst du ruhiger werden und deine innere Ausgeglichenheit wird zurückkehren.

Kommen wir zum vorläufigen Abschluss der Meditation. Du hast mir in einem der Vorgespräche einmal gesagt, wir müssen zu beobachten lernen, um in die Meditation zu gelangen. Du meintest auch, wenn ich genug beobachtet habe, sollte ich dazu übergehen, die Gedanken zu beobachten. Dann sollten die Gefühle an der Reihe sein und so weiter.

Versuche es einfach einmal. – Zu beobachten ist durchaus Meditation. Dabei meine ich allerdings nicht ein Sitzen im Café und das Beobachten der Menschen. Das ist ein netter Zeitvertreib und sorgt für Entspannung, aber es wäre zu oberflächlich. Beobachte dich selbst, und wenn du richtig beobachtest, wirst du stärker. Der Beobachter in dir ist dein Innerstes, deine Seele. Du nimmst deine Umwelt, deine eigenen Gedanken, deine Gefühle tief in dich auf. Du beobachtest deinen Körper und machst dir auf diesem Wege vieles bewusst. Aber komme nie auf einen vordergründigen Punkt der Erkenntnis. Der Prozess des Beobachtens ist ein Prozess der Ewigkeit und kein Prozess der raschen und vordergründigen Erkenntnisse. Es ist wie ein Tiefergehen zu einem Mittelpunkt, es wird dir bewusst, dass du eine Reise angetreten hast, eine Reise der Ewigkeit, ohne jeden Anfang und ohne jedes Ende, die Reise des Beobachters währt an.

13. Magie im Alltag

Manche von uns reihen bereits so genannte Déjà-vu-Erlebnisse in die Kategorie der magischen Momente, also etwas schon einmal genau so gesehen oder erlebt zu haben, wie es gerade eben, in diesem Augenblick geschieht, oder eine Entwicklung kurz vorher zu ahnen, um es knapp später bereits in der Realität bestätigt zu erhalten. Andere finden es wiederum ganz normal, bekannte Sequenzen zu erleben und würden in diesem Zusammenhang nie im Leben an Magie denken. – Vielleicht auch allein deshalb, weil sie sich keine Sekunde lang darüber Gedanken machen, ob es nicht doch ein magischer Moment gewesen sein könnte. – Realisten also, vielleicht aber auch Realitätsverweigerer.

Wann beginnt ein magischer Moment? Für viele, wenn etwas passiert, das sie nicht in alltägliche Normen einzureihen verstehen und das nicht mehr mit „gewohnten Maßstäben" zu messen ist. – Überraschende Vorgänge, die ins Reich der Parapsychologie oder der althergebrachten „Hexerei" zu rücken sind. – Aber vielleicht beginnt ja bereits bei Feng Shui etwas fernöstliche Magie? – Und Feng Shui hat es ja immerhin beinahe in jedes Wohnzimmer geschafft. Zu Magie gehört aber auch die Liebe. Wenn sie einen tief berührt, ist es wahrlich ein magischer Moment. Und wie viele Rituale begleiten uns täglich, mit welchen wir wie selbstverständlich umzugehen pflegen. Sie alle sind mit großer Sicherheit der Magie zuzuordnen.

Rosalinde Haller wird im kommenden Kapitel mit Raphael von Singen über die Magie sprechen, die uns im alltäglichen Leben begleitet und uns unterstützt, manchmal wiederum auch gehörig zu hemmen versteht. Es wird darüber gesprochen, wie wir sie uns eventuell dienlich machen oder uns vor ihren negativen Einflüssen wirksam schützen können, und vieles mehr.

*

Guten Abend, Raphael, willkommen zu einem magischen Abend. – Die Magie im Alltag ist unser heutiges Thema. Ich bin bereits sehr neugierig, was uns heute erwartet.

Liebe Rosalinde, ich wünsche auch dir einen wunderschönen guten Abend. Wenn es um Magie geht, ist der heutige Abend wohl so etwas wie ein Heimspiel für dich.

Einerseits ja, andererseits bin ich überzeugt, in dir einen Meister der Magie gefunden zu haben, und bin mir sicher, von dir noch sehr viel erfahren zu können. – Aber lass uns mal beginnen!
Gelegentlich amüsiere ich mich, wie mich früher manche Menschen noch kritisiert haben und an mein Tun und meine Kontakte nach OBEN nicht glauben konnten. Gerade diesen Leuten fiel es allerdings nicht schwer, sich nach Feng Shui zu orientieren.

Feng Shui ist greifbarer und es ist noch auf das Materialistische zurückzuführen, auch wenn noch viel mehr dazugehört als nur das Ausrichten der Wohnung nach alten Bestimmungen. Viele Menschen, die mit dem rein Geistigen noch nicht umgehen können, weil es ihnen noch zu abstrakt erscheint, finden im Feng Shui eine Lehre, die ihnen plausibel erscheint. Mit Feng Shui kann man konkret etwas anfassen und aufstellen, es ist dadurch einfacher zu erfassen. – Noch dazu sieht es in den meisten Fällen auch gut aus. Eine verständliche Lehre, die auch gefällig sein kann.
Wenn es um rein geistige Belange geht, sind es meist Glaubensfragen, und diese sind wesentlich schwieriger zu erfassen und vor allem schwieriger zu bewerten. Eine Wohnung, ein Haus nach dieser fernöstlichen Methode ein- und auszurichten ist wesentlich einfacher als der Frage der Liebe oder der Energie des Geistes nachzugehen. Viele Menschen sind noch sehr materiell ausgerichtet, also begreifen sie Feng Shui wesentlich einfacher. Aber es ist ein Beginn. Gib ihnen Zeit!

Ich möchte kurz die Möglichkeit nützen und einen Feng-Shui-Raster erklären. Diesen legt man sozusagen über die Wohnung und

kann somit seine Räume beurteilen. Der Raster löst neun Lebensbereiche auf, die als gleichmäßige Quadrate dargestellt sind.
Vom Norden der Wohnung begonnen, in der Mitte befindet sich der Lebensweg. Zur Linken das Wissen und die Weisheit. Zur Rechten hilfreiche Freunde. In der Mitte des Rasters befinden sich links Familie und Gemeinschaft, in der Mitte die persönliche innere Mitte und rechts die Kreativität und die Kinder. Ganz im Süden der Wohnung befinden sich wieder links Wachstum und Erfolg, in der Mitte Ansehen und Erleuchtung und rechts die Partnerschaft. Alles sollte zueinander in Harmonie stehen und diese richtig fließen lassen. – Zu sehr ins Detail können wir nicht gehen, es würde den Rahmen bei weitem sprengen. Allein über Feng Shui könnte man ein eigenes spannendes Buch verfassen. – Aber diesen Raster über die Wohnung gelegt, löst alles sehr gut auf.
Aber da habe ich auch wieder eine interessante Geschichte, Raphael! Ich erinnere mich an einen Vorstandsdirektor, mit dem ich sehr gut bekannt bin und der einer meiner größten Zweifler war. Gerade er begann plötzlich die Bankfilialen, für die er zuständig war, nach Feng Shui einzurichten. – Ich muss dir vermutlich nicht erzählen, wie es ausgegangen ist. Er war mit diesem Schachzug sehr erfolgreich, sein Filialnetz boomte regelrecht, und es dauerte nicht sehr lange und er wurde Generaldirektor. – Heute kommt er in regelmäßigen Abständen zu mir und holt sich bei mir Rat für neue Ideen und zukünftige Weichenlegungen. – Denn heute ist er wesentlich gläubiger! – So mancher wird über Umwege überzeugt.

Angesichts dieser Geschichte denke ich mir soeben, es wiederholt sich alles. Zuerst größte Skepsis und nach und nach weicht diese der Sicherheit und dem Glauben.
Es gibt übrigens ganze Städte, die nach den Prinzipien des Feng Shui erbaut wurden, und diesen Städten geht es ausgezeichnet. Insofern ist es vollkommen klar, dass die Kalkulation deines Bekannten mehr als aufgegangen ist. Hätte er die Filialen nicht neu ausgerichtet, hätte er diesen Erfolg, bei allem kaufmännischen Talent, nie in diesem Maß gehabt und er wäre dann natürlich auch nicht so erfolgreich gewor-

den. Es klingt manchmal so einfach, aber oft ist es auch ein wenig Schicksal, ob du deinen Weg findest oder nicht.

Wie kommentierst du Energiearbeit mit Feng Shui? Und inwieweit können wir diese asiatische Art des Einrichtens und Bauens bei uns anwenden? Oder gilt auch hier das Sprichwort „Hilft es nicht, so schadet es nicht ...“?

Dieses Sprichwort ist mir zu wenig. Feng Shui ist eine gute Sache. Es ist allerdings auch nicht nötig, sich nur Bräuche aus dem Osten anzueignen. Jeder gute Wünschelrutengeher kann dir mit wenigen Handgriffen die energetischen Ströme deiner Wohnung, deines Hauses wieder optimieren oder auch Störzonen umleiten. Feng Shui allein kann auch danebengehen. Man sollte es mit der Erfahrung unserer Welt kombinieren. Wenn ich den Untergrund nicht kenne, nützt es nichts, mit „Make-up“ zu arbeiten. Da bleibt Feng Shui an der Oberfläche und oft erschreckend wirkungslos.

Das würde bedeuten, wenn ich Feng Shui als Laie und nach einem Buch in meiner Wohnung anwende, dass ich möglicherweise negative Strömungen umleite und/oder verstärke?

Richtig! Weil du etwas aus dem Zusammenhang reißt. Optimal ist es, wenn du auch über Erdverwerfungen, Erdstrahlen und Wasseradern Bescheid weißt und vor allem auch damit umzugehen vermagst. Nur die Kombination aus allem wird zu einem optimalen Ergebnis beitragen. Feng Shui als „Make-up“ anzuwenden wird ausschließlich zu einem durch visuelle Impulse ausgelösten Wohlbefinden führen, aber es wird darüber hinaus keine Wirkung zeigen. Viele von euch können auch Pendeln und sich damit relativ einfach Zusatzerkenntnisse holen.

Peter hat mir erst gestern wieder erzählt, dass er am kreativsten bei Kerzenschein und guter Musik ist. Überhaupt habe ich den Eindruck, dass bei Kerzenschein sehr viel an positiver Energie fließt. Das „Candle-Light-Dinner“ kommt ja auch nicht von ungefähr.

Was gibt es Feineres als ein gutes Essen, gute Getränke, einen Menschen dazu, dem man zugetan ist, und vielleicht dezente klassische Hintergrundmusik.

Ein „Candle-Light-Dinner" bringt eure persönliche Schwingung so richtig auf Touren. Das Wohlfühlprogramm fließt von der geistigen bis zur sexuellen Energie. Kerzenlicht schwingt positiv, es verbreitet Ruhe und bringt euch aus eurem hektischen Alltag sehr gut herunter. Die Schwingung der natürlichen Flamme beruhigt. Im Gegensatz dazu kann dich die Elektrizität aufladen. Darum solltest du zum Beispiel auch nicht in einem total verkabelten Schlafzimmer schlafen. Ich kann es nur empfehlen, weit öfter bewusst auch zu Hause Kerzen anzuzünden, dazu ruhige, entspannende Musik, die euch gefällt, anzuhören. Erfreut euch an diesem geistigen Frieden und Ruhe ausstrahlenden Licht der Kerzen. Ihr werdet sehen, es ist wie Meditation, regenerierend und Kraft gebend.

In meinen Beratungen werde ich oft gefragt, was man dazu beitragen kann, um sich an seinem Arbeitsplatz wohler zu fühlen. Die meisten Plätze sind ja nicht wirklich auf die eigenen Bedürfnisse hin eingerichtet. Oft Legebatterien gleich, in welchen man vielleicht auch noch kreativ und vor allem produktiv sein soll.

Wenn es möglich ist, such dir einen Platz, von welchem aus du zumindest einen kleinen Streifen Himmel erblicken kannst. Der Blick zum Himmel, zum Kosmos kann dir bereits sehr viel Energie und Zuversicht bringen. Selbst wenn der Rest deines Arbeitsplatzes zu wünschen übrig lässt, ist mit dem Blick zum Himmel viel erreicht. Meide fensterlose Räume, wenn es dir irgendwie möglich ist. Fehlt dir diese Möglichkeit, lege dir einen Halbedelstein in deine Nähe, zum Beispiel auf deinen Schreibtisch. Im Bergkristall sehe ich eine wundervolle Wirkung, um Energie fließen zu lassen. Er schafft reine und scharfe geistige Klarheit. Der Rosenquarz ist auch sehr beliebt, er strömt friedlichere und sanfte Energie aus. Wichtig ist, dass du mit deinem Stein gelegentlich geistige Kommunikation betreibst, so nimmst du leichter seine Energie, die er dir schickt, ent-

gegen. Sobald du eine Verringerung des Energieflusses bemerkst, lass den Stein für ein, zwei Minuten unter fließendem Wasser stehen. Ein gelegentliches Aufladen an der Sonne empfehle ich dir auch. Sie bringt den Energiehaushalt des Steins wieder in Ordnung und er wird dich auch weiter mit positiven Schwingungen versorgen und danach trachten, dass es dir gut ergeht.
Wenn es dir gelingt, in deiner Pause unter freiem Himmel zu sein, nütze diese Möglichkeit. Betrete eine Terrasse, einen Hof, eine Wiese und genieße für kurze Zeit den weiten Blick in den Himmel.

Raphael, ich persönlich empfehle Dinge, die positiv schwingen und den Arbeitsplatz somit gut beeinflussen. Alltagsmagie also. Schöne Pflanzen, keine Kümmerlinge, die möglicherweise wo anders keinen Platz mehr finden. – Ich meine wirklich prächtige Pflanzen, die das Auge und somit das Herz erfreuen, und vergiss sie nicht zu pflegen, denn sie sind wichtig. Fotos, die an wunderbare Augenblicke erinnern. An einen erholsamen Urlaub, eine lustige Feier. Oder schöne und farbintensive Bilder helfen auch, ein Büro positiv zu energetisieren.
Manchmal werde ich dann gefragt, welches das richtige Bild für den Arbeitsplatz wäre. – Ganz einfach, wenn man vor einem Bild steht und es einen richtig hineinzieht und man die Energie spürt, die von diesem Bild ausgeht, dann ist es das richtige. Dann spricht einen das Bild persönlich an und wird einem für den Arbeitsalltag gute Dienste erweisen können. – Umgekehrt, wenn man vor einem Bild steht und man spürt nichts, es lässt einen sozusagen kalt, dann lässt man dieses Bild am besten dort, wo es gerade hängt. – Es wird einem nicht nützen. Da kann man sich auf sein Gefühl sehr gut verlassen. Wenn Energie fließt, spürt man das sofort! Such das richtige Bild, die richtigen Farben, lass dich anregen!
Raphael, jetzt habe ich so viel erzählt. Willst du dazu noch etwas sagen? Oder hältst du es für richtig, wie ich die Dinge sehe?

Dem kann ich nichts mehr hinzufügen, Rosalinde. Es stimmt genau, was du sagst. Umgeben von Farben, Bildern mit positiver Sym-

bolik und Pflanzen zu arbeiten, macht großen Sinn. Das gibt gute Energie und leitet Negativenergie rascher ab.
Wähle Energiebilder, sie werden dir nützen. Bei schnellen Arbeiten wird dir die Farbe Orange helfen, bei sensiblen Arbeiten ist die Farbe Flieder oder Rosa wunderbar. Hast du viel Unterscheidungskraft nötig oder bist du in einer leitenden Position, hilft dir ein Bild in Schwarz/Weiß-Tönen sicher weiter.
Das kannst du generell beobachten. Je bedachter ein Büro eingerichtet ist, umso mehr Energie fließt dort und umso stressresistenter werden die Personen sein, die darin arbeiten. Umgekehrt, sieht ein Büro lieblos eingerichtet aus, wird sich womöglich das kleinste Problem zum größten Stressfaktor entwickeln.

Unlängst war ich bei Bekannten in Deutschland zu Besuch und sie hatten bei ihrem Haus einen Brunnen, aus dem sie das Wasser beziehen. Einwandfreies, biologisch sauberes Wasser, aber es war tot und hatte null Schwingungen. Für solche Fälle habe ich ja immer ein Set an Halbedelsteinen mit, sie sind aufgeladen, und wenn ich sie in einen Krug gebe und dieses tote Wasser dazu leere, dann habe ich innerhalb kurzer Zeit die positiven Schwingungen der Steine auch im Wasser. Ich habe das Wasser also belebt und es schmeckt plötzlich viel besser. – Kannst du uns dazu Näheres erzählen? Funktioniert das auch mit Lebensmitteln?

Wasser ist sehr klug und hat eine Merkfähigkeit. Es ist ein Informationsträger, merkt sich Zustände und kann besprochen werden. Wasser ist einer der höchsten Energieträger überhaupt.
Wenn du etwas davon verstehst und das Wasser besprichst, es soll zum Beispiel heilend werden, dann kann es mit dieser Information an Bedürftige weitergegeben werden. Aus gewöhnlichem Wasser wird durch die Besprechung Heilwasser. Es kann durch Magnetismus verändert werden oder durch die Schwingungen, die der Mensch ihm sendet.
Quellen religiösen Ursprungs entspringen demselben System. Das Wasser kommt aus einem Kraftplatz, wurde zusätzlich besprochen

und konnte somit seine Heilwirkung voll entfalten. Es sprach sich herum und erhielt mit dem Zustrom und vor allem dem Glauben der Menschen eine nützliche Eigendynamik. Durch den starken Glauben an seine heilende Wirkung wird das Wasser mit dem Zeitpunkt der Abfüllung von den Gläubigen selbst nochmals besprochen. Bei jedem Betrachten des mitgenommenen Behältnisses wird es symbolisch erneut besprochen und somit gestärkt. Das ist schließlich der Grund, warum dieses Wasser seine Frische behält und nicht kippt. Mit dem starken Glauben an die Heilwirkung wäre dieses Wunder bei vielen anderen Quelle ebenso möglich. Es wird nur in der Regel nie versucht werden, weil es an einer passenden Initialzündung mangelt, die das spirituelle Thema einbringt, um das Wasser fortan zu besprechen. – Wasser ist ein Geschenk der Natur. Schätzt und ehrt es, dann wird es euch heilen.

Wenn mehr Menschen von der Trägerfähigkeit des Wassers wüssten, wären vermutlich viele, vor allem kleinere Krankheiten, einfach in den Griff zu bekommen.

Auch diese Funktion des Wassers wird sich mit der zunehmenden Spiritualität der Erde herumsprechen und immer mehr Menschen werden das Wasser solcherart nützen. Es wird für viele zu einem selbstverständlichen Vorgang werden. Auch die spirituellen Taufen in vielen Religionen verwenden die Magie des Wassers. Die Botschaft des Glaubens soll in den Täufling einfließen.

Kommen wir zu einer ganz anderen Frage. Wir haben ja schon über Feng Shui gesprochen. Ein etwas anderes Feng Shui ist wohl der Pyramidenbau in Ägypten oder der Inkas und Mayas. Diese Völker haben sich Gebäude errichtet, die auf wundersame Art und Weise Energiearbeit verrichten.

Die Pyramiden sind genauestens nach den Himmelsrichtungen ausgerichtet. Diese Kulturen hatten bereits ein enormes Wissen um die Natur und um Schwingungen. Leider ging im Verlauf von Jahrhunderten sehr viel von diesem Wissen wieder verloren. Wenn du

Feng Shui in den Pyramiden sehen willst, ist diese Ansicht legitim. Die Eingänge wurden genau so angelegt, wie sie die besten Schwingungen zu erzeugen im Stande waren.
Diese Menschen hatten in der Verbindung mit der göttlichen Energie eine große Weisheit. Sie wussten massive Energieströme zu erzeugen, um mit ihrer Hilfe zu höchsten geistigen Leistungen zu gelangen. Mit Tönen und Schwingungen bewegten sie schwerste Gegenstände – ohne Schadstoffausstoß. Sie waren in gewisser Weise weiter als IHR heute. – Auch in China gibt es Pyramiden. Die damit in Verbindung gebrachten Drachengötter waren sehr wohl Besucher aus einer anderen hoch technisierten Welt. Dieser Besuch erfolgte vor zwölftausend Jahren. In China wurde zum Beispiel eine dreidimensionale steinerne Landkarte im Ural-Gebiet gefunden, sie ist nachweislich älter als alles bisher Bekannte und gibt den Wissenschaftlern große Rätsel auf. Ihr werdet viele dieser Wahrheiten in den nächsten zwanzig Jahren entdecken. Damit wird sich eure Vergangenheit, euer Entwicklungsbild sehr ändern.

Siehst du die Pyramiden auch als Antenne zum Kosmos? Wenn ich sie mir so betrachte, könnte ich mir vorstellen, dass sie extrem gute Leiter in den Kosmos sind.

So ähnlich wie es den Kelten mit den unbehauenen Steinen gelang, Antennen zum Kosmos zu installieren, wurden mit den Pyramiden noch wesentlich höhere Verbindungsteile zur kosmischen Energie geschaffen. Mit den Pyramiden schafften diese Völker nicht nur, sich die Energie aus dem Kosmos zu holen, sie zogen genauso einen großen Teil an Energie aus dem Erdkern. Nur wenige wissen, dass Pyramiden nicht nur hervorragende Energieleiter sind, sie sind von so genialer Struktur, dass es mit ihnen auch möglich ist, einen Großteil der geleiteten Energie zu speichern. Diese Menschen besaßen eine von euch nicht entdeckte Hochtechnologie. Es war eine kleine Gruppe, die bereits über hohe wissenschaftliche Kenntnisse verfügte, es war eine Geheimlehre, die nur Sehern und Priestern zugänglich gemacht wurde.

Diese energetischen Flüsse der Pyramiden kann man ja sogar erzielen, wenn man die Pyramiden im Kleinen, zum Beispiel aus Metall nachbaut. – Und angeblich wirken sie positiv auf einzelne Chakren.

Es ist möglich, Pyramiden zu Heilzwecken zu bauen. Du kannst auch Wasser mit diesen Pyramiden energetisch laden. Sie müssen allerdings im getreuen Maßstab zu den Originalen geschaffen werden. Sonst sind sie vollkommen nutzlos.

Können falsch gebaute Pyramiden einen Schaden verursachen?

Es gibt nur einen Wirkungsverlust, aber keinen Schaden. Der Schaden könnte höchstens wirtschaftlicher Natur sein, wenn du dir eine Pyramide kaufst, die in ihrem Maßstab nicht dem Original entspricht und somit wirkungslos ist.

Raphael, ich muss dir unbedingt wieder eine Geschichte erzählen!

Es gibt eine Hand voll Städte auf der Welt, deren Energieflüsse noch in Ordnung sind. Krakau zum Beispiel gehört dazu. Jeder Besucher, der halbwegs sensitiv ist und sich darauf einlässt, wird in Krakau merken, wie er wesentlich mehr Energie von der Stadt erhält, als er im Zuge von Stadtbesichtigung und diversen Anstrengungen abgeben muss.

Als ich mich unlängst mit der polnischen Botschafterin in Wien über meinen Aufenthalt in Krakau und das Energiephänomen dieser Stadt unterhielt, lächelte sie und meinte: „Krakau ist eine von sieben buddhistischen Städten in der Welt, die auch so strahlen. Nicht umsonst haben wir aus Krakau zwei Nobelpreisträger, einen Papst und eine sehr erfolgreiche Universität."

Und nun die Frage an dich, Raphael, gibt es deines Wissens nach nur diese sieben Städte oder sind solche Plätze wesentlich häufiger? Welche Städte siehst du noch?

In Wirklichkeit, Rosalinde, ist alles wesentlich vielschichtiger, als es in deiner Geschichte dargestellt wird. So wie die Buddhisten

ihre sieben Städte haben, haben die Katholiken ihre sieben Städte und die Juden wiederum die ihren und so weiter. Was ich damit sagen will ist, der Mensch installiert sich wirkungsvolle Orte oft selbst. Durch Bauten, nicht umsonst sprachen wir vorhin über die Pyramiden, werden günstige Orte in ihrem Energiefluss verstärkt. Natürlich wirkt sich die Energie auf die Menschen in diesen Orten aus. Sie werden zu geistigen Hochleistungen fähig sein. – Vorausgesetzt, sie streben es auch an.
Um deine Frage nochmals konkret zu beantworten. Ich sehe eine Vielzahl an großen und kleinen Orten, an Städten, aber auch an Ländern, die oft zur Gänze energetisch wunderbar installiert sind und in welchen es möglich ist den Energiefluss wahrzunehmen, wie es zum Beispiel dir in Krakau geschehen ist.
Eines ist zu diesem Thema noch zu sagen. Nicht jeder Mensch wird von demselben Ort in gleicher Weise angesprochen. Wenn es dich interessiert, wie ein Ort für dich geschaffen ist, kannst du zum Beispiel über die Nummerologie sehr leicht in Erfahrung bringen, ob die Basis eine gute oder eine nutzlose sein wird.

Vor wenigen Wochen erzählte mir ein enger Freund eine interessante Sache. Als es ihm nach einer Trennung seelisch sehr schlecht ging, war er sehr oft im unmittelbaren Kern der Wiener Innenstadt spazieren und fand dort sehr viel Kraft. Er meinte, damals jeweils mit leeren Batterien die Innenstadt betreten zu haben, um anschließend aufgeladen wieder den Heimweg angetreten zu haben. – Eines Tages ging er durch eine ihm unbekannte Gasse, er ist kein gebürtiger Wiener, sondern damals neu nach Wien gezogen. Jedenfalls ging er durch diese Gasse, und es begann ihn zu frösteln, er meinte, er wäre sogar plötzlich und vollkommen unverständlich für ihn etwas ängstlich geworden. – Als er zum Ende der Gasse kam und das Straßenschild las, war ihm alles klar, diese Gasse hieß „Blutgasse“. Eine offensichtlich historisch sehr belastete Gasse.

Dieser Freund dürfte sehr sensibel und empfänglich für parapsychologische Wahrnehmungen und energetische Strömungen sein, ansonsten hätte er diese Angstzustände nicht bekommen. Mir fehlt die Kenntnis, was sich in dieser Blutgasse abgespielt hat, aber so wie es positive Energieplätze gibt, gibt es auch Negativplätze, die einem Energie abziehen. Die Blutgasse wird wohl eindeutig zu Letzteren gehören. Oft waren diese Plätze Wege zu Hinrichtungsstätten, wo die Angst der Verurteilen nach wie vor gespeichert ist.

Raphael, es gibt also magische Plätze, so wie vermutlich weite Teile der Wiener Innenstadt dazu gehören. Muss man darauf warten, bis man ihnen zufällig begegnet, oder gibt es eine Möglichkeit, sie bewusster anzusteuern, wenn es positiv strahlende Plätze sind, oder bewusst zu vermeiden, wenn sie negativ strahlen und Energiefresser sind?

Noch gibt es, soweit ich weiß, keine Reiseführer für magische, energetische Plätze. Aber es reicht schon, wenn du eine Stadt zu Fuß erlebst. Berühre die Erde wieder mit deinen Füßen und nicht nur mit technischen Hilfsgeräten, dann wirst du wieder lernen zu spüren. Auf diese Weise wirst du zu vielen Plätzen kommen, die gut sind. Wenn du dir erst einmal ein Gefühl dafür angeeignet hast, wirst du diese Plätze sehr rasch für dich enttarnen. Es ist einerseits ein Zufall, solche Plätze zu entdecken, und andererseits doch wieder nicht.

Man spricht oft von der Kraft und der Magie der Gedanken. Was kannst du uns dazu sagen und vor allem: Verstärken Worte Gedanken oder kann es bei den Gedanken bleiben?

Ich sehe in den Worten keine Verstärkung. Worte können nur Menschen treffen und berühren. Wenn ich spirituell tätig bin, reicht es, mit den Gedanken zu arbeiten. Schließlich werden wir einmal Dimensionen erleben, in welchen Worte ihre Notwendigkeit gänzlich verlieren werden. Dort gibt es ausschließlich Kommunikation auf Gedankenebene.

Wie mächtig Gedanken sein können, merkst du bereits an einem einfachen Beispiel. Wie oft ist es dir schon passiert, dass du an einen dir wichtigen und lieben Menschen gedacht hast. Du hast von die-

sem Menschen schon lange nichts mehr gehört. Ein paar Minuten später klingelt dein Telefon und der Betreffende ist in der Leitung. Das ist natürlich kein Zufall. Mit deinen Gedanken hast du bei ihm einen Impuls ausgelöst und er hat dich angerufen. – Das passiert natürlich nicht immer. Eine gewisse Grundsensibilität beiderseits ist Voraussetzung.
Diese Gedankenkraft ist immer und überall einsetzbar. Du musst es nur üben mit ihr richtig umzugehen.

Raphael, es heißt, wir werden uns einmal nur mehr über unsere Gedanken verständigen, das Wort wird nicht mehr gebraucht. Aber was ist denn mit den vielen positiven Schwingungen, die über die Stimme, über das Wort kommen?

Das siehst du richtig. Die Schwingungen, die über die Stimme kommen, sind nicht außer Acht zu lassen. Wobei es immer darauf ankommt, wie ich was sage. Generell solltest du mehr auf die Schwingungen in der Stimme eingehen. Wenn du immer dasselbe sprichst, verhärten sich die Farben in der Stimme. Die Schwingungen verändern sich. Immerwährendes Klagen und Jammern zum Beispiel greift die Schilddrüse an und eine Erkrankung kann die Folge sein. Achte also auf deine Worte, auf deine Stimmlage.
Lerne, die Energie in deinem Kopfbereich fließen zu lassen. Alles fließt zwischen Scheitel, Augen, Ohren, Nacken und Hinterkopf. Lächle, denn auf ein Lächeln reagieren diese Zentren besonders positiv. Wenn du innerlich verhärtet bist, werden auch diese Zentren verhärten und dir wenig Freude bereiten. – Menschen, die es verstehen, die Energie in sich fließen zu lassen, sehen in der Regel wesentlich jünger aus, als sie sind. – Rosalinde, sieh dich im Spiegel, du hast es bereits jetzt geschafft, durch gute Energiearbeit wesentlich jünger auszusehen, als du bist. Es sind Früchte deiner Arbeit!

Und schon wieder ein Kompliment. Danke! Aber du hast natürlich Recht, ich höre es ja immer wieder. Vor allem, wenn ich geschätzt werde, komme ich oft auf bis zu fünfzehn Jahre weniger, als ich tatsächlich bin. Aber Peter dürfte mit seiner Energie auch in Ordnung sein. Er sieht ja genauso wesentlich jünger aus, als er tatsächlich ist. Erst unlängst waren wir wieder bei unserem Lieblingsitaliener Mario und er ist von einer meiner Bekannten um elf Jahre jünger geschätzt worden. Es ist zwar nicht wichtig, aber es schmeichelt uns allen ein bisschen, und wenn du sagst, es zeige den positiven Energiefluss, dann macht es einfach Freude. Wir hoffen diese Energie auch weitergeben zu können.

Um noch einmal auf deine Frage einzugehen, Rosalinde, ob wir in Zukunft unsere Stimme nicht mehr brauchen werden. In ferner Zukunft werden wir unsere Stimme nur mehr für gute Schwingungen benötigen, es wird wie Gesang sein. Denn verstehen werden wir einander auch gedanklich. Auch Friede zu leben wird einfacher sein, denn die Barrieren der Sprache fallen ab.
Und vergesst nicht zu lachen! Denn erst durch Freude und Lachen wird die Menschheit es schaffen, in die nächsthöhere Dimension aufzusteigen. – Ich kann es nicht oft genug erwähnen.

Es gibt viele Spielarten im Alltag, wie Menschen mit Geistern Kommunikation anstreben. Manche versuchen sich im „Tischerlrücken", andere im automatischen Schreiben, die nächsten üben sich im Satanskult. Wie bewertest du diese Betätigungen?

Den Teufels- oder Satanskult zu leben oder nur damit zu experimentieren heißt, sich in Gefahr zu begeben. Die eigenen negativen Gedanken drohen über einen hinauszuwachsen und einzuholen. Du schaffst dir damit deine eigene Hölle, es kann passieren, dass dich diese Gedanken nicht mehr loslassen. Es besteht durchaus auch die Gefahr, dass du dann eines Tages in der Psychiatrie landest.
Teufelskult heißt nicht, einen Herrn mit Hörnern anzubeten und ihm zu Diensten zu stehen oder in seinem Namen Grässliches zu vollführen. Das Spektrum ist ja ein großes, begonnen von schwarzen Messen bis zur Voodoo-Puppe, um jemandem etwas antun zu wollen. – Jeder Mensch verfügt über einen unmittelbaren Zugang zum Bösen. Es hängt von dir allein ab, ob du ihn pflegst und größer

machst, oder ob du das Böse links liegen lässt und ihm keine Zuwendung schenkst. Im Teufelskult oder Satanismus wird der böse Teil des Menschen aufgezogen, der gute erhält keine weitere Zuwendung und verkümmert. Du bist DUAL. Solange du auf dieser Erde weilst, hast du also beides in dir. Du bist, was du denkst, also denke gut und es wird dir auch gut gehen.

Und das „Tischerlrücken"? Sollen wir damit spielen und experimentieren oder sollen wir davon besser die Finger lassen?

Das „Tischerlrücken" ist für viele ein unschuldiges Vergnügen. Für schwache Menschen ist es allerdings eine Gefahr, sie können dadurch leicht „verrückt" werden. Es ist meist kein massives psychisches Problem, vielmehr ein Wegrücken von der allgemeinen Norm hin zu einer doch belastenden psychischen Abnormität bis zum notwendigen Besuch beim Psychiater. Manche steigern sich so sehr in diese Sache hinein, dass die Gefahr eines Überdrehens besteht.
Wenn ein Mensch, der sich mit diesen Dingen beschäftigt, nicht mehr im HIER lebt und sich ausschließlich nur mehr mit dem Jenseits beschäftigt, steuert er aus meiner Sicht mit voller Kraft auf eine Krise zu und er wird die psychische Bodenhaftung zur Erde verlieren. – Wichtig ist bei diesen Experimenten, nur an das Gute zu glauben. Sind negative Gedanken im Spiel, werden auch die in dir verstärkt werden und dich von Mal zu Mal mehr beherrschen. „Die Geister, die ich rief ..." könnte also realisiert werden und du hast nur mehr mit der Abwehr der negativen Einflüsse zu kämpfen.
Gehe respektvoll mit diesen Dingen um und mache es nur, wenn du harmonisch und ausgeglichen bist.

Raphael, welche Seelen werden mit dem „Tischerlrücken" überhaupt kontaktiert? Sind es auskunftswürdige Personen oder sind es eher die Spaßmacher?

Es sind meist keine hohen Seelen, sondern Verstorbene, die den Kontakt zur Erde und den Menschen suchen. Sie sind noch nicht

ganz vollständig von dieser Welt gelöst, finden daher Gefallen an diesen Gesprächen und haben meist den Wunsch, ihren Lieben zu helfen. Es sei denn, es denkt jemand negativ, dann kann es durchaus passieren, dass er von drüben ordentlich geneckt wird. Denn nicht jede Seele, die neu hinübergeht, ist sofort geläutert. Der Informationsgehalt ist also kein wertvoller und das Unternehmen aus meiner Sicht äußerst fragwürdig.
Wenn du eine Runde für ein „Tischerlrücken" zusammenstellst, achte sehr auf die Teilnehmer. Niemand sollte charakterlich schwach sein. Sobald jemand in dieser Runde ist, der negative und schwache Gedanken hegt, zieht er das gesamte Gruppenergebnis hinab. Wenn du Kontakt zu einer Seele erhältst, frage sie, wie lange sie bereits drüben ist, und ziehe diese Information als Kriterium heran, ob es sich bereits lohnt, mit ihr ein Gespräch zu führen. Wie gesagt, jüngst Verstorbene haben kaum mehr Information als Menschen auf dieser Erde und der Informationsgehalt ist kein hoher. Wenn du dich aber mit lieben Angehörigen oder Freunden, die drüben sind, unterhalten willst, ist dagegen nichts einzuwenden.
Die von dir angesprochenen Spaßmacher gibt es auch. Manchen Seelen bereitet es größte Freude andere zu erschrecken. Wenn sie an eine wie eben beschriebene Runde kommen, leben sie ihren niederen Humor an ihr aus. Das hat zwar einen gewissen Unterhaltungswert, mehr aber auch nicht.
Es ist eine sehr niedere Art der Kommunikation, wenn jemand über unreine Gedanken verfügt. Wenn aber die Gedanken rein sind und die Motivation eine hehre ist, eignet sich sogar das „Tischerlrücken", um in höhere Bewusstseinsebenen vorzudringen und interessante Kontakte zu schließen. Es hängt immer vom Bewusstseinszustand jener ab, die es machen.

Benötigt es eine Gruppe, um generell mit Seelen in Kommunikation zu treten?

Ganz und gar nicht. Wenn jemand weit genug ist, kann er es auch allein. Ich sehe es als ein „automatisches Schreiben". Die Schwierigkeit liegt darin, dass es nicht immer ganz einfach ist, sich selbst wegzuklinken, dadurch stammt vieles von einem selbst. In einer Gruppe ist es schwieriger, dass sich Einzelne durchsetzen und das Ergebnis beeinflussen. Eine Gruppe hat auch mehr Kraft und daher eine erhöhte Frequenz und Schwingung. Damit gibt es mehr Energie, die wiederum für die Ergebnisse nützlich sein kann. Sie dringt besser bis zu uns durch. Ein gutes Medium kann daher allein klare Botschaften von uns empfangen. Es ist wesentlich energetischer als andere Einzelpersonen und dringt somit leichter bis zu uns durch. Es bedarf aber einiger Übung, bis ein Mensch so weit ist.

Es gibt Menschen, die einen guten Draht zur Magie, zum Übersinnlichen haben. Wie kann man es austesten, ob man dafür geeignet ist, ob es einen guten Draht nach OBEN gibt?

Das Wort Magie müsste zuerst analysiert werden. Reine Liebe ist zum Beispiel die höchste Form der Weißen Magie. Es heißt nicht umsonst, du wirst magisch von demjenigen angezogen, den du liebst. Auch das ist Magie. Sie ist nicht nur mit Zauberformeln und Hokuspokus zu verstehen. Sie kann auch mit Menschen zu tun haben, die Magie normalerweise keinerlei Beachtung widmen würden.

Oder es heißt gelegentlich, man wird von einem Unbekannten in seinen magischen Bann gezogen. Auch das ist Alltagsmagie. Diese Menschen strahlen bewusst oder unbewusst sehr viel an Magie aus, die andere wiederum anzieht.

Es gibt magische Zeichen und Formen, die schützende Wirkungen ihr Eigen nennen. Letztendlich ist das Kreuz auch eines davon. Das Kreuz wäre mit einem langen Mittelbalken besser, weil stärker ableitend. Auch das keltische Sonnenrad beziehungsweise Kreuz wäre ausgezeichnet, wurde aber als Hakenkreuz in Verruf gebracht und wurde somit negativ besetzt. Diese Schwingungen wird es nicht mehr los. Das stärkste magische Zeichen ist der Drudenfuß, der fünfzackige Stern. Er ist, mit der Spitze nach oben, in einem Strich gezogen. Diese Zeichen und Formen erzeugen positive Schwingungen, die schon allein durch den festen Glauben daran erzeugt werden. Würde nicht daran geglaubt werden, wären die Schwingungen sehr schwach bis gar nicht vorhanden.

Woran erkennt der Interessierte jetzt konkret, ob er einen Draht nach OBEN hat? Ob er Anlagen zur höheren Spiritualität hat und es sich lohnt, tiefer in die Materie einzudringen?

Du erkennst es, weil du es spürst, ob du daran glaubst oder nicht. Rosalinde, du glaubtest in sehr jungen Jahren auch nicht an diese Phänomene und heute sind wir miteinander in Kontakt. Wenn du spirituell begabt bist, wirst du es von alleine spüren. Höre in dein Innerstes und du wirst auf deine Fragen Antworten erhalten. – Gerade anfangs sehr kritische Menschen empfinden später oft sehr tief.

Wenn du nichts spürst oder hörst, finde zuerst innere Ruhe. Geh in die Natur und lass die Energie der Natur auf dich einwirken. Finde einen bequemen und ruhigen Platz und versuche dich in der Meditation. Damit kommst du in wichtige Bewusstseinsebenen und deiner persönlichen Spiritualität ein gutes Stück näher. Übe frei zu werden und entledige dich jeden krampfhaften Denkens, welches deine Seele wie in Ketten hält.

Mit Zwang funktioniert auch in diesem Bereich nichts. Lerne dein Denken loszulassen, fühle deine Seele und bald spürst du dann auch uns.

Wie wird dann aus dem Neugierigen ein Harry Potter, ein „Zauberschüler“?

Harry Potter ist eine reizende Geschichte, aber nicht Wirklichkeit. Der Zugang zur Magie, zur Spiritualität sieht anders aus. Ich schätze an dieser Geschichte allerdings, dass durch sie der Magie und Spiritualität ein wenig mehr Interesse und Beachtung geschenkt wird.

Beginne bewusst zu leben. Eigne dir zum Beispiel Kräuterwissen an. Lerne zu meditieren und übe dich in Astralreisen. Suche dir einen magischen Lehrer, der weiter ist als du und es versteht, dir seine Erfahrungen weiterzureichen. Zauberkraft ist eher geistig zu ver-

stehen. Je stärker dein Geist ist und die unterschiedlichen Realitätsebenen begreifen kann, umso stärker wird er so etwas wie ein Zauberer sein.
Wenn es dir gelingt, aus der Realitätsebene auszusteigen, die eine Norm der Menschheit darstellt, wirst du anderes fühlen und sehen lernen. Wenn du dir dieses andere Fühlen und Sehen angeeignet hast, ist es auch in der „Normebene" jederzeit zu reproduzieren. Denn mit geistiger Kraft bewegst du vieles!

Was empfiehlst du überhaupt, soll man neugierig forschen und üben oder soll man, frei nach dem Motto „Die Geister, die ich rief ..." ein Stückchen des Weges gehen, aber nicht weiter? – Kann man sich in diesem Zusammenhang auf seine innere Stimme verlassen?

Wenn du reinen Herzens bist und losgelassen hast, kannst du dich auf deine innere Stimme verlassen. Es kann dir nichts passieren. Ich sehe das Problem im Zwang und in der Zuwendung zum Materiellen. Lust auf Macht und Besitz ist der beste Nährboden für schwarze Magie. Hier sehe ich Gefahr. Bereicherst du dich durch deine Fähigkeiten, indem du Lottozahlen vorhersagst, wird es noch graue Magie sein. – Aber es ist ohne Sinn, denn du nimmst das Geld dem rechtmäßigen Gewinner ab, du stiehlst es ihm. Wenn du die Zahlen allen gibst, erhalten diese auch nur mehr ihren Einsatz zurück, weil es zu viele sind. Es kann also nicht funktionieren. Bereicherst du dich, indem du Böses tust und anderen unmittelbar schadest, bist du tief in der schwarzen Magie verwurzelt und wirst es wieder gutzumachen haben.

Es gibt Menschen unter uns, die gerne spirituell missionieren. – Was gibst du diesen Menschen für einen Tipp, wenn ihre Umwelt für diese Themen überhaupt nicht zugänglich ist und diese „Missionare" vielleicht sogar belächelt werden?

Dann mögen sie sich bei diesen Menschen zurückhalten und Gleichgesinnte suchen. Es steht jedem frei, seinen Weg zu finden und

zu suchen. Wir lehnen jede Art von Zwangsmissionierung ab. Nur wer auf uns stößt, hat auch die Reife, Spiritualität zu verstehen. Denn wenn man aus reinem Herzen sucht, wird man es auch finden.
Ein Zwang, den Missionierung durchaus darstellen kann, bringt niemandem etwas. Dem „Missionar“ gehen wertvolle Kräfte für nichts verloren. Der Angesprochene wird sich maximal belästigt fühlen und unzugänglich sein. – Sinn sehe ich ausschließlich bei den Freiwilligen, die aus freien Stücken kommen und bereits mit den richtigen Fragen an der Türe pochen.

Heilung durch Handauflegen ist ja durchaus ein magischer Vorgang. Funktioniert es ausschließlich bei Menschen, die daran glauben, oder sind die heilenden Energien für jeden noch so zweifelnden Menschen nutzbar?

Die heilenden Energien sind auch bei Zweiflern wirksam. Du kannst es zum Beispiel auch bei Tieren ausüben und es wird funktionieren. Wobei ein Daranglauben die Wirkung sehr gut verstärken kann. Wenn ein Zweifler behandelt wird, wird er auf Grund seines Zweifels einen guten Teil der Energie abweisen. – Je offener du für diesen Vorgang bist, umso besser kannst du die Energie dich durchdringen lassen und davon ausgehen, dass es dir auch nützen wird.
Wenn du selbst herausfinden willst, ob du über diese Gabe verfügst, kannst du es ruhig einmal mit Freunden versuchen. Halte deine Hand fünf bis zehn Zentimeter über den angegriffenen Körperteil oder zum Beispiel bei Nervosität über den Kopf und kreise leicht über dieser Stelle. Konzentriere dich darauf, dass du diesem Menschen helfen willst, dass du ihn heilen möchtest, und bitte darum, dass dir dabei geholfen wird. Wenn du ein Kribbeln und Wärmegefühl in der Hand spürst und auch der Empfänger das Wärmegefühl fühlen kann, dann ist ein Energiefluss vorhanden. Dann bleibe drei bis fünf Minuten über dieser Körperstelle, streiche zum Abschluss leicht darüber, schüttle im Anschluss deine Hände aus und halte sie für ein, zwei Minuten unter laufendes Wasser. So kannst du aufgenommene kranke Energie gut abfließen lassen und behältst sie nicht

bei dir. – Speziell bei Kindern kannst du so bei kleinen Verletzungen den Schmerz nehmen, ihnen Trost und Liebe geben.

Raphael, lass uns doch noch über die Schutzengel sprechen. – In welche Kategorie von Wesen sind sie einzuordnen? Wann wird jemand ein Schutzengel und wie lange ist er dann einer?

Wir unterscheiden zwischen Schutzengeln und Erzengeln. Die Schutzengel umgeben die Menschen und sind ihnen bei Gefahren behilflich. Ein Erzengel ist wie reines Licht und wird als sehr groß empfunden, er ist ein höherer Daseinszustand. Sein Fach sind sozusagen die „großen Dinge" und er hat mit dem Alltag des Menschen wenig bis nichts zu tun. Erzengel sind mächtige Wesen und in der Lage, naturwissenschaftliche Gesetze außer Kraft zu setzen. Wenn die Welt vor großen Katastrophen gerettet wird, ist es das Werk der Erzengel. Wenn du um Frieden bittest, kannst du sie erreichen. Wenn deine Not sehr groß ist, wird er dich auch als Einzelperson hören und für dich da sein.

Schutzengel wiederum sind höhere Wesen aus einer anderen Realitätsebene, sie sind bereits im Licht. Manche könntest du auch als sehr weit entwickelte, ehemalige menschliche Seelen sehen. Wie lange diese Seele ein Schutzengel bleibt, hängt allein von ihr und ihrer Entwicklung ab. Das Schutzengelprogramm bedeutet für die Seele, eine Entwicklungsstufe zu erleben, um zu noch höheren Aufgaben in weitere Dimensionen aufzusteigen.

Hat jeder einen oder mehrere Schutzengel? Oder gibt es auch Menschen ohne einen solchen?

Jeder hat zumindest einen Schutzengel von der Geburt an. – Menschen ohne einen solchen habe ich nie gefühlt, dafür sorgt das göttliche Prinzip.

Viele Schutzengel wenden sich allerdings auf Zeit voller Trauer vom Menschen ab, weil dieser Unkenntnis oder Ignoranz ausstrahlt und die Schutzengel in ihrem Dasein verletzt. Es sind hoch spirituelle und sensible Wesen, die um Beachtung bitten.

Kann ich mit meinem Schutzengel Kontakt aufnehmen? Und wie erkenne ich seine Durchsagen?

Du kannst mit deinem Schutzengel Kontakt aufnehmen. Sprich ihn direkt an und er wird dich hören. – Natürlich kann dieses Sprechen auch geistiger Natur sein, es muss kein ausgesprochenes Wort sein. Es kann genauso gut auch ein Gebet sein. Es bleibt dir überlassen, wie du mit ihm in Kommunikation trittst.

Der Schutzengel ist ein Wesen im Licht, er ist fast wie ein Dualwesen und soll dir helfen, dich auf Erden zu bewähren und dich vor allem vor Gefahren zu bewahren. Lerne auf ihn zu hören, er hilft dir in deinem Leben.

Wenn du über ein gesundes Wahrnehmungsvermögen verfügst, wirst du die Durchsagen deines Schutzengels erkennen. Es ist wie eine innere Stimme, die zu dir spricht. Stelle es dir am besten als eine Art intuitives Sprechen vor. Durch deinen Schutzengel bist du nie allein. Lerne ihn wahrzunehmen und du wirst dich wunderbar beschützt fühlen.

Menschen mit Psychosen werden genauso von Schutzengeln begleitet, sie werden aber zwischen den Stimmen, die sie oft hören, nicht unterscheiden können. Sie befinden sich in einem Stimmenkarussell und werden ihren Schutzengel erst drüben bewusst wahrnehmen, sie werden von ihm dort empfangen, genauso wie von Freunden und Angehörigen, die man sehr mochte.

Wann merke ich es, dass mich mein persönlicher Schutzengel von einem Unternehmen abhalten will, zum Beispiel weil ich mich in unmittelbarer Gefahr befinde? Meist merkt man es ja erst, wenn es beinahe schon zu spät ist.

Da dein Schutzengel immer bei dir ist, wird er durch die vorhin zitierte innere Stimme zu dir sprechen und dich von einer Gefahr abzuhalten versuchen. Dass du gut und richtig reagiert hast, ist ein Zeichen der Begleitung aus der Parallelwelt.

Wenn du dir erlaubst, sensibel genug mit deiner inneren Stimme umzugehen, kannst du dich gut vor Gefahren im Leben schützen.

Ein In-dich-Hineinhören ist ein guter Anfang, um mit deinem Schutzengel in Kommunikation zu treten.

Kürzlich kam ich an einem Shop vorbei, ein Shop für okkulte satanische Gegenstände. Wenn ich nach den Medien gehe, gibt es immer wieder eine kräftige Gegenbewegung zum Guten. – Satanisten, die dem Bösen nachzueifern versuchen und Dinge tun, die alles andere als gut sind. Und es kommt mir so vor, dass es gerade unter Jugendlichen manchmal „cool" ist, ein bisschen Satan anzumachen und zu versuchen mit ihm in Kontakt zu treten.

Versteh Satan daher, wie schon gesagt, als das Böse und nicht als den Mann mit den Hörnern und dem Pferdefuß. Jugendliche revoltieren gegen das Establishment und es bereitet uns keine Sorgen, wenn sie zwischendurch ausloten, wie weit sie gehen können. Fallweise geschieht es nur, um Erwachsene zu provozieren. Es ist nur darauf zu achten, dass sich das Böse in ihnen nicht manifestiert. Beobachte die dich umgebende Jugend und du wirst es ohnehin bemerken, wenn es zu problematischen Entwicklungen kommt. Wenn es krankhafte Formen annimmt, solltet ihr liebevoll eingreifen und regulieren.

Kräftige Gegenbewegungen des Bösen vom Guten weg sehen wir als den Versuch des Bösen, Terrain für sich zu gewinnen. Aber auf Dauer wird das Böse verlieren. Seit langer Zeit befinden wir uns in einer spirituellen Aufwärtsbewegung und die Entwicklung geht eindeutig zum Guten. Am Ende wird das Gute siegen. Viele von uns arbeiten daran, unsere Lichtarbeitertätigkeit wird Früchte tragen.

Kommen wir nochmals auf Steine zu sprechen. Jeder Stein hat seine eigene Schwingung und somit auch seine eigene Aufgabe. Woher weiß ich, welcher Stein am besten zu mir passt?

Das ist einfach zu beantworten. Wenn du vor einer größeren Auswahl von Steinen stehst, nimm den, der dich am lautesten ruft. Greife nach einem Stein und fühle ihn. Er wird für diesen Zeitpunkt der Richtige sein. Du kannst es ja an einem anderen Tag, in einer ande-

ren Woche ausprobieren, ob dich ein anderer Stein mehr anspricht. Es kommt auch auf deine allgemeine Verfassung an, welchen Stein du gerade brauchst.
Der Aquamarin fördert zum Beispiel deinen inneren Frieden, er verleiht dir Toleranz, Harmonie und Verständnis. Der Bergkristall verhilft dir zu Klarheit, Harmonie motiviert deine Intuition und Erkenntnis. Der Opal schärft dein Bewusstsein für das Negative und Positive. Der Rosenquarz schafft Vertrauen, fördert die Nächstenliebe, die Sanftmut und entspannt sehr gut bei Stress. Der Türkis wiederum unterstützt deine Weisheit, Kreativität und dein Vorstellungsvermögen. – Die Aufzählung ließe sich noch ein Weilchen fortsetzen.

Lass uns noch kurz über Glückssymbole sprechen. Steckt in Glückssymbolen Magie und zahlt es sich überhaupt aus, sie so zu hegen und zu pflegen, wie wir es oft tun?

Natürlich zahlt es sich aus. Glückssymbole schwingen sehr stark und sind es daher auch wert gehegt, gepflegt, geschenkt zu werden. Die Schwingungen kommen zum Teil auch aus der Haltung der Menschen gegenüber diesen Symbolen. Es ist die Kraft, die ihnen vom menschlichen Gedanken verliehen wird. So ist es auch bei den Fetischen der Naturvölker.
Dann gibt es wiederum Symbole, die von allein eine sehr starke Energie innehaben, wie zum Beispiel das Ankh-Kreuz. Es stammt ursprünglich aus Ägypten und ist ein Symbol des Lebens und der Unsterblichkeit sowie der Elemente Luft und Wasser. Das Ankh-Kreuz ionisiert nachweislich seine Umwelt, seine Träger werden gekräftigt, frisch und aufmerksam sein.
Oder der vierblättrige Glücksklee bannt durch seine vollendete Kreuzform Böses. Er verleiht Überlegenheit im Spiel und schützt vor Unglück. Gepresst in einem Schulheft oder Schulbuch verhilft er oft sogar zu guten Noten. Probier es ruhig mal aus.

Das muss ich meiner Enkelin sagen, aber ich glaube, ganz ohne lernen wird es auch nicht funktionieren, was meinst du, Raphael?

Lernen muss sie schon, aber schenke ihr ruhig einmal ein vierblättriges Glücksklee und sie soll es versuchen. Ihr werdet staunen. Das Klee ist ein extremer Sympathiebringer und verfügt über ausgezeichnete Schwingungen. Außerdem, wenn deine Kleine das Gefühl hat, Schutz zu haben, wird es ihr bei der Konzentration behilflich sein.

Die Zahlensymbolik ist ja auch ein sehr interessantes Gebiet. Einige Ziffern haben eine positive Bedeutung, andere sind wiederum ungünstig. Wenn man das Alphabet in Zahlen umrechnet, kann man mit den Ergebnissen sehr viel bestimmen. – Zum Beispiel, ob der Ort, in dem man lebt, optimal für einen ist und vieles mehr. Kannst du uns dazu kurz noch etwas sagen?

Zahlen haben, seit sie bestehen, eine magische und mystische Bedeutung. Bereits die Maya erstellten in ihrer Hochkultur einen Venuskalender – das war ungefähr fünfzehntausend Jahre vor Christus –, der so genau war, dass er erst nach zwanzigtausend Jahren um nur einen einzigen Tag differiert. Sie erstellten nach den Konjunktionen der Venus, nach ihren abstrakten Zahlen und einer Einordnung in ein logisches System diesen genauen Kalender. Die Zahlenmagie ist im Grunde nichts anderes als eine Studie der Schwingungen, wobei die Zahlen von 1 bis 9 einen vollständigen Schwingungszyklus darstellen. Du kannst nun davon ausgehen, dass der Name eines Menschen seine persönlichen Schwingungen und damit seinen individuellen Charakter kennzeichnet. Der Numerologe verwandelt die Buchstaben eines Namens nach einem festliegenden Zahlenschlüssel in Zahlen zwischen 1 und 9. Denn alle Zahlen sind aus den ersten neun Zahlen zusammengesetzt. Außerdem haben für ihn die Zahlen 11 und 22 eine besondere Bedeutung. Die Zahl 10 ist eine Wiederholung der Zahl 1. Die 12 eine der 3, die 14 eine der 5, weil jeweils die Quersumme gebildet wird. Die 19 wiederum der 1, weil die Null nicht gerechnet wird, usw. Setzt man Zahlen als Punkte um, so sehen wir in der Bildersprache, dass die ungeraden männlichen Zahlen einen zeugenden Mittelteil enthalten, während die geraden weiblichen eine rezeptive Öffnung, einen freien Raum innerhalb ihrer selbst aufweisen. Ungerade Zahlen sind stärker, sie können nicht so schnell in nichts aufgelöst werden. Es bleibt immer ein Punkt in der Mitte zurück. Addiert man ungerade Zahlen mit geraden, so besiegen die ungeraden die geraden. So gesehen sind ungerade Zahlen heilig, weil sie, wenn wir versuchen, sie in gleiche Teile zu teilen, die Zahl Eins übrig lassen, das Symbol Gottes. – Ich merke schon, ich muss noch etwas ausführlicher werden.

Nur zu, Raphael, wir lauschen dir! Es scheint etwas kompliziert, aber man muss sich Wissen eben auch erarbeiten.

Du sollst unbedingt auch die Bedeutung der einzelnen Zahlen wissen und anschließend noch die Zuordnung der Zahlen zu den Buchstaben. – Die 1 ist aktiv, mächtig, führend, mitleidlos und erneuernd. Die 2 das genaue Gegenteil, nämlich passiv, schwach, mitfühlend und untergeordnet. Die 3 ist brillant, künstlerisch, froh gelaunt, glücklich und hat leichten Erfolg. Die 4 ist wieder das genaue Gegenteil. Sie ist schwerfällig, langsam, unglücklich, unschöpferisch und muss hart arbeiten. Die 5 ist vielseitig, abenteuerlustig, nervös und manchmal unsicher. Die 6 einfach, ruhig und häuslich, beinahe mütterlich. Die 7 ist weltabgewandt, mystisch und geheimnisvoll. Die 8 wieder das Gegenteil, weltzugewandt, sie steht für materiellen Erfolg oder auch Misserfolg. Die 9 steht für geistige und spirituelle Errungenschaften. Die 10 ist die 1 oder zweimal die 5. Die Zahl der zehn Gebote, der Vollendung. Die 11 ist die 2 oder auch die Zahl der Offenbarung und des Märtyrertums. Die 22 ist die Zahl der Meister.

Um Worte den Zahlen zuordnen zu können, brauchst du nun einen Schlüssel dazu. Am besten machst du dir eine kleine Tabelle, dann überblickst du das System besser. Die 1 steht für A, J und S. Die 2 steht für B, K und T. Die 3 steht für C, L, U. Die 4 steht für D, M, V. Die 5 für E, N, W. Die 6 für F, O, X. Die 7 für G, P, Y. Die 8 für H, Q, Z. Und die 9 steht für I und R. – Zusätzlich ist es dir möglich, auch dein Geburtsdatum aufzurechnen und mit in deine Überlegungen einzubeziehen. Beispiel: 25.3.1903 = 23 = 2 + 3 = 5. Die 5 steht für Vielseitigkeit, Abenteuerlust, Nervosität und gelegentliche Unsicherheit.

Raphael, meinst du, ändert sich beim Namenswechsel eines Menschen auch sein Charakter?

Ja, absolut! Es gäbe viele Beispiele dafür, aber eines möchte ich kurz aufzeigen. Giuseppe Balsamo. Seine errechnete Namenszahl, anhand der soeben erwähnten Zuordnung, wäre die 6. Seine Geburtszahl die 5. Die 5 beweist auch den unruhigen sprunghaften Geist. Dieser Mann war ein Abenteurer, ein Spekulant und Glücksspieler. Seine Jugend in Palermo war sehr unglücklich. Er begab sich auf die Insel Malta und lernte dort die Geheimnisse der Magie und der Kabbalistik kennen. Spätestens hier musste Balsamo erkennen, dass seine Namenszahl 6 unter keinem guten Stern stand, besonders in Beziehung zu seinen übrigen Zahlen. Fortan nannte er sich Graf Alexander von Cagliostro und konnte auf diese Weise die Namenszahl 6 auf 11 verbessern. Sie ist eine besonders okkulte Zahl, die auf eine höhere Erlebnissphäre hinweist. Es ist die Zahl der Lehrer, Prediger, Propheten und auch der Märtyrer. Balsamo-Cagliostro starb in der Festung San Leo, nachdem er im päpstlichen Inquisitionsprozess verurteilt worden war. Die 11 lässt sich auch auf 2 reduzieren und steht dann für passiv, schwach und mitfühlend.

Von der Zahlenlehre ist es nicht weit zum menschlichen Biorhythmus. Was siehst du hier als beachtenswert?

Weißt du, durch alles Leben geht derselbe Doppelakt. Der Rhythmus von dreiundzwanzig und achtundzwanzig Tagen, nach dessen Ablauf sich der Leib verändert. Es sind zwei Uhren. Dieser Rhythmus hat sich lange der Entdeckung entzogen, weil die beiden Perioden sich ineinander verschlingen und somit scheinbar unregelmäßige Intervalle die Folge sind. – Jedesmal wenn eine der beiden Lebensuhren schlägt, wenn also in Wirklichkeit eine der beiden Perioden abgelaufen ist, ändert sich dein Leib. Selbst der eigene Tod ist an einen periodischen Tag gebunden. Der Tod hat im Dasein einen ebenso festen Platz wie die Geburt. Und was zwischen diesen beiden Pforten liegt, sind die einzelnen Schübe des Werdens und Vergehens an den periodischen Tagen. Zu den periodischen Zeiten bist du ungeschickter als sonst. Und solchen Unglückstagen gehen ganz regelmäßig besonders gute voraus.

Ich habe das Gefühl, allein aus diesem Thema könnte man ein Buch schreiben. Es ist schon wieder sehr spät geworden. Ich schlage vor, wir brechen für heute ab und sehen uns morgen wieder.

14. Die Zukunft

Was die Zukunft uns persönlich bringen wird, unseren Kindern, der Gesellschaft oder der Welt im Allgemeinen, diese Frage beschäftigt jeden von uns irgendwann im Laufe der Zeit. Die Seher meinen übrigens, es wäre gut so, voraus in die Zukunft zu blicken, um sich rechtzeitig auch mit ihr zu beschäftigen. Sie meinen auch, es wäre wesentlich besser als sich umzudrehen, um zurück in die Vergangenheit zu sehen.

Fragen, die uns im Zusammenhang mit der Zukunft beschäftigen, sind zum Beispiel: Wie wird es mit den Ressourcen der Natur weitergehen? Wie werden sich die einzelnen Gesellschaftssysteme der Länder entwickeln? Was bringt uns der technische Fortschritt? Wie geht es überhaupt mit der Wirtschaft weiter? Wird alles nur schlechter und landen wir, wie oft genug gehört, wieder in einer Art abgepufferten Steinzeit? Oder bleibt alles beim Alten, mit den regelmäßigen und meist gewinnorientierten Fortschritten in Wissenschaft und Technik?

Noch gibt es keine technischen Geräte, um einen umfassenden Blick in die Zukunft zu erhaschen. Mit Hilfe von Rosalinde Haller und ihrem Kontakt zum Kollektiv um Raphael von Singen gelingt es uns aber doch, einige interessante Einblicke in die Zukunft zu gewinnen. – Sie finden diese im nachfolgenden Kapitel.

*

Raphael, ich trage heute ein wenig Trauer. Wir kommen bereits zum letzten Kapitel in unserem Projekt. Das wollen wir nützen, um noch abschließend etwas über unsere Zukunft zu erfahren. Wie geht es dir heute?

Sei nicht traurig, Rosalinde! Unser Kontakt bleibt doch bestehen. Du weißt es. Trauer spüre ich keine, denn ich freue mich über alle Maßen, dass wir unser Projekt so rasch und mit so wichtigen Inhalten beenden konnten. Zum Abschluss wünsche ich mir persönlich, dass wir viele Menschen mit unseren Botschaften erreichen und damit beitragen konnten, etwas zur spirituellen Entwicklung der Welt getan zu haben. – Aber lass uns nun erst mal, vorerst zum letzten Mal, mit der ersten Frage beginnen.

Raphael, du siehst natürlich alles etwas pragmatischer. Aber du hast natürlich Recht. Lass uns mit der ersten Frage für heute beginnen. – Es gibt ja Zukunftsprognosen von Nostradamus, die immer wieder Übles für diese Welt berichteten. – Ich selbst sage in meinen Beratungen immer, es wird alles halb so schlimm, die Erde verändert sich zwar, aber nicht so schlimm, wie von ihm vorausgesagt. – Wie siehst du das?

Unsere Zukunft entwickelt sich dank veränderter Frequenzen in eine andere Richtung, Rosalinde. Diese neuen Frequenzen wirken auf die Erde, wirken auf die Menschen und verursachen positive Veränderungen und verwerfen somit Voraussagen von Nostradamus. Hätten sich die Frequenzen nicht zu unseren Gunsten verändert, dann wären die Voraussagen so eingetroffen, wie er sie damals tätigte und die Erde wäre längst niedergegangen.
Merke, die Formbarkeit der Materie ist eine Tatsache. Positive Gedanken formen deine eigene Zukunft. Positive Gedanken formen auch die Zukunft dieser Welt. Die Veränderung der uns umgebenden Frequenz beeinflusst unser Denken im positiven Sinn und somit beeinflussen wir wiederum die für uns wichtigen Frequenzen. Es ist ein für uns sehr wichtiger Kreislauf, in dem wir uns unmittelbar befinden, an dem wir unmittelbar teilhaben.

Siehst du es auch so, Raphael, dass die Welt spiritueller und damit stärker wird? – Wenn ich „die Welt" sage, meine ich die Menschen, die hier leben, und mit ihr ihre Umgebung. Ich spüre eine wohltuende Reifung, es wird immer angenehmer, auf dieser Erde zu leben.

Es ist tatsächlich so. Das Wirkungsprinzip wird ein immer gewichtigeres. Was wir denken, ist oder wird sein. Unser Denken beeinflusst unsere nahe Zukunft. – Natürlich in Bahnen. – Wir können nicht mit unseren Gedanken die Gesetze außer Kraft setzen. Aber wir können mit ihnen vieles sehr stark beeinflussen. Das kollektive spirituelle Bewusstsein erwacht und führt dazu, dass es der Welt und den Menschen auf dieser Welt besser gehen wird. Nicht umsonst stellst du fest, dass es immer lebenswerter wird. Das hängt mit der fortschreitenden Spiritualität dieser Welt zusammen.

C. G. Jung sagte einmal: „Tief in der Seele der Menschen ist eine allen gemeinsame Quelle, die jedes Wissen und alle Erfahrungen der Menschheit seit Urzeiten speichert."

Was früher nur im Traum stattfand und erlebt wurde, durchdringt heute immer mehr Menschen in ihrem Wachbewusstsein. Ich spreche von dem Schleier, den man sicherlich nicht mit Gewalt zerreißen kann, jedoch mit viel Gefühl und einer Menge an Intuition durchlässiger machen und vielleicht sogar ganz lüften kann. Die neue Spiritualität dieser Welt macht es möglich, dass immer mehr Menschen in ungeahnte Tiefen ihres Bewusstseins dringen können und damit aus großen Kraftquellen zu schöpfen imstande sind. Es ist eine aufwärts strebende Spirale geistiger Evolution, von der ihr alle profitieren werdet. Viele beginnen umzudenken, es beginnt bereits beim In-Frage-Stellen des Materialismus.

Es gibt Prognosen, dass in einigen Jahrzehnten zwei Drittel der weltweiten Stadtbevölkerung in Slums leben. Siehst du das auch so?

Im Jahr 1900 meinte man zum Beispiel in Wien, dass die Stadt hundert Jahre später, im Jahr 2000 also, haushoch im Pferdemist versinken würde. Wie du weißt, tat sie es nicht. – Ähnlich unkorrekt stufe ich die Prognose bezüglich der Slums ein.

Raphael, wie geht es konkret mit dieser Welt weiter?

2000 bis 4000 ist das so genannte Wassermannzeitalter. Der Wassermann ist ja der Luft zugeordnet und so kannst du auch vieles für die Erde ableiten. Es wird eine ungeheure Befreiung von den alles

beherrschenden Dogmen geschehen. Die Kirche, die Staatsobrigkeit werden von den herrschenden Stellen in verwaltende und beratende Ebenen verschoben.
Es werden neue Energien entdeckt. – Kristalle, die den Menschen mit Energie versorgen, die umweltfreundlich und unerschöpflich ist. Diese Energie kommt aus dem All. Neue Frequenzen kommen und beeinflussen das Grundgeschehen auf der Erde zum Positiven. – Denn vor rund 300 Jahren war es nicht sicher, ob die Erde mit der Menschheit heil in die nächste Dimension aufsteigen wird. Sehr weit war sie vom spirituellem Licht entfernt. Aber immer mehr Menschen empfanden multidimensional, aktivierten ihre intuitive Gehirnhälfte und verhinderten so ein Untergehen dieser Welt. Nur durch die Änderung der spirituellen Frequenzen konnten viele Voraussagen, die das Ende dieser Welt sahen, als obsolet betrachtet werden. Jetzt wird sich die Erde einer neuen Lichtenergie nähern und sich sehr bald in der 4. Dimension befinden.
Ein großer Punkt des Aufstiegs ist – dass wir durch Freude und Lachen reif für die spirituelle Entwicklung werden. Genieße das Leben und erfreue dich am Hiersein.

Werden wir die Veränderungen spüren, die sich durch die zunehmende Spiritualität auftun?

Ja, viele Menschen werden in der nächsten Zeit Veränderungen spüren. Es ist eine Süße der Umgestaltung und ein Verlust unnötiger Angst vor dem Unbekannten. Die Menschheit wird spiritueller und selbstbewusster. Lebe den Himmel, es ist über dein neues Denken möglich, und du wirst feinstofflicher. – Geh deiner Sehnsucht nach Ruhe und Entspannung nach und nütze es für meditatives und kreatives Schaffen. Beschäftige dich mit Kunst. Kunst wirkt auf die Empfindung der Seele und das Fenster zur Seele ist nun mal das Auge. Das größte Licht für die Seele ist wiederum die Liebe. Schenke Liebe und es wird deiner Seele gut tun. Mit jedem Geschenk, das du aus freien Stücken gibst, wirst du auch eines empfangen. – So verhält es sich natürlich auch mit der Liebe.

Übrigens wirst du dich freuen, Rosalinde! Das neue Jahrtausend ist das der Frau, speziell auch in ärmeren und muslimischen Ländern. Die Frau wird es sein, die unserem Leben wieder eine andere, eine höhere Dimension nahe bringt.

(Rosalinde lacht wohlwollend.) *Das ist genau das, was ich immer sage, Raphael. Es müssten viel mehr Frauen an die Schaltstellen der Zukunft und der Welt und den Menschen kann nichts mehr passieren. Wobei die Frauen natürlich auch erst reifen mussten, was von den Männern lange genug erfolgreich verhindert wurde. Es ist ja schließlich den Frauen zu verdanken, dass es der Erde jetzt so gut geht und dass so eine ausgeprägte Spiritualität entsteht. Nur durch die Frauen wurden die Menschen auf dieser Erde in recht kurzer Zeit sehr intuitiv und hellsichtig. Der Mann war Jahrtausende im Machtdenken verfangen. Natürlich ist er durch das neue Verhalten der Frau verunsichert. Aber die meisten Frauen wollen nicht den Mann beherrschen, sondern mit ihnen in Freuden und Eintracht leben.*
Wie sieht es denn mit der Wirtschaft und dem Geld aus?

Die Menschen bekommen eine neue Einstellung zu Geld und Technik. Die derzeitigen Götzen werden gestürzt und der Mensch wird unabhängiger. Die jetzt gelebte Wegwerfgesellschaft wird ausgedient haben. Und wie ich es schon sagte, der Mensch wird in Zukunft für den Menschen da sein. Es gibt eine größere Hinwendung zum DU, zur Seele. Andere Werte werden erkannt.
In der nahen Zukunft, bis 2009, wird es allerdings noch eine flache Weltwirtschaft geben. Bis etwa 2013 fällt der Lebensstandard, er wird mancherorts um Jahrzehnte zurückgeschraubt. Zunehmende Arbeitslosigkeit. Immer weniger Menschen arbeiten immer mehr und immer mehr Menschen arbeiten immer weniger. Die Schere ARM-REICH wird sich vergrößern. Es gibt große Belastungen für die Menschen. Ein Grund mehr, warum sich immer mehr Menschen Kraft aus der Spiritualität holen.

Das klingt nicht beruhigend, was du da sagst. Werden wir alles verlieren?

Aber nein, es geht nicht um Leben und Tod, es ist nur eine Verschnaufpause. Sie kann eben da und dort etwas schmerzlich sein. In den vergangenen Jahrzehnten ging es dem goldenen Westen ganz gut. Jahrzehnte ging es mit der Wirtschaft nur bergauf. Sie braucht eine kleine Verschnaufpause. Jetzt ist der Osten an der Reihe, es geht mit ihm bergauf und hier werden auf die nächsten Jahre gesehen wirtschaftliche Aufstiege stattfinden. Das heißt, der Weltwirtschaft geht es nicht rundherum schlecht, sie verlagert sich auf Zeit in den Osten und gleicht ein wenig aus. Außerdem ist es sowieso schwierig, genaueste Prognosen abzugeben, weil sich die Frequenzen der Erde sehr gut weiterentwickeln und die Spiritualität der Menschen laufend zunimmt. Was ich heute als Krise sehe, kann morgen abgeschwächt sein.

Raphael, wie geht es mit den medizinischen Fortschritten in Zukunft weiter? Ich denke da zum Beispiel an AIDS, Parkinson, Alzheimer und andere Krankheiten.

Gegen 2011–2013 wird der Schlüssel zu AIDS gefunden werden und man wird nicht nur wie jetzt den Ausbruch der Krankheit verhindern können, sondern sie gänzlich in den Griff bekommen. Es wird eine harmlose Krankheit werden, wie viele es wurden, die davor Millionen von Menschen das Leben gekostet haben.
Um 2030 gibt es einen großen Durchbruch im Bereich Gehirn- und Gedächtnisstruktur. Heikle Regionen, in die sich Chirurgen jetzt kaum trauen, weil noch sehr viel ruiniert werden kann, diese heiklen Regionen werden zugänglich gemacht und verborgene Strukturen werden verstanden. Parkinson, Epilepsie und Alzheimer werden heilbar. – Die Zellinformation wird immer transparenter und mit Hilfe der Zellchirurgie gibt es rasante Fortschritte in der Medizin. Zu diesem Zeitpunkt wird es auch geklonte Organe geben, die dem Notleidenden, gänzlich ohne Abstoßungsreaktionen, implantiert werden können.
Große Zukunft sehe ich in alten Heilmitteln und Heilkräutern, in einer gewissen Selbstverantwortung der Menschen, die von der

Selbstdiagnose bis zur Selbstmedikation geht. Aber Ärzte werden nicht abgeschafft. Sie verlieren nur ein wenig von ihrem „Götter-Status", sie bleiben aber anerkannte Ratgeber und im günstigsten Fall Heiler, was sie auch aus unserer Sicht vorwiegend sein sollten.
Begabten Wunderheilern wird mehr Gehör geschenkt. Sie finden solide und repräsentative Präsentationsplattformen und werden dadurch anerkannter. Sie werden auch von der Schulmedizin nicht mehr vehement angegriffen. Teilweise wird sich die Schulmedizin mit diesen Wunderheilern vermischen und sich deren Dienste nutzbar machen. Unerklärliche Phänomene werden akzeptiert und genutzt.

Raphael, wie sieht es denn mit Familie, Partnerschaft und Liebe in Zukunft aus? Wenn wir davon ausgehen, dass die Spiritualität zunimmt, dann wird es vermutlich um die Liebe auch nicht schlecht stehen, oder?

Das stimmt durchaus, Rosalinde. Es gibt in Zukunft einen respektvolleren Umgang unter den Partnern. Lebenslange Partnerschaften wird es aber kaum mehr geben. Daher wird man auch die Ehe in der derzeitigen Form ändern. Es sind eher so etwas wie 10-Jahresverträge auf zwischenmenschlicher Ebene. – Halte aber bitte nicht an diesen zehn Jahren fest. Jeder Mensch hat seinen eigenen Zyklus und bei einem wird es kürzer sein, beim anderen etwas länger. Aber im Schnitt werden die Partnerschaften rund zehn Jahre dauern.
Phasenweise wird es eine außergewöhnlich starke Single-Kultur geben. Dem Menschen fällt es nicht mehr schwer, zwischen den Partnerschaften auch eine Zeit allein in größter Zufriedenheit zu leben.
Generell verzögert sich in Zukunft das Erwachsenwerden. Viele Menschen nehmen sehr viel von ihrer Kindheit mit bis ins hohe Alter. Aber auch das ist ein sehr positiver spiritueller Zugang zum Leben.
Wohn-Communities werden entstehen. Man sucht sich sozusagen seine Familie selbst aus. Das wird durchaus auch immer wieder austauschbar und dadurch sehr konfliktlösend sein. Die konstante Sesshaftigkeit wie in der Vergangenheit nimmt ab. Der Mensch wird ört-

lich flexibler. – Überhaupt löst die jetzt schon bekannte Patchwork-Familie in Zukunft immer mehr die klassischen Familienstrukturen ab. – Aber das ist bereits ein Prozess, der sehr im Laufen ist.

Wie sieht es in Zukunft mit den älteren Menschen aus?

Die „Fünfzigplus" rücken verstärkt in das öffentliche Leben, sie werden ernsthaft in wirtschaftlichen Planungen berücksichtigt. Die bisherige Schere zwischen Jung und Alt schließt sich. Es entsteht ein drittes Alter und eine Entwicklung einer „Senior Society". Durch ein schwächeres Pensionssystem wird die Lobby der Alten stärker und erreicht somit eine größere Standfestigkeit in der Wirtschaft und dem öffentlichen Leben. Ihr Rat wird mehr gefragt sein, man wird sie nicht mehr mir nichts dir nichts ins Ausgedinge schicken können. Sie werden sich nicht mehr aus den wirtschaftlichen Prozessen hinausdrängen lassen.

„Neunzigplus" ist nicht mehr selten. Durch ein gesünderes Leben und bessere medizinische Versorgung werdet ihr gesund älter. Es werden weniger zu versorgende Alte als selbstständige und vitale Alte sein, die ein aktives Leben führen und über wesentlich bessere und engere Kontakte zu den jüngeren Generationen verfügen.

Raphael, ich bitte dich noch um ein vorläufiges Abschlusswort von dir an alle, die dieses Buch gelesen haben!

Wichtig ist, was du an Zuwendung, Liebe und Erfahrung aus dieser Welt mit dir nimmst. Alle materiellen Werte bleiben hier. Bedenke es in deinem Streben nach mehr. Ein gutes und abgesichertes Leben auf dieser Welt ist legitim, denn du stehst mit beiden Beinen auf dieser Erde, und wenn du sensibel genug bist, steckst du mit dem Kopf ein bisschen in unserer Dimension. Lass deine Seele nicht verkümmern. Lebe die Liebe, denn sie ist ein Hauch von Ewigkeit, in welcher wir dich freudig, mit offenen Armen, empfangen werden.

Lebt einstweilen wohl!

Raphael von Singen